Ökonometrie und
Monetärer Sektor

Wirtschaftswissenschaftliche Beiträge

Band 1: Christof Aignesberger
Die Innovationsbörse als Instrument zur Risikokapitalversorgung innovativer mittelständischer Unternehmen
1987. 326 Seiten. Brosch. DM 69,-
ISBN 3-7908-0384-7

Band 2: Ulrike Neuerburg
Werbung im Privatfernsehen
1988. 302 Seiten. Brosch. DM 69,-
ISBN 3-7908-0391-X

Band 3: Joachim Peters
Entwicklungsländerorientierte Internationalisierung von Industrieunternehmen
1988. 165 Seiten. Brosch. DM 49,-
ISBN 3-7908-0397-9

Band 4: Günther Chaloupek
Joachim Lamel und Josef Richter (Hrsg.)
Bevölkerungsrückgang und Wirtschaft
1988. 478 Seiten. Brosch. DM 98,-
ISBN 3-7908-0400-2

Band 5: Paul J. J. Welfens und
Leszek Balcerowicz (Hrsg.)
Innovationsdynamik im Systemvergleich
1988. 466 Seiten. Brosch. DM 90,-
ISBN 3-7908-0402-9

Band 6: Klaus Fischer
Oligopolistische Marktprozesse
1988. 169 Seiten. Brosch. DM 55,-
ISBN 3-7908-0403-7

Band 7: Michael Laker
Das Mehrproduktunternehmen in einer sich ändernden unsicheren Umwelt
1988. 209 Seiten. Brosch. DM 58,-
ISBN 3-7908-0413-4

Band 8: Irmela von Bülow
Systemgrenzen im Management von Institutionen
1989. 278 Seiten. Brosch. DM 69,-
ISBN 3-7908-0416-9

Band 9: Heinz Neubauer
Lebenswegorientierte Planung technischer Systeme
1989. 183 Seiten. Brosch. DM 55,-
ISBN 3-7908-0422-3

Band 10: Peter Michael Sälter
Externe Effekte: „Marktversagen" oder Systemmerkmal?
1989. 196 Seiten. Brosch. DM 59,-
ISBN 3-7908-0423-1

Band 11: Peter Ockenfels
Informationsbeschaffung auf homogenen Oligopolmärkten
1989. 163 Seiten. Brosch. DM 58,-
ISBN 3-7908-0424-X

Band 12: Olaf Jacob
Aufgabenintegrierte Büroinformationssysteme
1989. 177 Seiten. Brosch. DM 55,-
ISBN 3-7908-0430-4

Band 13: Johann Walter
Innovationsorientierte Umweltpolitik bei komplexen Umweltproblemen
1989. 208 Seiten. Brosch. DM 59,-
ISBN 3-7908-0433-9

Band 14: Detlev Bonneval
Kostenoptimale Verfahren in der statistischen Prozeßkontrolle
1989. 180 Seiten. Brosch. DM 55,-
ISBN 3-7908-0440-1

Band 15: Thomas Rüdel
Kointegration und Fehlerkorrekturmodelle
1989. 138 Seiten. Brosch. DM 49,-
ISBN 3-7908-0441-X

Band 16: Konrad Rentrup
Heinrich von Storch, das „Handbuch der Nationalwirthschaftslehre" und die Konzeption der „inneren Güter"
1989. 146 Seiten. Brosch. DM 55,-
ISBN 3-7908-0445-2

Band 17: Manfred A. Schöner
Überbetriebliche Vermögensbeteiligung
1989. 417 Seiten. DM 98,-
ISBN 3-7908-0446-0

Band 18: Paulo Haufs
DV-Controlling
1989. 166 Seiten. DM 55,-
ISBN 3-7908-0447-9

Band 19: Rainer Völker
Innovationsentscheidungen und Marktstruktur
1989. 221 Seiten. Brosch. DM 65,-
ISBN 3-7908-0452-5

Band 20: Petra Bollmann
Technischer Fortschritt und wirtschaftlicher Wandel
1989. 184 Seiten. Brosch. DM 59,-
ISBN 3-7908-0453-3

Band 21: Franz Hörmann
Das Automatisierte, Integrierte Rechnungswesen
1989. 408 Seiten. Brosch. DM 89,-
ISBN 3-7908-0454-1

Band 22: Winfried Böing
Interne Budgetierung im Krankenhaus
1990. 274 Seiten. Brosch. DM 69,-
ISBN 3-7908-0456-8

Band 23: Gholamreza
Nakhaeizadeh und
Karl-Heinz Vollmer (Hrsg.)
Neuere Entwicklungen in der Angewandten Ökonometrie
1990. 248 Seiten. Brosch. DM 68,-
ISBN 3-7908-0457-6

Band 24: Thomas Braun
Hedging mit fixen Termingeschäften und Optionen
1990. 167 Seiten. Brosch. DM 55,-
ISBN 3-7908-0459-2

Band 25: Georg Inderst,
Peter Mooslechner
und Brigitte Unger (Hrsg.)
Das System der Sparförderung in Österreich
1990. 126 Seiten. Brosch. DM 55,-
ISBN 3-7908-0461-4

Band 26: Thomas Apolte und
Martin Kessler (Hrsg.)
Regulierung und Deregulierung im Systemvergleich
1990. 313 Seiten. Brosch. DM 79,-
ISBN 3-7908-0462-2

Band 27: Joachim Lamel/Michael
Mesch/Jiři Skolka (Hrsg.)
Österreichs Außenhandel mit Dienstleistungen
1990. 335 Seiten. Brosch. DM 79,-
ISBN 3-7908-0467-3

Fortsetzung auf Seite 239

G. Bol · G. Nakhaeizadeh
K.-H. Vollmer (Hrsg.)

Ökonometrie und Monetärer Sektor

Ergebnisse des
3. Karlsruher Ökonometrie-Workshops

Mit Beiträgen von
T. Bucheli, H. Garbers, U. Haase, M. Klein
W. Kohn, N. K. A. Läufer, A. Merkel, A. Pitts
W. Polasek, H.-E. Reimers, R. Schneider
U. Wirth

Mit 60 Abbildungen

Physica-Verlag Heidelberg

Ein Unternehmen des Springer-Verlags

Reihenherausgeber
Werner A. Müller

Bandherausgeber
Prof. Dr. Georg Bol
Institut für Statistik und Mathematische Wirtschaftstheorie,
Universität Karlsruhe (TH), Rechenzentrum,
Zirkel 2, Postfach 69 80, D-7500 Karlsruhe 1

PD Dr. Gholamreza Nakhaeizadeh
Sterntaler Weg 27, D-7900 Ulm 1

Dr. Karl-Heinz Vollmer
Mitglied des Vorstandes der SGZ Bank,
Südwestdeutsche Genossenschafts-Zentralbank AG,
Karl-Friedrich-Straße 23, D-7500 Karlsruhe 1

CIP-Titelaufnahme der Deutschen Bibliothek
Ökonometrie und monetärer Sektor: Ergebnisse des 3.
Karlsruher Ökonometrie-Workshops / Georg Bol ... (Hrsg.).
Mit Beitr. von T. Bucheli ... - Heidelberg: Physica-Verl., 1992
(Wirtschaftswissenschaftliche Beiträge; 60)

ISBN-13: 978-3-7908-0588-8 e-ISBN-13: 978-3-642-46929-9
DOI: 10.1007/978-3-642-46929-9

NE: Bol, Georg [Hrsg.]; Bucheli, Thomas; Karlsruher Ökonometrie-
Workshop <03, 1991>; GT

Softcover reprint of the hardcover 1st edition 1992

Bindearbeiten: J. Schäffer GmbH u. Co. KG., Grünstadt
7120/7130-543210 - Gedruckt auf säurefreiem Papier

Vorwort

Wie seine beiden Vorläufer wurde auch der dritte Karlsruher Ökonometrie-Workshop vom Institut für Statistik und Mathematische Wirtschaftstheorie in Zusammenarbeit mit der SGZ-Bank, Südwestdeutsche Genossenschafts Zentralbank AG veranstaltet. Er fand am 5. und 6. Februar 1991 an der Fakultät für Wirtschaftswissenschaften der Universität Karlsruhe statt.

Nach der Begrüßungsansprache durch den Dekan der Fakultät, Prof. Dr. H. G. Gemünden, wurden zwölf Vorträge gehalten, von denen 10 in diesem Ergebnisband veröffentlicht werden.

Themenschwerpunkt bei diesem Workshop war dabei „Ökonometrie und monetärer Sektor". Im folgenden einige kurze Stichworte zu den einzelnen Beiträgen in der Reihenfolge des Tagungsprogrammes.

R. Schneider (Dresdner Bank, Frankfurt/Main) sprach über einen ökonometrischen Ansatz zur Prognose des Dollarkurses auf der Basis von fünf fundamentalen ökonomischen Größen.

H. Garbers (Universität Zürich) untersuchte am Beispiel des Schweizer Franken die Interdependenzen von Zinsrate und Wechselkurs. Mit dem Wechselkurs beschäftigte sich auch der dritte Beitrag von W. Kohn (Universität Kiel), in dem er ein error correction - Modell zu einem monetären Wechselkursmodell analysiert.

Die Modellierung der Wechselwirkungen zwischen Zinsrate, Geldmenge und Kreditvolumen im Rahmen des Karlsruher Simulationsmodells wurde von U. Haase (Universität Karlsruhe) demonstriert, anschließend zeigte Frau Ute Wirth (SGZ Bank, Karlsruhe) Prognosemöglichkeiten für den Zins mit Hilfe eines ökonometrischen Modells.

Mit der Problematik, strukturelle Veränderungen mit Hilfe des „Kalman Smoothers" zu entdecken, beschäftigte sich A. Pitts (Hochschule St. Gallen). Die Möglichkeiten der Prognose von Finanzmärkten durch den Einsatz von Verfahren des „Maschinellen Lernens" untersuchte A. Merkel (Daimler Benz, Ulm). N.K.A. Läufer (Universität Konstanz) leitete hinreichende Bedingungen dafür ab, daß die europäische Geldnachfrage stabiler ist, als die nationalen der einzelnen Länder Europas.

Inwieweit $M3$ als zu steuerndes monetäres Aggregat geeigneter ist als die Zentralbankgeldmenge, war Gegenstand des Vortrags von H. Buscher (FU Berlin). Er diskutierte dabei Fragen im Zusammenhang mit dieser Problemstellung, zeigte vorläufige Schätzergebnisse und gab einen Überblick über den Divisia-Ansatz.

H.-E. Reimers (Universität Kiel) ging der kausalen Richtung des Geldes nach und stellte auf der Grundlage von Kausalitätstests und Impulsantwortanalysen fest, daß M_1 kausal zum realen Bruttosozialprodukt, M_2 hingegen nicht kausal zur realen Variable, sondern zur Preisvariable ist.

Die Messung von Länderrisiken mit Hilfe eines makroökonomischen Modells der monetären Zahlungsbilanztheorie war Thema des Vortrags von M. Klein (Universität Bonn). Dabei wurden spieltheoretische Ansätze, Options- und Bilanzansätze integriert.

Im Schlußvortrag modellierten Th. Bucheli und W. Polasek (Universität Basel), die Volatilität von Finanzmarktdaten mit Hilfe von Informationskriterien. Dieser Vortrag gliederte sich in einen Abschnitt der explorativen Analyse des Datenmaterials und eine Untersuchung mit Hilfe nichtlinearer und Bayes-Ansätze des ARCH (autoregressive conditional heteroskedastic)-Modells.

Die Organisatoren und Herausgeber bedanken sich nicht nur bei den Vortragenden des Workshops und den Autoren der Beiträge dieses Proceedingsbandes, sondern auch bei den 95 Teilnehmern für die vielen interessanten Diskussionsbeiträge.

Natürlich wäre die Planung nicht ohne die tatkräftige Mithilfe unserer Mitarbeiter möglich gewesen. In erster Linie ist hier Matthias Hillmer zu nennen, bei dem die organisatorischen Fäden zusammenliefen. Unterstützt wurde er dabei von Christa Wurz, Monika Kansy und Thomas Niedermeier. Ihnen wie auch Dr. Arnold Kremer, Vorstandsvorsitzender der SGZ-Bank, dem Dekan, Prof. Dr. H.G. Gemünden, und dem Geschäftsführer, Dr. V. Binder, der Fakultät für Wirtschaftswissenschaften gilt unser besonderer Dank.

Karlsruhe, im Juni 1991

Die Herausgeber

Inhaltsverzeichnis

STRUKTUR UND VOLATILITÄT
VON
TÄGLICHEN ZINSSÄTZEN

Th. Bucheli
W. Polasek

Institut für Statistik und Ökonometrie
Universität Basel

Abstract

Die Informationsstruktur in täglichen Zinsbewegungen bezüglich Fristigkeit und Volatilität ist noch wenig untersucht. Daher versucht diese Arbeit zunächst mit neueren EDA-Verfahren die Tagesstruktur der Daten explorativ zu erfassen und danach die Erwartungstheorie für Tageszinssätze zu überprüfen. Weiters wird die Volatilität der Zinssätze näher analysiert. Ausgehend von der Beobachtung, dass die Quadrate der Zinsbewegungen seriell korreliert sind, werden uni- und multivariate ARCH-Modelle geschätzt und mittels AIC verglichen. Zum Vergleich der Prognosequalität der Volatilität werden auch dynamisch geschätzte ARCH-Modelle (Kalman Filter) betrachtet.

Wirtschaftswissenschaftliche Beiträge, Band 60
Ökonometrie und Monetärer Sektor

1. Explorativer Teil

Traditionelle ökonomische Modelle beschäftigen sich noch wenig mit dem Zusammenhang von Zinsstruktur und Zinsvolatilität. Wurde die Zinsstruktur meistens auf zeitlich hochaggregrierten Niveau untersucht, so scheint die Zinsvolatilität eher ein disaggregiertes Phänomen zu sein. Um einen möglichen Zusammenhang festzustellen, werden im folgenden die täglichen Euromarktzinsen des Schweizerfranken (erhoben jeweils um 11 Uhr) vom 2. Januar 1974 bis 31. März 1989 graphisch-explorativ einerseits und mit Zeitreihenmethoden andererseits untersucht. Die rund 4000 Werte pro 1-, 2-, 3-, 6- und 12-Monatszinssatz entsprechen dabei einer Informationsmenge, die sonst eher bei Querschnittsdaten beobachtet werden. Die Daten wurden uns freundlicherweise von der Schweizerischen Nationalbank zur Verfügung gestellt.

Abbildung 1: Der 1-Monatszinssatz und die 1. Differenz

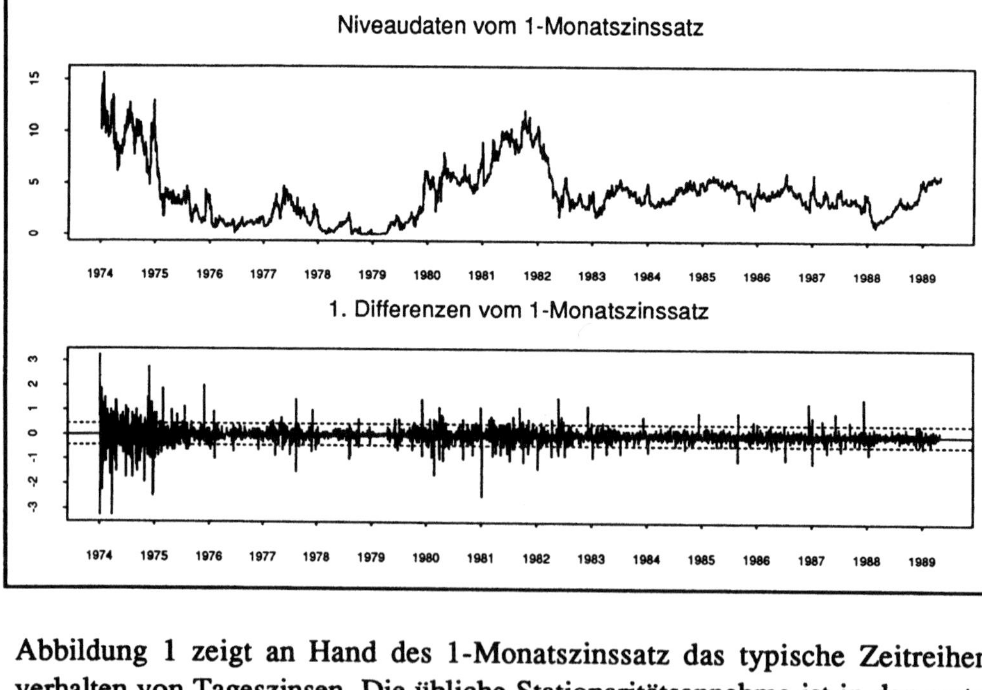

Abbildung 1 zeigt an Hand des 1-Monatszinssatz das typische Zeitreihenverhalten von Tageszinsen. Die übliche Stationaritätsannahme ist in den ersten beiden Momenten (d.h. sowohl im Mittelwert als auch in der Varianz) verletzt.

Neben der Zeitreihenstruktur sind die Verteilungseigenschaften der Zinssätze von Interesse. In Abbildung 2 sind die Boxplots der 5 Zinssätze und deren standardisierten 1. Differenzen abgebildet. Man sieht, dass die Streuung bzw. die Volatilität mit Zunahme der Fristigkeit abnimmt. Die Veränderungen der Zinssätze sind offensichtlich nicht normalverteilt. Im Gegensatz zur Normalverteilung weisen sie zuviele Werte in den Enden sowie eine geringere Streuung im Zentrum auf, sind also leptokurtisch, aber symmetrisch.

Eine Verteilungsanpassung zeigt, dass eine t- Verteilung mit 3-5 Freiheitsgraden für die Zuwächse der Zinssätze in Frage kommt. Mit dem Resultat von Zellner (1976) lassen sich somit die klassischen Schätzverfahren rechtfertigen, die auf der Normalverteilung beruhen, lediglich die Varianzen müssen für Inferenzzwecke angepasst werden.

Eine wichtige Variable zur Modellierung der Zinsstruktur ist der Spread, d.i. die Differenz der Zinssätze mit unterschiedlicher Fristigkeit. In Abbildung 3 ist als Beispiel die Differenz zwischen dem 6- und dem 12-Monatszinssatz und in Abbildung 4 die monatlich geglättete Zinsstruktur aufgetragen. Es lassen sich etwa vier verschiedene Regimes erkennen: Zwei Perioden der inversen Zinsstruktur, 1974 und 1980-81, sowie zwei Perioden der normalen Zinsstruktur, 1975-79 und 1982-89. Die Spreads verändern sich hingegen im Verhältnis zu den Zuwächsen der einzelnen Zinssätze nicht sehr stark.

Wie steht es mit der Differenzen-Stationarität, d.h. der I(0) (keine Differenzen-Bildung) oder I(1) (eine Differenz notwendig) Darstellung der täglichen Zeitreihen? Während die klassischen Unit Root Tests die Zinssätze als I(0) verwerfen, kann dies für den Spread nicht abgelehnt werden. Daher erscheint nach bisheriger Analyse die Alternative mit "segmented Trends", bzw. Regimes (vgl. Perron 1989), ebenso plausibel als mit kointegrierten Variablen (vgl. Kunst und Polasek 1991).

Abbildung 2: Boxplots der Zinssätze (oben) und standardisierte 1. Differenzen (unten)[1]

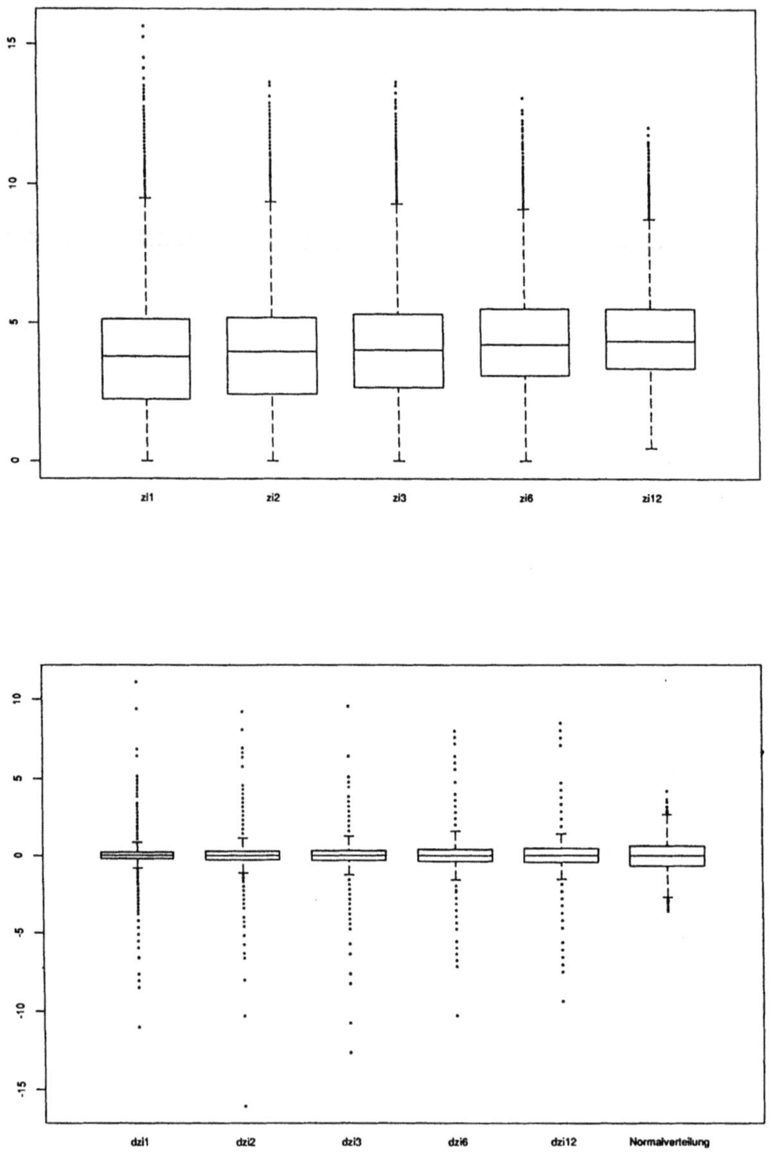

[1] Als Vergleich wurde auch der Boxplot von 4000 simulierten normalverteilten Zufallszahlen eingezeichnet

Abbildung 3: Der Spread zwischen 6- und 12-Monatszinssatz

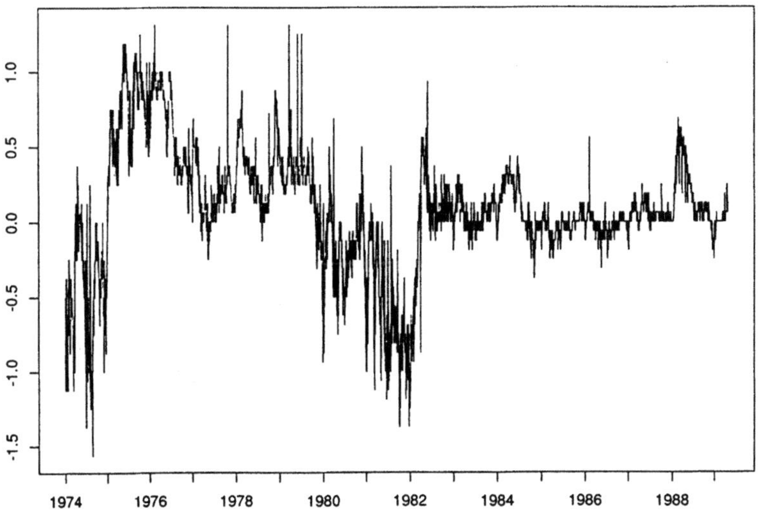

Abbildung 4: Die monatlich geglättete Zinsstruktur

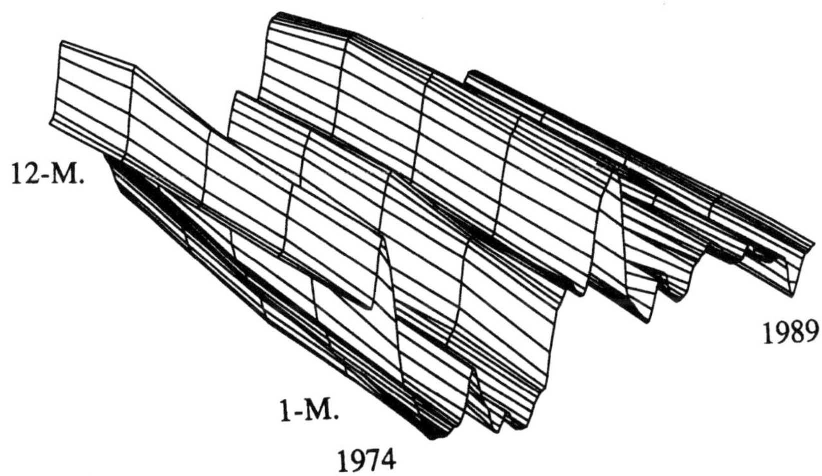

2. Die Erwartungstheorie

Die Erwartungstheorie versucht den Zusammenhang zwischen kürzer- und längerfristigen Zinsen zu erklären. Diese Theorie besagt, dass die Steigung der Ertragskurve die Markterwartungen von künftigen Zinssätzen widerspiegelt. Anhand eines Ein- und Zweiperiodenzinssatzes soll dies kurz demonstriert werden. Es sei r_t der Zinssatz für eine Periode und R_t der Zinssatz für zwei Perioden. Die Erwartungstheorie postuliert, dass

(1) $R_t = a + 0.5\,(r_t + e_t r_{t+1})$,

wobei e_t die Erwartung zum Zeitpunkt t darstellt. a ist die Risiko- (bzw. Zeit-, Fristigkeits-) oder Liquididätsprämie, die wegen des kleineren Nutzen künftiger Erträge resultiert. Dies heisst, dass man für die kurzfristigere Verfügbarkeit der Anlage bereit ist einen etwas niedrigeren Zins zu erhalten. Der Erwartungsansatz (1) kann zum folgenden Schätzansatz umgeformt werden, der den "Spread" $R_t - r_t$ als Regressor enthält:

(2) $e_t r_{t+1} - r_t = -2a + 2(R_t - r_t)$.

Dieser Ansatz verbindet die erwartete Änderung des kurzfristigen Zinssatzes mit der aktuellen Differenz des kurz- und langfristigen Zinssatzes, dem "Spread". Unterstellt man erwartungstreue Erwartungen, d.h.

(3) $r_{t+1} = e_t r_{t+1} + v_{t+1}$,

so erhält man als Schätzgleichung

(4) $r_{t+1} - r_t = \alpha + \beta\,(R_t - r_t) + v_{t+1}$, $v_t \sim N\,(0, \sigma^2 I)$.

Gilt die Erwartungstheorie exakt, dann sind R_t und r_t nicht-stochastisch und die Schätzfehler in (4) sind gleichzeitig die Fehler in der Erwartungsvariablen $e_t r_{t+1}$. Weiters muss $\alpha = -2a$ und $\beta = 2$ sein. Für Tageszinsen bezieht sich die Erwartungsbildung auf etwa 20-tägige Monatsperioden, d.h. Gleichung (4) muss mit dem Lead-Index i versehen werden:

(5) $r_{t+i} - r_t = \alpha + \beta\,(R_t - r_t) + v_{t+i}$.

Der Lead-Index ist für den 1-Monatszins i = 20, für den 2-Monatszins 60 und für den 6-Monatszins 120, wenn wir 20 Handelstage pro Monat annehmen. Die wichtigsten Schätzergebnisse für (5) sind in Tabelle 1 für die Paare 1/2-Monatszins, 3/6- Monatszins, und dem 6/12-Monatszins angeführt:

Tabelle 1: Einfache Erwartungsmodelle[2]

	1 / 2 Monate	3 / 6 Monate	6 / 12 Monate
α	- 0.31 (0.017)	- 0.23 (0.026)	- 0.24 (0.028)
β	1.66 (0.041)	0.57 (0.055)	1.15 (0.067)
R^2	0.29	0.03	0.07
DW	0.15	0.04	0.01

Die Durbin-Watson Werte deuten, wie erwartet, auf deutliche Autokorrelation hin. Wird Gleichung (5) um die gelagte Zinsdifferenz erweitert, d.h. betrachtet man den einfachen Schätzansatz zu einem Koyck -distributed-lag Modell in den vergangenen Spreads, so erhält man die "Koyck-Version"

(6) $r_{t+i} - r_t = \alpha + \beta\,(R_t - r_t) + \gamma\,(r_{t+i-1} - r_{t-1}) + v_{t+i}$,

Die Schätzungen in Tabelle 2 liefern viel bessere Anpassungen und DW-Werte, bestätigen aber nicht die Erwartungstheorie:

Der β Koeffizient liegt zwar deutlich näher beim "Erwartungstheorie-Wert" 2 als in den meisten bisherigen Studien. Obwohl in Tagesdaten mehr Struktur zu Gunsten der Erwartungstheorie erkennbar ist, sind die Ergebnisse nicht befriedigend.

---

[2] Standardabweichung in Klammern

Tabelle 2: Schätzung mit Koyck -Lag[3]			
	1 / 2 Monate	3 / 6 Monate	6 / 12 Monate
α	- 0.24 (0.063)	- 0.38 (0.123)	- 0.35 (0.292)
β	1.07 (0.031)	0.83 (0.027)	0.78 (0.030)
γ	0.90 (0.006)	0.96 (0.003)	0.99 (0.002)
R^2	0.88	0.95	0.98
DW	1.63	1.51	1.70

Um den möglichen Einfluss einer zeitvariablen Liquiditätsprämie zu untersuchen, wurde Gleichung (6) für unterschiedliche Zinsregime getrennt geschätzt: 1974 (invers), 1975-79 (normal), 1980-81 (invers), 1982-89 (normal). Die Resultate sind in Tabelle 3 abgebildet:

[3] Standardabweichung in Klammern

Tabelle 3: Regimeschätzungen des Koyck-Modells[4]			
	α	β	γ
a) 1- und 2-M.			
1974	- 0.73 *	1.18 *	0.76 *
1975-79	- 0.22	1.12 *	0.96 *
1980-81	- 0.30	1.12 *	0.94 *
1982-89	- 0.11	1.0 *	0.94 *
b) 3- und 6-M.			
1974	- 0.90 *	1.64 *	0.80 *
1975-79	- 0.10	0.72 *	0.99 *
1980-81	- 0.33	0.46 *	0.98 *
1982-89	- 0.04	0.66 *	0.99 *
c) 6-und 12-M.			
1974	0.49	1.39 *	0.81*
1975-79	0.63	0.61 *	1.0 *
1980-81	- 0.14	0.67 *	0.99 *
1982-89	0.18	0.77 *	0.99 *

[4] Signifikant von Null verschiedene Werte ($\alpha = 5\%$) sind mit einem Stern gekennzeichnet

Man sieht, dass zwar die geschätzten β noch näher beim erwarteten Wert 2 liegen, jedoch nach wie vor signifikant davon entfernt sind. Ein von 2 abweichendes β lässt sich wie folgt interpretieren: Der allgemeine Regressionsansatz $(e_t r_{t+1} - r_t) = \alpha + \beta\,(R_t - r_t)$ entspricht der gewogenen Erwartungsrelation

$$(7) \quad R_t = -\frac{\alpha}{\beta} + \frac{1}{\beta}\, e_t r_{t+1} + \left(1 - \frac{1}{\beta}\right) r_t \, .$$

Daher bedeutet ein von 2 verschieden geschätztes β für die Gewichtung:

Tabelle 4: Einfluss von β auf die Erwartungsrelation

β	$\frac{1}{\beta}$	$1 - \frac{1}{\beta}$
0	∞	$-\infty$
1	1	0
2	$\frac{1}{2}$	$\frac{1}{2}$
3	$\frac{1}{3}$	$\frac{2}{3}$
4	$\frac{1}{4}$	$\frac{3}{4}$

Wenn die geschätzten β alle in der Grössenordnung von 1 liegen, bedeutet dies in der Erwartungstheorie, dass der für t+1 erwartete kurzfristige Zinssatz stark mit dem langfristigen, nicht jedoch dem kurzfristigen Zinssatz im Zeitpunkt t zusammenhängt. D.h. anders formuliert, in der Erwartungsgleichung (7) geht der gegenwärtige kurzfristige Zinssatz mit Gewicht 0 ein.

Eine noch detailliertere Analyse des Verhaltens der Zeitprämie über die Zeit ergibt sich bei einer getrennten Schätzung von Gleichung (6) für jedes einzelne Jahr. Abbildung 5 zeigt eine grafische Darstellung der geschätzten Parameter: Während β und γ ziemlich stabil sind, fluktuiert α sehr stark.

Abbildung 5: Schätzungen der α-, β-, γ- Parameter für jährliche Regimes

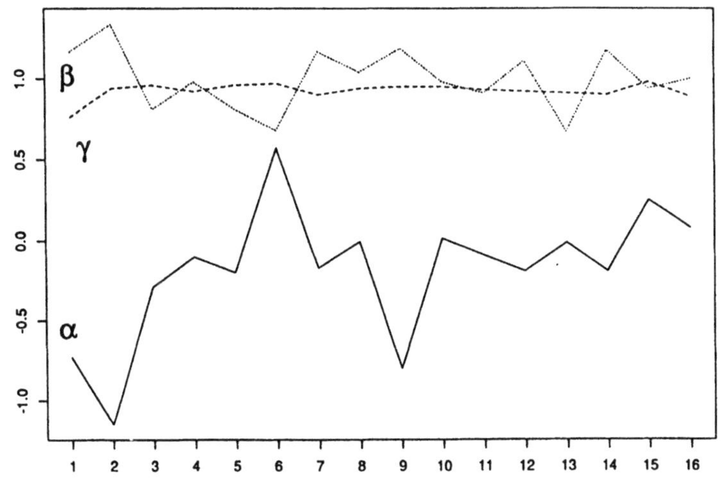

Die geschätzten β der einzelnen Jahre liegen alle etwa in der Grössenordnung der obigen β, unterscheiden sich also deutlich vom theoretisch erwarteten Wert 2. Die Rückweisung der Theorie kann also kaum ausschliesslich auf eine schwankende Zeitprämie zurückgeführt werden. Dass aber die Berücksichtigung einer nicht konstanten Zeitprämie den Erklärungsgehalt des Modells erhöht, zeigt sich beim Vergleich der AIC-Werte. In Tabelle 5 sind die AIC-Werte der untersuchten Modelle abgebildet. Deutlich erkennt man den massiven Einfluss einer nicht konstanten Liquiditätsprämie. Das AIC ist definiert als

(8) AIC = -2*loglikelihood + 2* Anzahl der Parameter.

Tabelle 5: AIC-Modellvergleich[5]			
	Ganze Periode	4 Perioden	jährlich
1 / 2 Monate	3600	1396	1060 *
3 / 6 Monate	1292	-1140	-2140 *
6 / 12 Monate	220	-1886	-2706 *

Bem.: Gilt die Erwartungstheorie exakt, so ist die Risikoprämie eindeutig durch folgende Differenz bestimmt:

(9) $a_t = R_t - 0.5\,(r_t + r_{t+i})$ i ... Lead-Index.

Erwartungsbildung mit Volatilitätsproxy

Es ist denkbar, dass das Ausmass der Volatilität der Zinssätze einen Einfluss auf die Risikoprämie und somit auch auf die Erwartungsbildung der Individuen hat. Berücksichtigt man einen derartigen durchschnittlichen Volatilitäts-Einflusses V_t des langfristigen Zinssatzes, z.B. durch die Proxy-Variable "durchschnittliche Volatilität der letzten beiden Wochen"

(10) $$V_t = \frac{1}{9} \sum_{j=0}^{9} (R_{t-j} - R_{t-j-1})^2 \, ,$$

dann kann der Schätzansatz der Erwartungstheorie erweitert werden:

(11) $$r_{t+i} - r_t = \alpha_0 + \alpha_1 V_t + \beta\,(R_t - r_t) + \gamma\,(r_{t+i-1} - r_{t-1}) + v_{t+i} \, .$$

Die Schätzergebnisse befinden sich in Tabelle 6:

---

[5] Der MAICE (Minimum AIC Estimate, bester Fit) von jedem Zinssatz ist mit einem Stern (*) markiert.

Tabelle 6: Erwartungsbildung mit Volatilitätsproxy[6]

	1- und 2- M. (i = 20)	3- und 6- M. (i = 60)	6- und 12- M. (i = 120)
α_0	- 0.25 (0.092)	- 0.25 (0.227)	- 0.19 (0.475)
α_1	1.35 (0.142)	0.61 (0.145)	0.76 (0.292)
β	1.0 (0.028)	0.68 (0.023)	0.71 (0.025)
γ	0.94 (0.005)	0.98 (0.003)	0.99 (0.002)
R^2	0.91	0.97	0.99
DW	1.95	2.03	2.08
AIC	2586	-396	-1494

Bei der gewöhnlichen OLS-Schätzung wird angenommen, dass nur die abhängige Variable fehlerbehaftet, während die erklärende Variable fehlerfrei ist. Tritt aber, wie in Gleichung (5), der kurzfristige Zinssatz auf beiden Seiten des Schätzansatzes auf, d.h. als Regressor und als Regressand, so stellt sich die Frage, ob nicht das Fehler-in-den-Variablen Modell (FiV) verwendet werden muss. Auch wenn man annehmen kann, dass der Zinssatz und Spread täglich um 11 Uhr richtig erhoben werden, so stellen sie letztlich nur einen Stichprobenwert des betreffenden Tages dar. (Analog wie die Temperaturangabe für 12 Uhr nur als Stichprobenwert für die Durchschnittstemperatur eines Tages angesehen werden kann).

---

[6] Standardabweichung in Klammern

In Abbildung 6 ist die grafische Darstellung einer FiV-Schätzung[7] für den 1/2-Monatszinssatz abgebildet. Die beiden gestrichelten Linien sind die OLS- und die inverse OLS-Gerade. Die solide Linie dazwischen ist eine Schätzgerade für ein Fehlerverhältnis der abhängigen zur erklärenden Variable λ von 5[8]. Der β-Koeffizient beträgt für diesen Fall 3.9, liegt also deutlich über dem Wert der OLS-Schätzung und dem theoretisch erwarteten Wert 2. Die Steigung 2 liegt innerhalb der OLS- und inversen OLS-Geraden, was ein Hinweis darauf ist, dass die Erwartungstheorie in diesem Modell nicht abgelehnt werden kann.

Abbildung 6: FiV-Schätzung für den 1/2-Monatszinssatz (λ = 5)

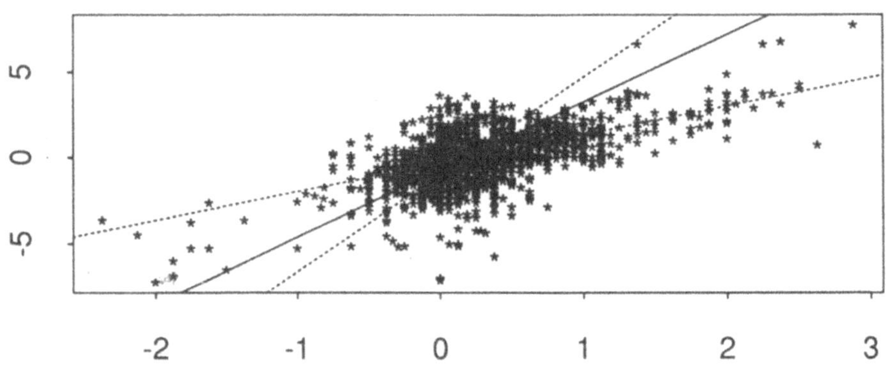

In Abbildung 7 ist der Einfluss dieses Fehlerverhältnisses auf den β-Koeffizienten abgebildet. Deutlich ist erkennbar, dass schon eine leichte Abweichung von der OLS-Annahme den Koeffizienten stark ansteigen lässt. Ist man gewillt, ein Varianzverhältnis λ von bis zu 40:1 für den Fehler in der y-Variablen (d.h. in der proxy Variablen der Erwartungen) im Vergleich zum Fehler im

---

[7] FiV: Fehler in den Variablen. Siehe dazu LEAMER (1978)

[8]

$$\lambda = \frac{\sigma^2\,(Y)}{\sigma^2\,(X)}$$

Spread zu akzeptieren, dann kann die Erwartungstheorie nicht verworfen werden. Als Grund dafür können die Ausreisser und damit das kleine R^2 angeführt werden, denn diese machen das Intervall zwischen der direkten und der indirekten OLS-Schätzung sehr gross.

Nur unrealistisch grosse Varianzverhältnisse würden die Erwartungstheorie widerlegen. Gleichzeitig bedeutet die FiV-Schätzung für das Gewichtungsschema in Tabelle 4, dass der erwartete Wert an Einfluss zugunsten des heutigen Zinssatzes verliert (Bei $\lambda = 5$ ist $\beta = 3.9 \approx 4$ und damit das Gewichtungsverhältnis 1:3).

Abbildung 7: Abhängigkeit des β-Parameters vom Fehlerverhältnis λ für den 1/2-Monatszinssatz

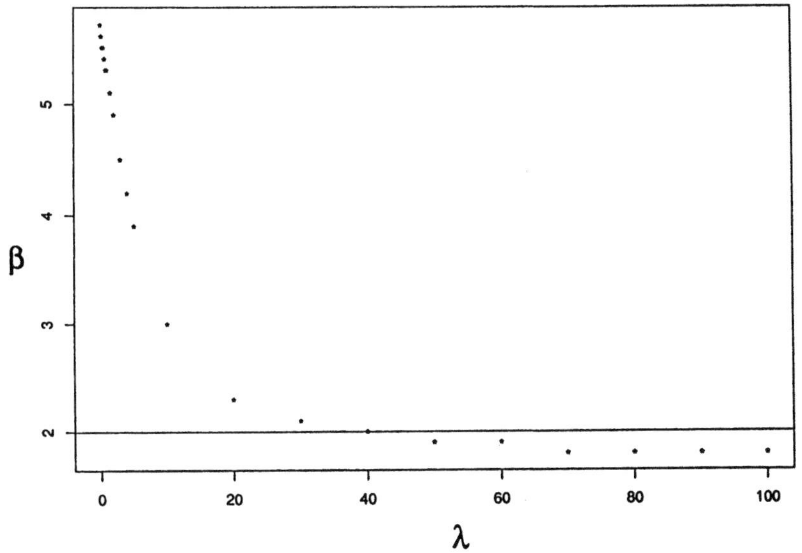

3. Die Risikostruktur der Zinssätze

Die Analyse der Autokorrelationsfunktion zeigt, dass die Zuwächse der Zinssätze zwar unkorreliert, jedoch nicht unabhängig sind: Die Quadrate der Zinsbewegungen weisen eine deutliche Autokorrelation auf, und die Modellierung einer zeitabhängigen Varianz wird notwendig.

Im ARCH-Modell haben die Zinszuwächse eine Verteilung mit Mittel Null und einer bedingten Varianz h_t. Diese Varianz h_t wird beeinflusst durch vergangene Zinsbewegungen einerseits, und die eigene Vergangenheit andererseits:

$$(12) \quad h_t = c + \sum_{i=1}^{p} \alpha_i \, \Delta r_{t-i} + \sum_{j=1}^{q} \beta_j \, h_{t-j}$$

Da der Erwartungswert von Δr_t Null ist, gilt für die Varianz

$$(13) \quad h_t = \text{Var}(\Delta r_t) = E(\Delta r_t^2) - \{E(\Delta r_t)\}^2 = E\{\Delta(r_t)\}^2 .$$

Ein additives Volatilitätsmodell erklärt die quadrierten Zuwachsraten mit unabhängigen Störungen ε_t (und Mittelwert Null) und hat die Form:

$$(14) \quad \{\Delta(r_t)\}^2 = h_t + \varepsilon_t \, , \qquad \text{mit } E(\varepsilon_t) = 0.$$

Die funktionale Abhängigkeit der Varianz h_t von der Zeit ergibt die Volatilitätsstruktur. Eine dynamische Parametrisierung von h_t ist ein autoregressives moving average Modell der Form

$$(15) \quad \{\Delta r_t\}^2 = c + \sum_{i=1}^{s} (\alpha_i + \beta_i) \{\Delta r_{t-i}\}^2 - \sum_{j=1}^{q} \beta_j \, \varepsilon_{t-j} + \varepsilon_t \qquad s = \max(p,q)$$

Eine Voraussetzung für die Schätzung von derartigen ARMA-Modellen ist die Stationarität der verwendeten Zeitreihen. Die Stationarität der quadrierten Zuwachsraten (nicht zu verwechseln mit der Stationarität der ursprünglichen Zinssätze) wurde mit dem Akaike Information Criterion (AIC) überprüft. Dazu wurden die AIC-Werte des "nicht-stationären" I(1) Modells

(16) $\{\Delta r_t\}^2 = c + \{\Delta r_{t-1}\}^2 + \varepsilon_t$

mit den AIC-Werten des "stationären" I(0) Modells

(17) $\{\Delta r_t\}^2 = c + \beta \{\Delta r_{t-1}\}^2 + \varepsilon_t$

verglichen (r_t ist das Zinsniveau im Zeitpunkt t und c eine Konstante).

Die Ergebnisse sind für alle Zinssätze eindeutig: Das (stationäre) I(0)-Modell ist in jedem Fall dem nicht-stationären I(1)-Modell überlegen. Die β-Koeffizienten des I(0)-Modells sind in Tabelle 7 abgebildet.

Tabelle 7: AR(1)-Volatilitätsmodelle					
Zinssatz	1-Monat	2-Monat	3-Monat	6-Monat	12-Monat
β	0.141	0.126	0.404	0.323	0.414

Als erstes wurde der reine ARCH-Prozess untersucht (Fall $\beta = 0$ in (15)), d.h.

(18) $\{\Delta r_t\}^2 = c + \sum_{i=1}^{s} \alpha_i \{\Delta r_{t-i}\}^2 + \varepsilon_t$

Die Schätzungen des ARCH-Modells sind in Tabelle 8 wiedergegeben. Für das Modell mit $\beta \neq 0$[9] sind die Resultate in Tabelle 9 angegeben.

[9] Auch GARCH genannt (Generalized Autoregressive Conditional Heteroskedasticity)

Tabelle 8: ARCH-Schätzungen[10]

	1-Monat	2-Monat	3-Monat	6-Monat	12-Monat
c	0.080 *	0.045 *	0.037 *	0.024 *	0.018 *
AR(1)	0.108 *	0.112 *	0.382 *	0.323 *	0.409 *
AR(2)	0.042 *	0.006	- 0.040 *	- 0.035 *	-------
AR(3)	0.146 *	0.158 *	0.170 *	0.116 *	-------
AR(4)	0.124 *	-------	--------	-------	-------
R^2	0.071	0.040	0.187	0.116	0.173
F	76.4	41.3	228.2	130.8	831.1

Tabelle 9: ARMACH-Modelle[11]

	1-Monat	2-Monat	3-Monat	6-Monat	12-Monat
c	0.080	0.044 *	0.037 *	0.024 *	0.018 *
AR(1)	1.000 *	0.718 *	0.417 *	0.324 *	0.447 *
MA(1)	- 0.880 *	- 0.718 *	- 0.024	- 0.002	- 0.038
R^2	0.064	0.028	0.161	0.104	0.173
F	136.9	56.2	382.7	231.0	416.0

10 Fehlende Tabellenwerte zeigen die durch AIC geschätzte Laglänge an (Maximale Laglänge: 4) Signifikant von Null verschiedene Koeffizienten (α=5%) sind mit einem Stern (*) gekennzeichnet.

11 Signifikant von Null verschiedene Koeffizienten (α=5%) sind mit einem Stern (*) gekennzeichnet

Um auch die gegenseitige Abhängigkeit der Zinsbewegungen zu untersuchen wurde ein vektor-autoregressives ARCH-Modell (VARCH[12]) geschätzt. Die optimale Laglänge mit Hilfe des AIC[13] wurde bei Lag 4 gefunden. Das VARCH- Modell lautet

$$(19) \quad h_t = c + \sum_{i=1}^{4} A_{t-i}\, y_{t-i}$$

und die entsprechende Schätzgleichung

$$(20) \quad y_t = c + \sum_{i=1}^{4} A_{t-i}\, y_{t-i} + e_t$$

c: p x 1 Matrix der Konstanten
h_t: p x 1 Matrix der Varianzen der 4 Zinssätze im Zeitpunkt t
y_t: p x 1 Matrix der quadrierten Zinsänderungen im Zeitpunkt t
A_{t-i}: p x p Koeffizientenmatrix
ε_t: p x 1 Vektor des Störterms mit Mittel Null und konstanter Kovarianzmatrix

---

12 Vector autoregressive conditional heteroskedasticity

13 Aufgrund der beschränkten Rechenkapazität musste die maximale Laglänge auf 4 festgelegt.

Tabelle 10: VARCH-Modelle[14]

Abh. Variable	c	Erkl. Variable	AR(1)	AR(2)	AR(3)	AR(4)	R^2	F
1-M	0.035 *	1-M	0.002	-0.015	0.064 *	0.150 *	0.278	76.137
		2-M	0.139 *	-0.079 *	-0.056	-0.117 *		
		3-M	-0.213 *	0.434 *	0.363 *	-0.097 *		
		6-M	0.214 *	-0.064	-0.086	0.091		
		12-M	0.504 *	-0.011	0.022	0.118 *		
2-M	0.023 *	1-M	-0.002	0.003	0.022 *	0.073 *	0.103	22.810
		2-M	0.091 *	0.013	0.046 *	-0.063 *		
		3-M	-0.079 *	-0.021	0.245 *	-0.060 *		
		6-M	0.126 *	-0.064	-0.017	-0.044		
		12-M	0.216 *	-0.042	0.013	0.055		
3-M	0.015 *	1-M	0.000	0.014 *	0.037 *	-0.005	0.234	60.532
		2-M	-0.021	0.032 *	-0.032 *	0.001		
		3-M	0.383 *	-0.104 *	0.204 *	-0.010		
		6-M	0.029	0.002	-0.063 *	0.078 *		
		12-M	0.102 *	-0.116 *	0.092 *	-0.047 *		
6-M	0.013 *	1-M	0.005	0.003	0.012 *	0.001	0.129	29.43
		2-M	0.015	0.010	-0.017 *	-0.003		
		3-M	-0.011	-0.004	0.034 *	0.006		
		6-M	0.280 *	-0.061 *	0.089 *	0.000		
		12-M	0.037	0.039	0.022	-0.007		
12-M	0.010 *	1-M	-0.003	-0.001	0.000	-0.005	0.184	44.571
		2-M	0.026 *	0.001	0.000	0.007		
		3-M	0.014	-0.009	0.009	-0.001		
		6-M	-0.034 *	0.001	-0.001	0.016		
		12-M	0.394 *	0.018	0.007	-0.017		

[14] Signifikant von Null verschiedene Koeffizienten (α=5%) sind mit einem Stern (*) gekennzeichnet

Die multivariaten Schätzergebnisse befinden sich in Tabelle 10. Man sieht deutlich, dass der Einfluss unidirektional ist. Die Volatilität der kurzfristigen Zinssätze wird stark durch die langfristigen beeinflusst. Die Volatilität der langfristigen Zinssätze hingegen wird vorwiegend durch die eigene Vergangenheit beeinflusst.

In Tabelle 11 werden die AIC-Werte für die 3 Modelle, ARCH, ARMACH und VARCH verglichen. Die Resultate sind recht eindeutig. Das VARCH-Modell ergibt für alle Zinssätze mit Ausnahme des 3-Monatszinses die beste Anpassung. Für den 3-Monatszins liefert das reine ARCH-Modell den besten Fit.

Tabelle 11: AIC-Modellvergleich[15]

	1-Monat	2-Monat	3-Monat	6-Monat	12-Monat
ARCH	3048	290	-3506 *	-8130	-10536
ARMACH	3072	338	-3388	-8080	-10540
VARCH	2818 *	232 *	-3478	-8160 *	-10568 *

Zuletzt wurde die Prognosequalität der verschiedenen Modelle näher untersucht. Die Wurzel aus dem mittleren quadratischen Fehler (RMSE) der einstufigen Prognose des ARCH-, ARMACH- und VARCH-Modells für die Jahre 1987-89 wurde mit zwei alternativen Modellen verglichen (Tabelle 12). Das erste Modell ist eine konstante historische Varianz, geschätzt aus den Jahren 85 und 86. Das zweite Modell ist ein dynamisch lineares ARCH-Modell (DLARCH [16]).

Die geschätzten autoregressiven Koeffizienten des DLARCH-Modells für den 2-Monatszinssatz sind in Abbildung 8 zu sehen. Sehr gut lässt sich erkennen, dass die Koeffizienten sehr sensitiv auf Sprünge in der zugrundeliegenden Variablen, den quadrierten Veränderungen, reagieren.

---

[15] Der MAICE (Minimum AIC Estimate, bester Fit) von jedem Zinssatz ist mit einem Stern (*) markiert.

[16] DLARCH: Dynamic linear autoregressive heteroskedasticity. Zum Schätzverfahren siehe BUCHELI (1991)

Abbildung 8: Die dynamisch geschätzten Autoregressionsparameter

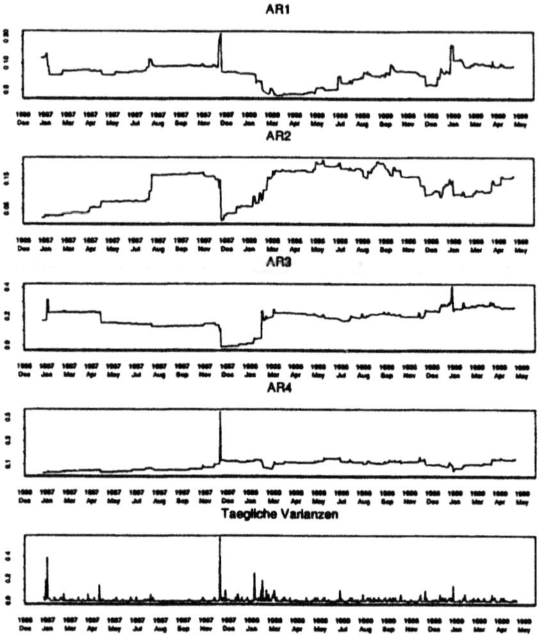

Tabelle 12: Prognosevergleich mit RMSE[17]

	1-Monat	2-Monat	3-Monat	6-Monat	12-Monat
ARCH	0.1244	0.0373	0.0340	0.0196	0.0098
ARMACH	0.1338	0.0487	0.0437	0.0265	0.0173
VARCH	0.1321	0.0476	0.0401	0.0242	0.0154
DLARCH	0.0386 *	0.0199 *	0.0630	0.0104 *	0.0098 *
Historische Varianz (1985-86)	0.1215	0.0355	0.0319 *	0.0180	0.0901

[17] Der kleinste RMSE von jedem Zinssatz ist mit einem Stern (*) gekennzeichnet.

Die Tabelle 12 vergleicht die Standardabweichung der Volatilitäts-Prognose (RMSE) zwischen den Modellen mit der "historischen Varianz", d.h. der Standardabweichung der tatsächlichen Zinssätze in den Jahren 1985-86. Für die meisten Zinssätze wird die beste Prognose mit dem dynamisch geschätzten ARCH-Modell erzielt. Nur für den 3-Monatszinssatz ergibt die historische Varianz bessere Prognosewerte, d.h. ARCH-Modelle bringen keine praktischen Verbesserungen.

4. Zusammenfassung

Die explorative und konfirmative Analyse der täglichen Zinssätze hat gezeigt, dass die Erwartungstheorie der Zinsstruktur bei Annahmen von Fehler-in-den-Variablen Modellen nicht widerlegt werden kann. Klassische Schätzungen von dynamischen und volatilitätsabhängigen Erwartungstheorie-Ansätzen führen jedoch nicht zu einer Bestätigung dieser Theorie. Diese implizieren eine Unabhängigkeit vom laufenden kurzfristigen Zinssatz und ein fast völlige Abhängigkeit vom erwarteten zukünftigen Zinssatz, der "ex-post Proxy" Variablen.

Weiters zeigt sich, dass die Erwartungsbildung bei verschiedener Zinsfristigkeit einen simultanen Zusammenhang aufweist und stark durch "Ausreisser" beinflusst wird. Diese Ausreisser neigen bei unit root Tests dazu, die Hypothese der Nichtstationarität zu stützen, sie können aber ebenso gut als Regimewechsel interpretiert werden und erlauben so eine klassische stationäre Analyse der Zinsstruktur. Daher können die Niveaudaten über den gesamten Zeitraum eher als ein random walk Prozess modelliert werden, während sie in kürzeren Regimes eher stationär erscheinen. Auf die Modellierung der täglichen Zinstruktur mit Hilfe von kointegrierten Prozessen wird in Kunst und Polasek (1991) genauer eingegangen.

Da der zeitliche Prozess der Varianzen als ein I(0)-Prozess darstellbar war, konnte die Zinsvolatilität mit ARCH-Modellen erklärt werden. Eine vektorautoregressive Variante des ARCH-Modells liefert die beste Anpassung, während für die Volatilitäts-Prognose Kalman-Filter Modelle bessere Ergebnisse liefern.

Abschliessend kann festgestellt werden, dass Mittelwerts- und Varianzprozesse insgesamt hohe Simultanität und Interdependenz aufweisen, dass aber bezüglich der Lagstruktur nur wenig Zusammenhänge bestehen. Künftige Untersuchungen müssen zeigen, ob ein gleichzeitiger Update-Prozess in den ersten beiden Momenten mehr an Zusammenhang bezüglich Zinsstruktur und Volatilität zu Tage bringen.

Literaturverzeichnis

BAILLIE, Richard T. / BOLLERSLEV, Tim: "The Message in Daily Exchange Rates: A Conditional Variance Tale". East Lansing (1988)

BUCHELI, Thomas: "Verteilung und Volatilität von Wechselkursen: Nichtnormalität, Ausreisser, Zeitvariable Parameter, Zufallsparameter". Dissertation Universität Basel (1991).

CAMPBELL, John Y. / SHILLER, Robert J.: "Interpreting Cointegrated Models". Journal of Economic Dynamics and Control 12 (1988), 505-522.

ENGLE, Robert F.: "Autoregressive Conditional Heteroscedasticity with Estimates of the Variance of UK Inflation". Econometrica, Vol 50, No 4, 1982, S. 987 - 1007

FAMA, Eugene F.: "The Information in the Term Structure". Journal of Financial Economics 13 (1984), 509-528.

FROOT, Kenneth A.: "New Hope for the Expectations Hypothesis of Interest Rates". The Journal of Finance, Vol. XLIV (June 1989) ,283-305.

KUNST Robert / POLASEK Wolfgang "Cointegrated Models for Daily Swiss Interest Rates", mimeo, ISO-WWZ, University of Basel.(1991)

LEAMER, Edward E.: "Specification Searches". Wiley, New York (1978).

MANKIV, Gregory N. / MIRON, Jeffrey A.: "The Changing Behaviour of the Term Structure of Interest Rates". The Quarterly Journal of Economics, Vol CI (May 1986) Issue 2.

PERRON Pierre: "The Great Crash, the Oil-Price Shock and The Unit Root Hypothesis", Econometrica Vol 57, 1361-1402.

SCHNEEWEISS, Hans / MITTAG, Hans-Joachim: "Lineare Modelle mit fehlerbehafteten Daten". Physica Verlag, Wien (1986)

ZELLNER, Arnold: "Bayesian and Non-Bayesian Analysis of the Regression Model with Multivariate Student-t Error Terms". JASA (1976) Vol. 71 (354) 400-405.

The Relationship Between Exchange Rates and Interest Rates: The Swiss Franc Case

Hermann Garbers*

Institute for Empirical Research in Economics
University of Zurich
Kleinstrasse 15, 8008 Zurich, Switzerland

Abstract

Exchange rates are moved largely by factors other than macroeconomic fundamentals. By starting with a specific model the paper looks for evidence that spot rates are not just random walks. However, the starting model for the change in exchange rates constructed by Fama (1984) seems to be misspecified. The paper proposes another model which generalizes Fama's equation.

* I am especially indepted to José Antonio Blanco for valuable discussions and research assistance. The paper was first written while the author was visiting the Business School of Columbia University and the Institute of Economics at Aarhus University (Denmark). A second revision of the paper was presented at the European meeting of the Econometric Society in Munich, 1989, and at the University of Basle. Thanks are due to many discussants for helpful advice.

Wirtschaftswissenschaftliche Beiträge, Band 60
Ökonometrie und Monetärer Sektor

I. Shortcomings of a specific hypothesis

By now there is a lot of evidence in the literature that exchange rates are moved largely by factors other than the obvious, observable, macroeconomic fundamentals. We agree with J. Frankel (1989) that the proportion of exchange rates changes which are forecastable appears to be zero and the proportion that we can explain after observing the contemporaneous macroeconomic determinants appears to be very low. Exchange rates must be reacting to something else. Given that, it does not make much sense to analyse pertinent data by starting with a very general theoretical model and then to test down from the top. Here it seems to be more appropriate to start with one reasonable model, to look for its shortcomings with respect to the data and then to take account of these shortcomings in some way. The following data analysis will accordingly proceed by going from a special hypothesis to a more general one. The special hypothesis we want to start with is described by equation (2) below. After all, it is our experience that this equation reflects some "structure" in spite of the criticism we are going to make. We hope to turn up some evidence how spot exchange rates differ from a random walk.

In a paper by Garbers (1987) the author tries to give a critical discussion of two approaches which study the relationship between forward and spot exchange rates. It starts by testing especially the (efficiency and risk neutrality) restriction $b = 1$ in the framework of the classical regression model

$$s_t = a + bf_{t-1} + \varepsilon_t \qquad (1)$$

where s_t is the log of the spot rate in t and f_{t-1} the log of the forward rate in t-1. The second model is again a classical regression model consisting of

$$s_t - s_{t-1} = a + b(f_{t-1} - s_{t-1}) + \varepsilon_t\,. \qquad (2)$$

Notice that equation (2) is equivalent to equation (1) under the null hypothesis of $b = 1$. Taking the U.S. Dollar/Swiss Franc relation (monthly data, last working day in Switzerland, 1979.1 - 1989.8), one gets the following results from an OLS estimation of equation (2):

coefficient	value	standard error
a	-0.01	0.008
b	-1.49	0.688

Durbin Watson statistic = 2.05
$R^2 = 0.04$

Two conclusions may possibly be drawn from the above results. First, by conventional criteria of significance, the null hypothesis $b = 1$ must be strongly rejected.

A possible reaction would be to follow Fama (1984) and to accept equation (2) without the restriction of $b = 1$, but introducing a risk premium into the model:

$$f_{t-1} - s_{t-1} = r_{t-1} + E_{t-1}(s_t - s_{t-1})$$

where r_{t-1} represents the risk premium, and $E_{t-1}(s_t - s_{t-1})$ the change in the spot rate expected in period t-1. Actually, this implies that $b \neq 1$ because $E_{t-1}[s_t] \neq f_{t-1}$ if there is a time varying risk premium component in f_{t-1}.

Second, in spite of a low R^2, s_t does not suffice according to equation (2) a random walk. However, Garbers (1987) presents some evidence that the whole model of equation (2) should be rejected and not just the restriction $b = 1$. In agreement with Fama's maintained hypothesis he estimated the spectral density of $s_t - s_{t-1}$ and $f_{t-1} - s_{t-1}$ and found them very different: while the spectral mass of $s_t - s_{t-1}$ is distributed more or less over all frequencies, that of $f_{t-1} - s_{t-1}$ is concentrated in the low frequency bands. But then, as the model of equation (2) is a linear time invariant filter, there should be a peak in the spectrum $h(\omega)$ of $s_t - s_{t-1}$ at $\omega \approx 0$. As the spectrum estimate of the output process is without a clear peak, there is evidence that the transfer function $T(\omega)$ and/or the noise process must be different from what is implied by equation (2).

II. Cointegration of variables

The large concentration of spectral mass in the low frequency band of $f_{t-1} - s_{t-1}$ could even be a hint that this variable is non-stationary. We shall look for some further evidence.

First, applying a Perron-Phillips test (see e.g. Perron and Phillips (1987)) to s_t, we cannot reject the unit root (see table 1). Additionally, it appears by the same test that f_t, too, seems to be generated by a process which contains a unit root (see table 1).

Second, applying a Perron-Phillips test to $s_t - f_{t-1}$, the values of the test statistic are well below the critical value of -3.41, so that the unit root hypothesis can be rejected, while the results with respect to $s_t - f_t$ even favour the unit-root hypothesis (see table 2). This should not come as a complete surprise from an economic point of view as, according to a widely accepted view, the non-logarithmic forward rate F_t is almost defined by $F_t = S_t \cdot \frac{1 + i_t}{1 + i_t^*}$ where $(1 + i_t) / (1 + i_t^*)$ represents a (nominal) swap rate. By taking logs it follows that $f_t - s_t \approx i_t - i_t^*$ which may be non-stationary.

Table 1: Perron-Phillips Unit Root test*)

Variable	τ	t_α^*
s_t	0	-1.25
	1	-1.27
	2	-1.30
	3	-1.32
	4	-1.35
f_t	0	-1.26
	1	-1.27
	2	-1.30
	3	-1.33
	4	-1.36

Period: 1979.1 to 1989.8

τ is the truncation lag

The hypothesis of a unit root would be rejected for $t_\alpha^* \leq -2.98$ (5% level)

*) There are three types $t_{\hat{\alpha}}$, t_α^*, $t_{\tilde{\alpha}}$ of the Perron-Phillips test statistic. t_α^* is the usual regression t-statistic of $\alpha^* = 1$ in $Y_t = \mu^* + \alpha^* Y_{t-1} + U_t^*$ and $t_{\hat{\alpha}}(t_{\tilde{\alpha}})$ are the corresponding types in $Y_t = \hat{\alpha} Y_{t-1} + \hat{U}_t$ $(Y_t = \tilde{\mu} + \tilde{\beta}(t - \frac{T}{2}) + \tilde{\alpha} Y_{t-1} + \tilde{U}_t)$.

Table 2: Perron-Phillips Unit Root test

Variable	τ	t^*_α
$f_t - s_t$	0	-2.40
	1	-2.75
	2	-2.80
	3	-2.73
	4	-2.58
$f_{t-1} - s_t$	0	-10.59
	1	-10.59
	2	-10.62
	3	-10.66
	4	-10.71

Period: 1979.1 to 1989.8

τ is the truncation lag

The hypothesis of a unit root would be rejected for $t^*_\alpha \leq -2.89$ (5% level)

Just for completeness we mention that the t^*_α-value for $s_t - s_{t-1}$ is less than -11.05 for $\tau = 0, 1, 2, 3, 4$. However, because of $s_t - f_{t-1} = (s_t - s_{t-1}) + (s_{t-1} - f_{t-1})$, it is clearly inconsistent to model $s_t - s_{t-1}$ as an I(0), $s_{t-1} - f_{t-1}$ as an I(1) but $s_t - f_{t-1}$ as an I(0)-process. Moreover, as the Phillips-Perron-statistic is near to its 5% significance level for $s_{t-1} - f_{t-1}$, it makes sense not to reject the I(0)-hypothesis for this variable. However, we would like to proceed by directly applying the I(0)-hypothesis to $s_t - s_{t-1}$ and $s_t - f_{t-1}$.

Consider then the projection:

$$s_t - s_{t-1} = \delta(f_{t-2} - s_{t-1}) + \varepsilon_t \,. \tag{3}$$

Estimating equation (3) may give some hints about the importance of the risk premium for a change in s_t, as the two equations

$$s_t = E_{t-1}[s_t] + \varepsilon_t$$

$$f_{t-1} = r_{t-1} + E_{t-1}[s_t]$$

can be combined by substracting the first from the second equation so that

$$f_{t-1} - s_t = r_{t-1} - \varepsilon_t \,. \tag{4}$$

Taking the same data set as before we now get some evidence by an OLS estimation that delta is not different from zero:

coefficient	value	standard error	t-statistic
δ	-0.008	0.0835	-0.09

Durbin Watson statistic = 1.98
$R^2 = 0.00$

This is a somewhat surprising result. Looking for a story we ask again for the "structure" of equation (3) within the frequency bands by making a band spectral regression and using the same data as before:

frequency band	$\hat{\delta}$	t-statistic	$\overline{R^2}$
$0 \leq \omega \leq 0.1$	-0.67	-7.25	0.70
$0.1 \leq \omega \leq 0.2$	-0.48	-2.96	0.26
$0.2 \leq \omega \leq 0.3$	0.12	0.59	0.01
$0.3 \leq \omega \leq 0.4$	0.61	3.92	0.38
$0.4 \leq \omega \leq 0.5$	0.89	11.1	0.83
$0 \leq \omega \leq 0.25$	-0.51	-5.63	0.33
$0.25 \leq \omega \leq 0.5$	0.63	6.41	0.39

According to these results equation (3) seems to be an aggregate of two compensating different relationships – one in the low and one in the high frequency band. Notice that the OLS-regression and the band spectral regression results of equation (3) both make sense from an economic point of view. One would not expect $\hat{\delta}$ to be significantly different from zero in the ordinary regression because this would indicate some strong inefficiencies of foreign exchange markets (assuming near risk neutrality). The same argument does not apply to the band spectrum regression results, as there is a signal extraction problem for the agents. They will not know at time t whether an observed movement in $f_{t-2} - s_{t-1}$ corresponds to a low or a high frequency component.

One conclusion we draw from the above table is that the variable $f_{t-2} - s_{t-1}$ (which includes the risk premium) contains important information about $s_t - s_{t-1}$, although the parameter $\{\hat{\delta}\}$ of equation (3) is not significantly different from zero. More important, we interpret the spectral regression results for equation (3) as if they show the influence of monetary policy either in the low or in the high frequency bands.

III. Introducing the relative money supply and further variables

Up to now we have restricted our discussion to a bivariable system consisting of s_t and f_t but it is well known that the relative money supply m_t is also an important determinant for s_t. We shall try to introduce m_t into our analysis by taking M1 as the money volume variable.

The Swiss National bank manipulates the money volume by e.g. yearly target rates announced at the end of the previous year. According to W. Hermann and G. Rich (1988)[1] the Bank decided in 1979 to target the monetary base rather than the money stock (M1) which had served as a target variable until 1978: "If the Swiss National Bank were committed to achieving steady growth in M1, it would deactivite the stabilizers built into the Swiss money market." In agreement with this severe policy switch, we start our data analysis in 1979.1.

Now, as a Perron-Phillips unit root test for m_t [2] accepts the zero hypothesis of a unit root, we proceed by testing whether the variables s_t, f_t and m_t are cointegrated:

Cointegration test

	$t_{\hat{\alpha}}$
1	-4.82
2	-4.90
3	-4.78
4	-4.53
6	-4.04

The statistic is calculated from the residuals of the regression

---

1) The second author is director of the Bank's research department.

2) Where $m_t = \ln\left[M_t^{US}/m_t^{CH}\right]$ and M_t is equal to M1 (line 34b of the International Financial Statistics). The t_{α}^{*} values are around -1.60 for τ = 0, 1, 2, 3, 4 while they are around -13.6 for m_t - m_{t-1}.

$$f_t = -0.05 + 0.995 s_t + 0.021 m_t , \quad R^2 = 0.99 , \quad DW = 0.49 . \tag{5}$$

Period: 1979.1 to 1989.8

$t_{\hat{\alpha}}$ is the t-value in Phillips (1987).

The hypothesis of no-cointegration would be accepted if $t_{\hat{\alpha}} \geq -3.77$ [5% level, n = 2]. See also Phillips and Ouliaris (1987), Table 2b.

These results indicate that the series are cointegrated. Additionally, testing for cointegration as has been proposed by S. Johansen (1988)[3], one finds for the above data set on (s_t, f_t, m_t) one, and only one, cointegrating vector at the 5% level [where the lag order K of the VAR-process was taken to be $2 \leq K \leq 8$]. We note, however, that the residuals of the third component of the vector autoregressive process of order one is far from being Gaussian, there is no hint for autocorrelation in any of the components.

It is compatible with the results that m_t is without any influence on s_t and f_t. We take a closer look on that topic by asking for Granger non-causality of $\Delta m_t := m_t - m_{t-1}$ on $\Delta s_t := s_t - s_{t-1}$. Taking data from the period 1979.1-1989.8 we cannot reject the null hypothesis of Granger non-causality (see the following table). The results do not change qualitatively if we take M1 data which have not been deseasonalized.

A possible interpretation of this surprising non-causality is that with respect to the foreign exchange markets, Swiss monetary policy is directly concerned mainly with the Swiss Franc/DM (:=e) rate, influencing s_t only through cross reactions. The interpretation is in agreement with 1.) graph (1) of s_t and e_t and 2.) with a Granger non-causality test of the change in the corresponding logarithm of Swiss/German M1 relationship on $e_t - e_{t-1}$ that strongly rejects the zero-hypothesis (see again the next table).

---

3) As implemented in "PC-GIVE" (see D.F. Hendry (1989)).

Autoregressive-distributed lag model of Δs on $\Delta Lm1sus$

Autoregression			
lag	1	2	
Coeff.	-0.0050	0.0521	
Std. Err.	0.0915	0.0917	
Distributed lag			
lag	2	3	4
Coeff.	-0.2030	-0.1275	-0.2166
Std. Err.	0.1423	0.1394	0.1403
	Constant	Std. Error	
	0.00245	0.00381	

$F(5,116) = 0.843[0.5218]$ $R^2 = 0.0345$

G-C Test for adding $\Delta Lm1sus$ to Δs: $F(3,118) = 1.127$ [0.2888]

Autoregressiv-Distributed lag model of Δe on $\Delta Lm1sd$

Autoregression			
lag	1	2	
Coeff.	0.2604	-0.2120	
Std. Err.	0.0898	0.0883	
Distributed lag			
lag	2	3	4
Coeff.	0.0089	0.0922	-0.0819
Std. Err.	0.447	0.0451	0.0455
	Constant	Std. Error	
	-0.00042	0.00128	

$F(5,118) = 4.851[0.0005]$ ** $R^2 = 0.1705$

G-C Test for adding $\Delta Lm1sd$ to Δe: $F(3,118) = 4.31$ [0.0064] **

Data: [1979.1 - 1989.8]

Consider then the following model:

$$s_{t+1} - s_t = a + \lambda[f_t - s_t] + \beta[e_{t+1} - e_t] + \varepsilon_{ot+1} \qquad (6)$$

Taking again the data from 1979.1-1989.8 we obtain, by a recursive I.V. estimation with $e_t - e_{t-1}$ and $e_{t-1} - e_{t-2}$ as instruments, the following results:

coefficient	value	standard error
a	-0.013	0.007
λ	-1.41	0.69
β	0.356	0.33

Durbin Watson statistic = 2.07

The most important aspect of the recursive I.V. estimation of equation (6) is, however, contained in the graph (2) of $\hat{\lambda}(t)$. Taking the first 50 values of the data set as starting values, the graph shows the recursive 95% interval estimate of λ. According to this figure the variable $f_t - s_t$ shows no significant influence on $s_{t+1} - s_t$ before 1986.1 while a sharp decline in $\hat{\lambda}$ starts in 1985.1.[4)]

We want to make some comments on the movements of $\hat{\lambda}(t)$.

Because of

$$f_t - s_t \approx i_t - i_t^*$$

where i_t (i_t^*) is a monthly Swiss (U.S.)-interest rate and

$$f_t - s_t := r_t + E_t(s_{t+1} - s_t) \qquad (7)$$

it follows trivially that

$$i_t - i_t^* \approx r_t + E_t(s_{t+1} - s_t).$$

4) At the first conference on the stabilization of \$-rates in 1985.1 (which finally led to the "Plaza Agreement" in 1985.9), the Reagan adminsitration explicitly agreed to a new policy with the aim of a further revaluation of the U.S.-\$. According to our estimation of eq. (6), this switch of U.S. monetary policy led to a structural break in λ.

Note, that r_t and $E_t(s_{t+1} - s_t)$ are latent variables: If then there is e.g. some control of $i_t - i_t^*$ by national banks during a period this implies of course some control of $f_t - s_t$, too, but this may effect the two latent components of $f_t - s_t$ in very different ways.[5)]

Anyhow, there may very well have been some movements in the two latent components of $f_t - s_t$ during the period 1979.1 - 1989.8, so that the relative weight of $E_t(s_{t+1} - s_t)$ to r_t was sometimes high, sometimes low. If then $f_t \approx E_t(s_{t+1})$ one would expect the parameter λ of equation (6) to be close to 1 depending on how small r_t is. Taking this as given, the relative risk premium absolutely dominated $E_t(s_{t+1} - s_t)$ in the second half of the period.

Our analysis has not, so far, taken the large current account deficit of the U.S. over the relevant time period into account, which deficit produced a tremendous increase of its foreign debts:

---

5) There is some evidence in the literature that r_t and $E_t(s_{t+1} - s_t)$ are negatively correlated. E.g. R.J. Hodrick and S. Srivastava (1986) start with

$$\frac{F_t - S_t}{S_t} = E_t\left[\frac{S_{t+1} - S_t}{S_t}\right] + \frac{R_t}{S_t},$$

which is very similar to equation (7). Because of

$$\frac{S_{t+1} - S_t}{S_t} = E_t\left[\frac{S_{t+1} - S_t}{S_t}\right] + \eta_{t+1},$$

where η_{t+1} is orthogonal to the information set at t and assuming the existence of variance they get

$$\begin{aligned}\mathrm{Cov}\left[\frac{F_t - S_t}{S_t}; \frac{S_{t+1} - S_t}{S_t}\right] &= \mathrm{Cov}\left[E_t\left[\frac{S_{t+1} - S_t}{S_t}\right]; \frac{S_{t+1} - S_t}{S_t}\right] + \mathrm{Cov}\left[\frac{R_t}{S_t}; \frac{S_{t+1} - S_t}{S_t}\right] \\ &= \mathrm{Var}\left[E_t\left[\frac{S_{t+1} - S_t}{S_t}\right]\right] + \mathrm{Cov}\left[\frac{R_t}{S_t}; E_t\left[\frac{S_{t+1} - S_t}{S_t}\right]\right].\end{aligned}$$

Finally, by assuming stationarity up to the fourth moments of $\frac{F_t - S_t}{S_t}$ and $\frac{S_{t+1} - S_t}{S_t}$ Hodrick and Srivastava estimate a negative covariance for all five exchange rates considered by them. The Swiss Franc/U.S. Dollar was one of their rates. But this result implies that

$$\mathrm{Cov}\left[\frac{R_t}{S_t}; E_t\left[\frac{S_{t+1} - S_t}{S_t}\right]\right]$$

must be negative. {Moreover, they conclude by the Cauchy-Schwarz inequality that $\mathrm{Var}\left[\frac{R_t}{S_t}\right] > \mathrm{Var}\left[E_t\left[\frac{S_{t+1} - S_t}{S_t}\right]\right]$.}

Writing D_t for the foreign debt of the U.S. at the end of period t and B_t for the current account deficit it is

$$D_t = B_t + (1+\bar{i})D_{t-1}$$

where $\bar{i}$ is an average nominal interest rate. It follows for the relative variables d_t, b_t - relative to the corresponding GNP:

$$d_t = b_t + \frac{(1+\bar{i})D_{t-1}}{GNP_t} \approx b_t + \frac{1+\bar{i}}{1+\bar{g}} d_{t-1} \approx b_t + (1 + \bar{i} - \bar{g})d_{t-1}$$

where $\bar{g}$ is an average nominal growth rate of the U.S. gross national product. Note, that even with b_t decreasing, but larger than zero, there is a risky development of d_t as long as $\bar{i} > \bar{g}$. The idea is that at least long term interest rates should be introduced as additional variables.

IV. The new model for the Swiss Franc/$-rate

So far, our analysis is "down to the top" aiming to get a vector of variables which is relevant for the movements in s_t. Accordingly, we would like to model s_t simultaneously with e_t, $f_t - s_t$, $\ln B_t$ and $i_t^1 - i_t^{1*}$.

Taking these variables as components of a VAR-process, Garbers [1990] found some evidence that 4 is an appropriate lag order. Furthermore, by applying Johansen's procedure, he found that there exists one cointegrating relation between the components. But again, some of the variables are far from being Gaussian. "Introducing" restrictions into the parameter space of the VAR-process by a series of nested F-[and t-]tests, Garbers ended up e.g. with the following equation (8) for s_t[6]:

$$s_t = \alpha_0 + \alpha_1 s_{t-1} + \alpha_2((f_{t-1} - s_{t-1}) - (f_{t-2} - s_{t-2})) + \alpha_3(i_{t-3}^1 - i_{t-3}^{1*}) + u_t \qquad (8)$$

6) Notice that, although the F- and t-test statistics might not follow classical distributions, Garbers found them useful for his model designing work.

Taking the same data set as before one gets for the sample 79(4) to 90(9) less 11 forecasts

variable	coefficient	std error
α_0	-0.004	0.0134
α_1	0.936	0.024
α_2	-4.174	1.508
α_3	-7.181	2.426

$R^2 = 0.957$ F (3,121) = 901.7 [0.000] s = 0.0373 DW = 2.12
RSS = 0.168 for 4 variables and 125 observations
Information criteria: SC = -6.46; HQ = -6.509; FPE = .00014
t(99) for a Zero Sample Innovation Mean = 0.66
R^2 relative to DIFFERENCE+SEASONALS = 0.022

We want to make some remarks with respect to the model of equation (8):

First of all, the residuals u_t are I(0) as is evident from graph (3) and the following inference. Therefore, the variables of our model are cointegrated.

Second, it is not $s_{t-1} - f_{t-1}$ but the difference $((s_{t-1} - f_{t-1}) - (s_{t-2} - f_{t-2}))$ which is of importance for s_t.

Third, it is the **level** of $i_t^1 - i_t^{1*}$ [lagged three periods] which appears in eq. (8).

Fourth, the error variable u_t is strongly correlated with the error term of the equation for e_t (which we do not present here). But e_t or simple funtions of e_t do not appear directly relevant for s_t [see Garbers (1990)].

The overall impression of the empirical model (8) appears fairly good. This includes the ex ante forecasting behaviour of eq. (8) for 11 one step forecasts.

Now, following an argument given by Stock and Watson[7], as $((f_{t-1} - s_{t-1}) - (f_{t-2} - s_{t-2}))$ is a mean zero stationary process the usual asymptotic theory applies to the estimated coefficient α_2. Morover, as s_{t-1} and $i_{t-3}^1 - i_{t-3}^{1*}$ are integrated processes and as α_1 and α_3 cannot be written as

7) see James H. Stock and Mark W. Watson (1988)

coefficients on mean zero stationary regressors the estimators are consistent but have a nonstandard distribution.

Anyhow, it does make sense to compute usual (95%) interval estimate of α_2 in a recursive way. Graph 7 presents the result: $\hat{\alpha}_2(t)$ is impressively stable (besides one sharp increase in early 1985) and it is significantly negative around a value of -4.

V. Conclusion

The model of equation (8) presents some evidence that monthly spot exchange rates behave different from random walks. In addition it generalizes Fama's model of equation (2) which now appears to be misspecified in several respects. We plan some further work on this subject.

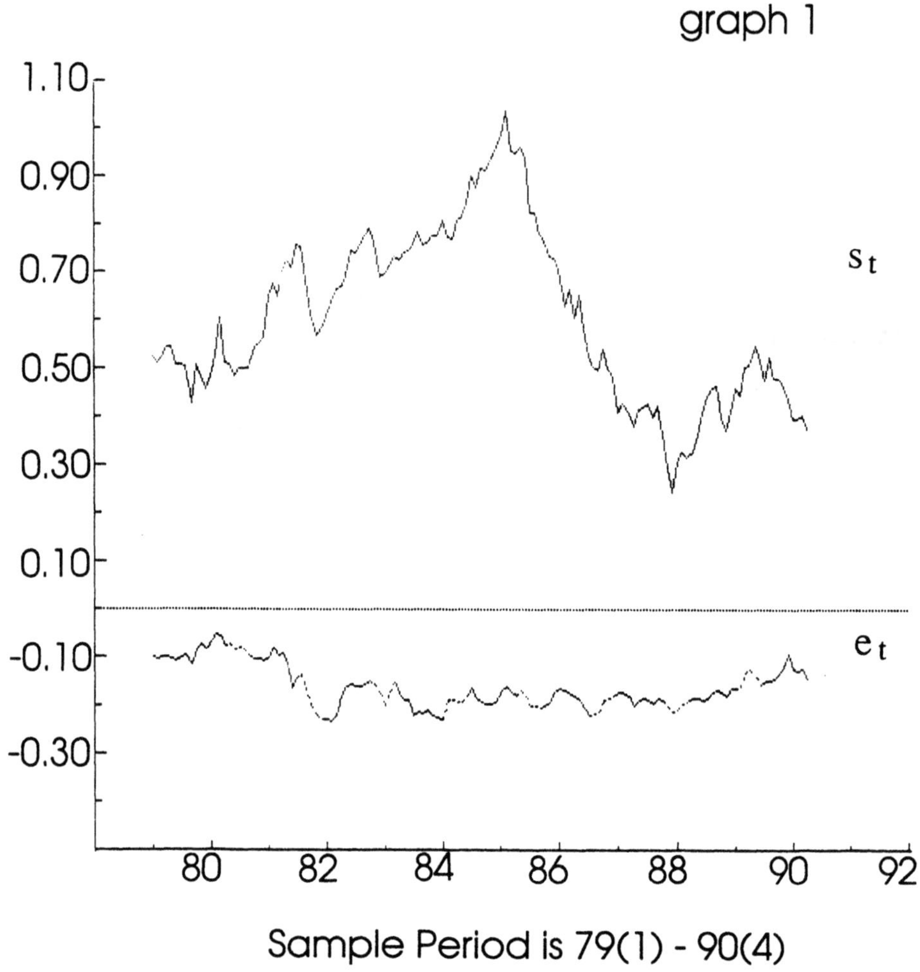
graph 1
1.10
0.90
0.70
0.50
0.30
0.10
-0.10
-0.30
s_t
e_t
80
82
84
86
88
90
92
Sample Period is 79(1) - 90(4)

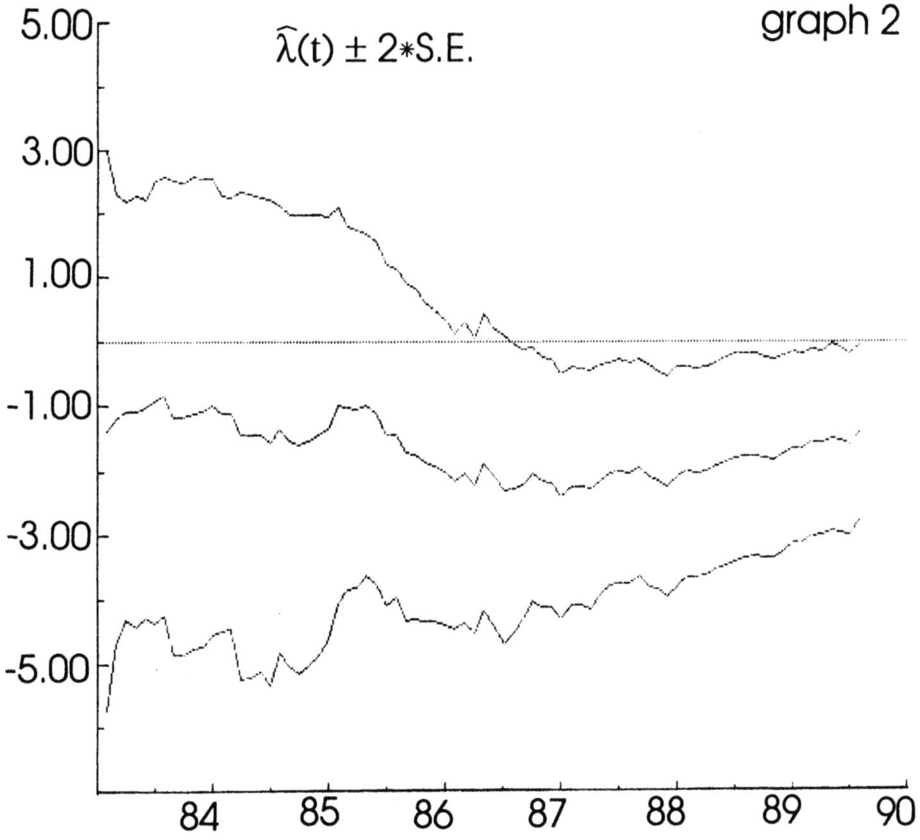

graph 2
$\widehat{\lambda}(t) \pm 2*S.E.$
5.00
3.00
1.00
-1.00
-3.00
-5.00
84
85
86
87
88
89
90

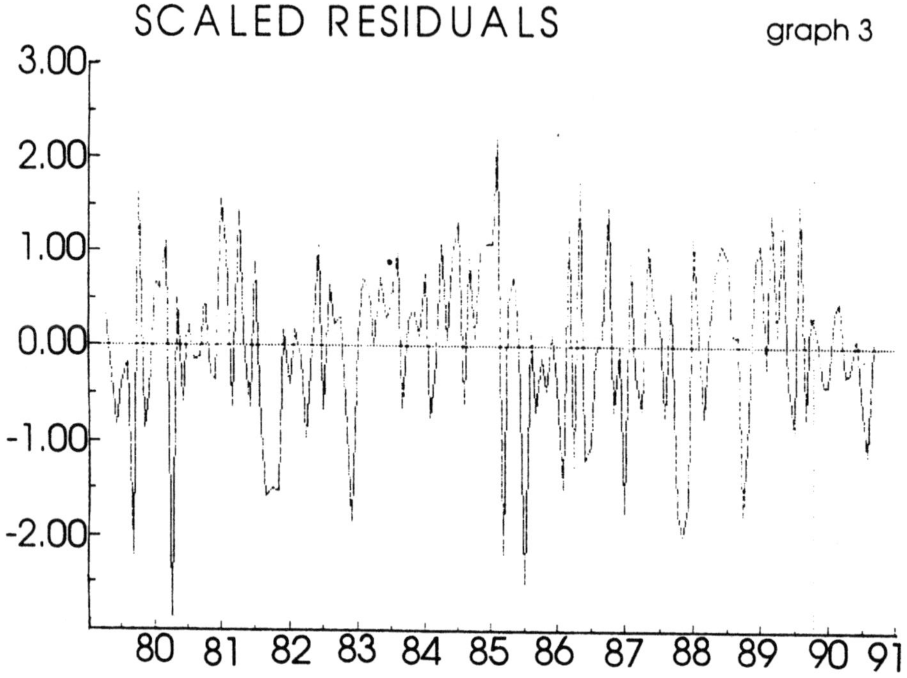
SCALED RESIDUALS
graph 3
3.00
2.00
1.00
0.00
-1.00
-2.00
80 81 82 83 84 85 86 87 88 89 90 91

RESIDUAL CORRELOGRAM

125 * (Sum of 16 Squared Residual Autocorrelations) = 17.977

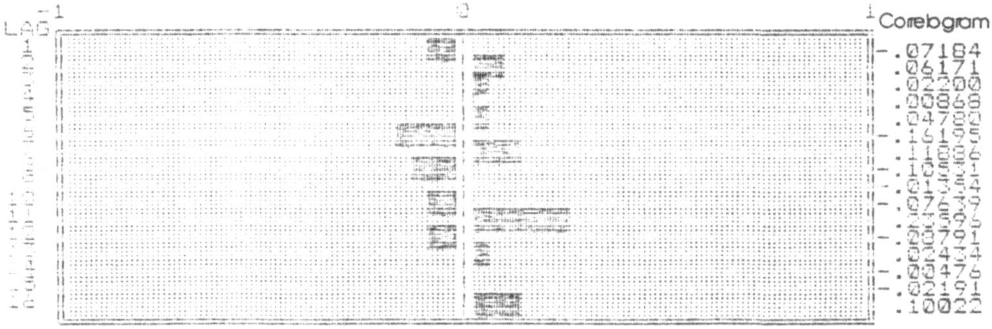

TABLE OF TEST RESULTS

Test	Test Statistic	Marginal Significance
Testing for Autoregression of Order 12	F(12,97) = 1.19	0.30
Testing for Serial Correlation (Lags 1 to 7)	F(7,114) = 0.76	0.62
ARCH-Test	F(7,107) = 0.87	0.53
Behra-Jarque-Test for Normality	$CHI^2(2) = 4.17$	
Reset-Test for adding $\hat{Y}^2$	F(1,120) = 0.58	0.45
General Test of Functional Form (10 Variables)	F(9,111) = 0.86	0.56

graph 4

RESIDUAL FREQUENCY PLOT

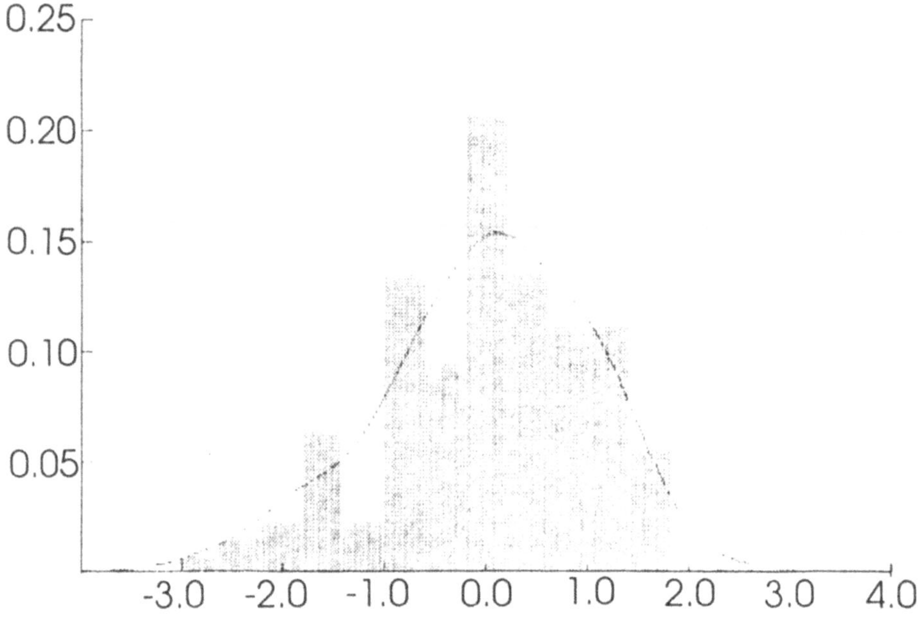

Sample Period is 79(4) - 89(8)

graph 5

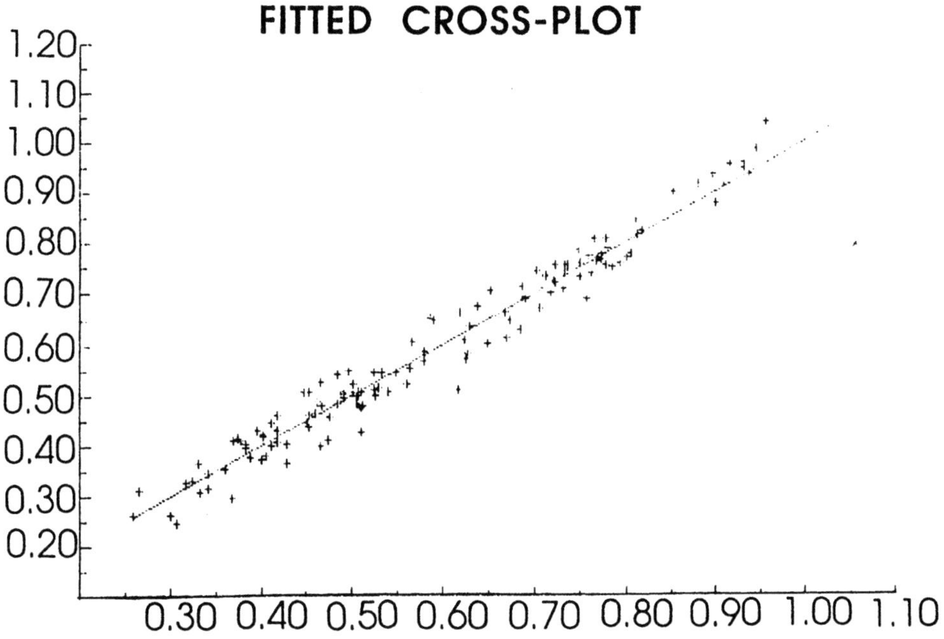
FITTED CROSS-PLOT
1.20
1.10
1.00
0.90
0.80
0.70
0.60
0.50
0.40
0.30
0.20
0.30 0.40 0.50 0.60 0.70 0.80 0.90 1.00 1.10

graph 6

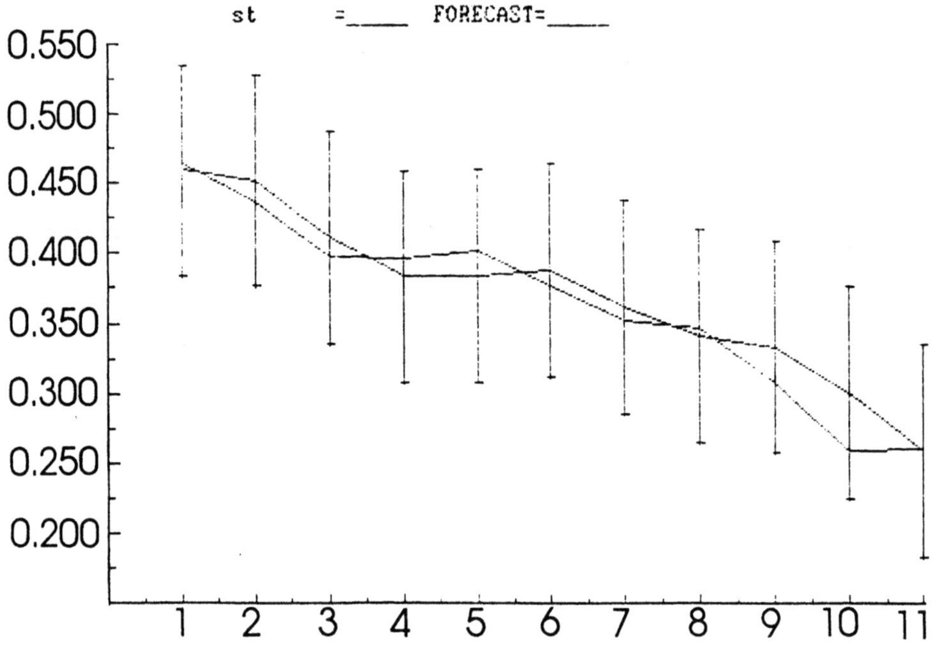
st =
FORECAST=
0.550
0.500
0.450
0.400
0.350
0.300
0.250
0.200
1 2 3 4 5 6 7 8 9 10 11

ANALYSIS OF 1-STEP FORECASTS

Date	Actual	Forecast	$Y - \hat{Y}$	Forecast SE	t-Value
89.11	0.464676	0.459813	0.004864	0.037798	0.128678
89.12	0.436963	0.451843	-0.014879	0.037750	-0.394153
90.1	0.397500	0.411955	-0.014456	0.038070	-0.379721
90.2	0.396760	0.383356	0.013404	0.037882	0.353835
90.3	0.402594	0.384042	0.018552	0.037967	0.488641
90.4	0.377614	0.388366	-0.010752	0.037985	-0.283064
90.5	0.351712	0.361431	-0.009719	0.038012	-0.255684
90.6	0.345998	0.341329	0.004669	0.037994	0.122889
90.7	0.308440	0.333290	-0.024850	0.037979	-0.654319
90.8	0.259282	0.301078	-0.041795	0.037907	-1.102588
90.9	0.260824	0.259187	0.001637	0.038017	0.043054

Tests of Parameter Constancy over: 89(11) - 90(9)

Forecast CHI^2 (11)/11 = 0.24

CHOW Test (11, 123) = 0.23 (0.9955)

t(10) for Zero Forecast Innovation Mean = -1.17

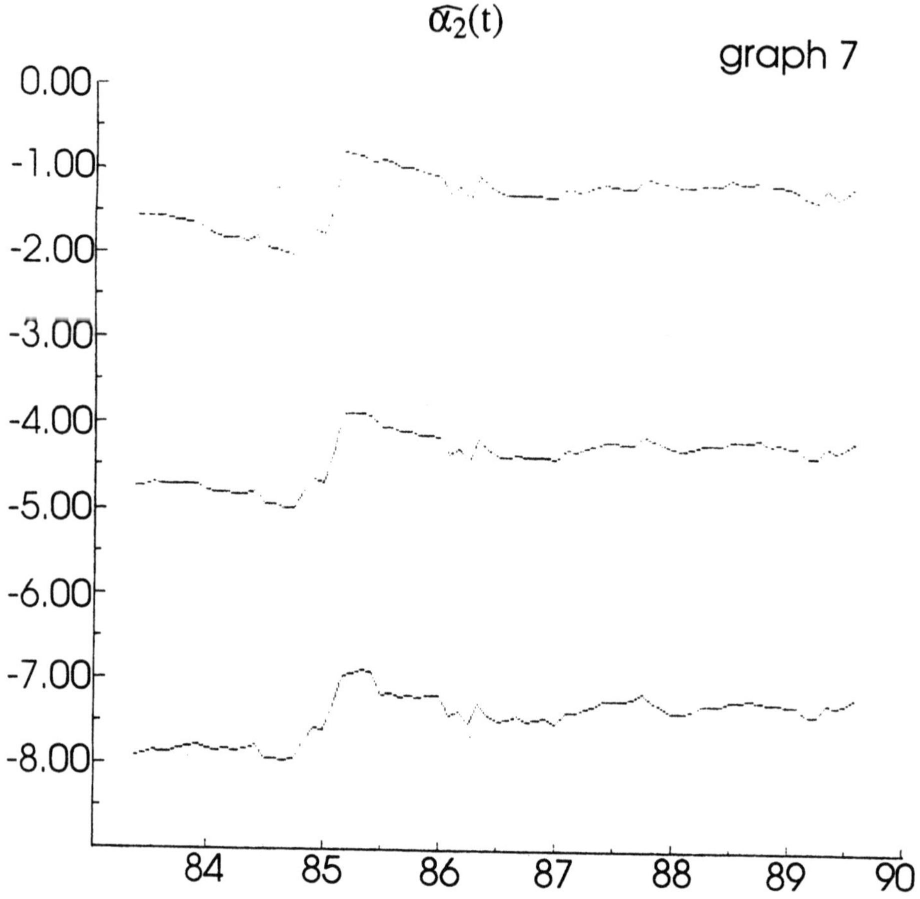
$\widehat{\alpha_2}(t)$
graph 7
0.00
-1.00
-2.00
-3.00
-4.00
-5.00
-6.00
-7.00
-8.00
84
85
86
87
88
89
90

References

Andrews, Donald W.K., *On the Performance of Least Squares in Linear Regression with Undefined Error Means*, Cowles Foundation Discussion Paper, No.798, Jan. 1986

Engle, Robert F., *Band Spectrum Regression*, International Economic Review, Vol.15, No.1, p.1-11, Feb. 1974

Engle, Robert F. and Granger, C.W.J., *Co-integration and error correction: representation, estimation, and testing*, Econometrica, Vol.55, No.2, p.251-276, March 1987

Fama, Eugene F., *Forward and Spot Exchange Rates*, Journal of Monetary Economics, 14, p.319-338, 1984

Frankel, Jeffrey, *Flexible exchange rates: Experience versus theory*, The Journal of Portfolio Management, p.45-54, 1989

Garbers, H., *A Misspecification Analysis of the Relationship Between Spot and Forward Exchange Rates*, European Economic Review, 31, p.1407-1417, 1987

Garbers, H., *A simultaneous model of exchange and interest rates containing the sfr/$ and the sfr/DM rate*, Unpublished paper, Zürich 1990

Granger, C.W.J., *Causality, Cointegration, and Control*, Journal of Economic Dynamics and Control, No.12, p.551-559, 1988

Hendry, D.F., PC-GIVE. *An Interactive Econometric Modelling System.* Version G.0/G.1, Oxford 1989

Hodrick, Robert J. and Srivastava, Sanjay, *The Covariation of Risk premiums and expected future spot exchange rates*, Journal of International Money and Finance, Vol.5, Supplement, p.5-22, 1986

Johansen, S., *Statistical analysis of cointegration vectors*, Journal of Economic Dynamics and Control, Vol.12, No.2/3, p.231-254, 1988

Johansen, S. and Juselius, K., *Full Information Maximum Likelihood Procedure for Inference on Cointegration - with Applications*, Preprint University of Copenhagen, 1989

Perron, Pierre and Phillips, P.C.B., *Does GNP have a unit root?*, Economics Letters, Vol.23, No.2, p.139-145, 1987

Phillips, P.C.B., *Time Series Regression with a Unit Root*, Econometrica, Vol.55, No.2, p.277-301, 1987

Phillips, P.C.B. and Ouliaris, S., *Asymptotic Properties of Residual Based Tests for Cointegration*, Cowles Foundation Discussion Paper, No.847, July 1987

Stock, James H. and Watson, Mark W., *Variable Trends in Economic Time Series*, Journal of Economic Perspectives, Vol.2, No.3, P.147-174, 1988

Zinsen, Geld und Kredit im Karlsruher Simulationsmodell

Ulrich Haase
Institut für Wirtschaftspolitik und Wirtschaftsforschung
Universität Karlsruhe

1. Einleitung

Das Karlsruher Simulationsmodell (KSM) ist ein nichtlineares makroökonometrisches Differenzengleichungssystem, das in seiner aktuellen Version durch 177 Reaktionsfunktionen und Definitionsgleichungen die wechselseitigen Beziehungen zwischen

- den Märkten für Konsum- und Investitionsgütern,
- den Auslandsmärkten,
- dem Kapitalstock und der Kapazitätsauslastung,
- der Preisentwicklung,
- dem Arbeitsmarkt,
- der Einkommensverteilung,
- den Gebietskörperschaften und Sozialversicherungsträgern sowie
- den Geld- und Kreditmärkten

abbildet.

Der Bereich Geld und Kredit ist ein zentraler Teil des Gesamtsystems. In ihn münden eine große Anzahl endogener Variablen aus faßt allen Modellteilen. Im folgenden Kapitel wird dieser Systemzusammenhang erläutert und daran anschließend werden die zugehörigen Reaktionsfunktionen im einzelnen beschrieben.

Das nächste Kapitel beschäftigt sich mit der Schätzproblematik. Bei der Entwicklung neuer Reaktionsfunktionen werden die Modellkoeffizienten zunächst mit Hilfe von OLS-Einzelgleichungsschätzungen berechnet und danach durch eine Gesamtmodellschätzung mit der Methode der simulierten Instrumentvariablen neu geschätzt. Dabei ergeben sich teilweise erhebliche Koeffizientenänderungen, was bei einem interdependenten Modell mit vielen nichtrekursiven Rückkopplungsschleifen nicht überrascht.

Das letzten Kapitel wird am Beispiel einer expansiven Geldpolitik die Vorgehensweise bei der Simulation wirtschaftspolitischer Strategien vorgestell.

Wirtschaftswissenschaftliche Beiträge, Band 60
Ökonometrie und Monetärer Sektor

2. Der Zins-, Geld- und Kreditmechanismus im KSM

2.1. Von den Instrumenten zur Geldmenge: Ein geschlossener Wirkungskreislauf

Die Untersuchungsperiode des Karlsruher Simulationsmodells vom 1. Halbjahr 1960 bis zum 2. Halbjahr 1989 ist durch eine Neuorientierung der Geldpolitik geprägt. Nach Aussage der Deutschen Bundesbank wurde der Übergang von der Steuerung der Bankenliquidität zur Steuerung der Geldmenge möglich durch die Wechselkursfreigabe gegenüber dem Dollar und nötig wegen des sich verändernden Liquiditätsverhalten der Geschäftsbanken, die einen Mindestumfang an freien Liquiditätsreserven nicht mehr als "eiserne" Reserve, sondern als ungenutztes Expansionspotential betrachten (Deutsche Bundesbank, 1974a, S. 3). Eine völlige Neuordnung des Notenbankinstrumentariums bis hin zum ausschließlichen Einsatz von Offenmarktinstrumenten, wie sie von den Vertretern einer strikten Geldmengensteuerung gefordert wurde, oder eine überwiegend offenmarktpolitisch ausgerichtete Politik, wie sie vom Sachverständigenrat vorgeschlagen wurde, hat die Bundesbank jedoch nicht vollzogen, da sie sich darauf beschränkt hat, "von den bestehenden kreditpolitischen Regelungen veränderten Gebrauch zu machen, ohne die Regelungen als solche zu ändern" (Deutsche Bundesbank, 1974b, S. 17), und da dies bei einer mittelfristig ausgelegten Verstetigungsstrategie auch nicht nötig ist (Beckh, 1990, S. 25 ff).
Äußerliches Kennzeichen der Neuorientierung in der Geldpolitik ist eine drastische Verringerung der freien Liquiditätsreserven in den Jahren 1973/74 und seit Beginn der achziger Jahre und der stetig zunehmende Einsatz von Wertpapierpensionsgeschäften. Sie wurden eingeführt, um größere Zinsausschläge am Geldmarkt wie sie 1973 auftraten zu verhindern. In den letzten Jahren wird den Geschäftsbanken jedoch über Wertpapierpensionsgeschäften dauerhaft Zentralbankgeld zur Verfügung gestellt, so daß sie als ein Ersatz für die relative Verknappung der Rediskonkontingente angesehen werden können. Da seit 1985 der Pensionssatz auch unterhalb des Lombardsatzes liegt, ersetzen die Wertpapierpensionsgeschäfte auch die Lombardkredite. Es wäre zu erwarten, daß die Wertpapierpensionsgeschäfte einen statistisch signifikanten Einfluß auf die Zinssätze am Geldmarkt und Kapitalmarkt haben. In der vorliegenden Modellversion ist aber nur der Einfluß auf den Kapitalmarktzins statistisch gesichert. Der Einfluß auf den Geldmarktsatz ist durch die Hinzunahme der letzten beiden Untersuchungsjahre nicht mehr statistisch gesichert.

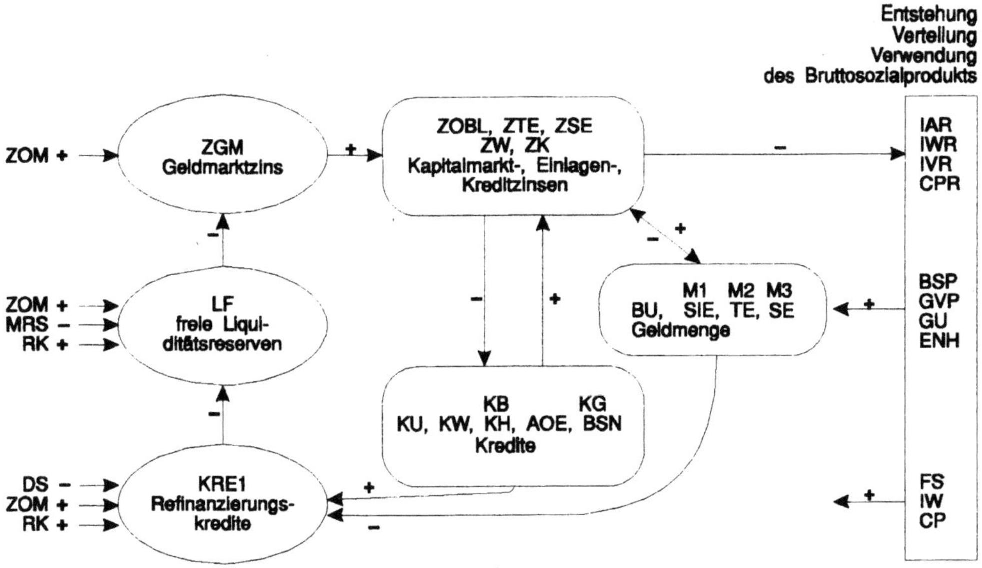

AOE	Anleihen der öffentlichen Hand	KH	Kredite priv. Haushalte
BSN	Bankschuldverschreibungen Publikum	KRE1	Refinanzierungskredite
BSP	Bruttosozialprodukt	KU	Kredite Unternehmen o. Wohnungsbau
BU	Bargeldumlauf	KW	Kredite Wohnungsbau
CP	Konsum der priv. Haushalte	LF	Freie Liquiditätsreserven
CPR	Konsum der priv. Haushalte i. Pr. v. 1980	M1,M2,M3	Geldmengen M1, M2 und M3
DS	Diskontsatz	MRS	durchschnittlicher Mindestreservesatz
ENH	Nettoeinkommen der privaten Haushalte	RK	Rediskontkontingente
FS	Finanzierungssaldo Unternehmen	SE	Spareinlagen inl. Privatpersonen
GU	Unverteilte Gewinne	SIE	Sichteinlagen inl. Nichtbanken
GVP	Verteilte Gewinne der Privatwirtschaft	TE	Termineinlagen inl. Nichtbanken
IAR	Bruttoanlageinvest. Untern. i. Pr. v. 1980	ZGM	Geldmarktzinssatz für 3-Monatsgelder
IVR	Vorratsveränderung i. Pr. v. 1980	ZOBL	Umlaufsrendite festverzinsl. Wertpapiere
IW	Bruttowohnungsbauinvestitionen	ZOM	Zinssatz für Offenmarktpapiere
IWR	Bruttowohnungsbauinvest. i. Pr. v. 1980	ZTE	Zinssatz für Termineinlagen
KB	Kredite gesamt	ZSE	Zinssatz für Spareinlagen
KG	KB + AOE + BSN	ZW	Zinssatz für Wechselkredite
		ZK	Zinssatz für Kontokorrentkredite

Abbildung 1

Für den größten Teil der Untersuchungsperiode besteht ein unveränderter indirekter Kontrollmechanismus (Duwendag, 1978, S. 59 ff) von den geldpolitischen Instrumenten bis zu den Geldmengenaggregaten. Das gilt auch nach 1973 als die Bundesbank zum Konzept der Zentralbankgeldsteuerung überging, zumindest solange wie sie die kreditpolitischen Regelungen unverändert ließ und die neuen Instrumente nicht in nennenswertem Umfang einsetzte. Dieser Kontrollmechanismus ist im Karlsruher Simulationsmodell implementiert und in Abbildung 1 dargestellt.

Die geldpolitischen Instrumente Offenmarktzins, Mindestreservesatz, Diskontsatz und Rediskontkontingente bestimmen die Refinanzierungskredite, die freien Liquiditätsreserven und den Geldmarktzins. Dieser nimmt Einfluß auf den Kapitalmarktzins, die Einlagenzinsen und die Kreditzinsen, die auch gegenseitig nicht unabhängig voneinander sind. Die Kapitalmarkt-, Einlagen- und Kreditzinsen beeinflussen die Unternehmens-, Wohnungsbau- und Haushaltskredite sowie alle Elemente der Geldmengenaggregate und diese wiederum wirken zurück auf die Refinanzierungskredite. Auf diese Weise entsteht ein geschlossener Wirkungskreislauf. Beziehungen zwischen diesem Modellteil und dem Teil des Karlsruher Simulationsmodells, in dem die Entstehung, Verteilung und Verwendung des Bruttosozialprodukts beschrieben wird, entstehen über die Erträge von Finanzaktiva und die dadurch induzierten Substitutionsprozesse.

2.2. Die Zins-, Geld- und Kreditgleichungen

2.2.1. Die Refinanzierungskredite

Der Verlauf der Refinanzierungskredite ist durch zwei Abschnitte geprägt. Während in den Jahren 1973/74 und ab 1979 die Refinanzierungskredite im wesentlichen durch die Rediskontkontingente begrenzt waren, gab es in den Jahren von 1960 bis 1972 und 1975 bis 1978 Refinanzierungsspielräume in Form von unausgenutzten Rediskontkontingenten.

KRE1 =	DS M 1 2	ZOM T 1	RK T 0	KG D 0 2	TESE D 0 2	KRE1 T 1	SAISON2.1	SAISON2.2
KOEFF.	-1.1902	1.6424	.3833	.0833	-.0619	.5952	-7.0195	-6.7480
T-W. (2.01)	-3.1556	4.5739	6.4967	8.0687	-2.9878	10.0820	-4.8241	-4.4952
ØELASTI	-.6386	.7598	.9286	.5309	-.2215	.5740	-.5059	-.4589

KORREL R2K: .9937 VAR[U]: 2.83 DW:2.01 DH: -.07

KRE1	Refinanzierungskredite	RK	Rediskontkontingente
DS	Diskontsatz	KG	Kreditbestand
ZOM	Abgabesatz für OffenmarktpapiereT	TESE	Termin- und Spareinlagen

Bei der Vergabe von Unternehmens-, Wohnungsbau-, Haushalts- und Staatskrediten entsteht für die Geschäftsbanken wegen zusätzlicher Mindestreserveverpflichtung und Bargeldabzug ein Refinanzierungsbedarf. Die Veränderung dieser Kreditbestände geht mit einer durchschnittlichen Elastizität von 0.53 in die Reaktionsfunktion der Refinanzierungskredite ein. Der Preis der von den Geschäftsbanken für die Refinanzierung zu zahlen ist, ist der Diskont- und der Lombardsatz. Da beide sehr eng interkorreliert sind, wurde nur der Diskontsatz in die

Gleichung aufgenommen. Für die Opportunitätskosten der Refinanzierung steht der Zinssatz für Offenmarktpapiere, der positiv in die Gleichung eingeht.

Umschichtungen, die zu einer Veränderung der Termin- und Spareinlagen führen haben einen gegenläufigen Effekt auf den Refinanzierungsbedarf der Geschäftsbanken. Ein Anstieg dieser Einlagen senkt das Mindestreservesoll und erweitert das Kreditschöpfungspotential. Die Nettoveränderung der Termin- und Spareinlagen geht daher mit negativem Vorzeichen in die Reaktionsfunktion für die Refinanzierungskredite ein.

2.2.2. Die freien Liquiditätsreserven

LF =	ZOM M 0 3	MRS T 0	KRE1 T 0	RK T 0	LF T 1	SAISON2.1	SAISON2.2
KOEFF.	.9161	-.6197	-.9582	.9545	.4077	2.5883	2.2043
T-W. (2.01)	4.2379	-2.0657	-9.0130	7.1112	7.5434	.6962	.5861
ØELASTI	.6326	-.7889	-5.8161	6.0988	.4503	.2180	.1889

KORREL R2K: .9499 VAR[U]: 3.97 DW:1.17 DH: 3.42

LF	freie Liquiditätsreserven	ZOM	Abagabesatz für Offenmarktpapiere
MRS	durchschnittlicher Mindestreservesatz	KRE1	Refinanzierungskredite
RK	Rediskontkontingente		

Die Reaktionsfunktion für die freien Liquiditätsreserven, definiert von der Verwendungsseite her als die Summe aus Überschußreserven, inländischen Geldmarktpapieren, unausgenutzten Rediskontkontingenten und bis zum ersten Halbjahr 1973 unausgenutztem Lombardspielraum, wird zunächst maßgeblich von den unausgenutzten Rediskontkontingenten beeinflußt. Implementiert ist dies in der Gleichung durch die Aufnahme sowohl der Rediskontkontingente als auch der Refinanzierungskredite, deren Koeffizienten vom Betrag her nicht signifikant verschieden sind.

Als weitere erklärenden Variablen für die Entwicklung der freien Liquiditätsreserven dient der Zinssatz für Offenmarktpapiere (Abgabesatz) und der Mindestreservesatz. Eine Erhöhung des Abgabesatzes für Offenmarktpapiere schafft zwar einen Anreiz für die Geschäftsbanken solche Papiere in ihr Portefeuille aufzunehmen, gleichzeitig steigt dabei aber ihr Bedarf an Refinanzierungskrediten, so daß es auf den Nettoeffekt und damit auch auf die Entwicklung anderer Größen ankommt, in welchem Maße die freien Liquiditätsreserven dadurch beeinflußt werden.

Eine Veränderung der Mindestreservesätze verändert das Mindestreservesoll der Geschäftsbanken und beeinflußt so unmittelbar die freien Liquiditätsreserven.

2.2.3. Der Geldmarktzins

Als eine der wenigen Reaktionsfunktionen im Karlsruher Simulationsmodell ist in der Gleichung für den Geldmarksatz für Dreimonatsgelder kein Anpassungsmodell integriert. Die Entwicklung der Geldmarktsätze folgt also eher kurzfristigen Reaktionen auf Änderung der erklärenden Variablen.

ZGM =	ZOM T 0	ZUS T 0 DK	M 1 2	LF T 0	KRLO T 0	WPBS T 0	SAISON2.1	SAISON2.2
KOEFF.	1.0553	.3758	.7731	.0889	.2140	21.4455	-23.6778	-23.3648
T-W. (2.01)	7.9785	3.9961	2.9313	-4.6440	-3.7761	3.0607	-3.2137	-3.1747
ØELASTI	.6855	.4197	.4513	-.2120	-.0889	4.2198	-2.3563	-2.1087

KORREL R2K: .9194 VAR[U]: .54 DW:1.22 DH:-----

ZGM	Geldmarktsatz für Dreimonatsgelder	ZOM	Abagabesatz für Offenmarktpapiere
ZUS	Geldmarktsatz für US-Schatzwechsel (3-Mon)	DK	Dollarkurs
LF	freie Liquiditätsreserven	KRLO	Lombardkredite
WPBS	Wachstumsrate Preisindex des Bruttosozialprodukts		

Der Zins für Offenmarktpapiere ist die Untergrenze für den Geldmarktzins, da es für liquiditätsbesitzende Banken dann rentabler ist überschüssige Liquidität in Geldmarktpapiere anzulegen, statt sie als Kredit auf dem Geldmarkt zu vergeben. Bei nicht angespannter allgemeiner Liquiditätslage stellt der Lombardsatz eine Obergrenze für den Geldmarktsatz dar. Erreicht der Geldmarktsatz nämlich den Lombardsatz, so ist es für die Geschäftsbanken günstiger sich über Lombardkredite zu refinanzieren, als Kredite am Geldmarkt aufzunehmen. Der Abgabesatz für Offenmarktpapiere und der Lombardsatz sind somit positiv mit dem Geldmarktsatz korreliert. Da aber beide Sätze interkorreliert sind, wurde nur der Offenmarktzins in die Reaktionsgleichung für den Geldmarktzins aufgenommen. Stellvertretend für den Lombardsatz stehen in der Gleichung die Lombardkredite: steigt der Lombardsatz, so verringert sich die Nachfrage nach Lombardkrediten und die Kreditnachfrage auf dem Geldmarkt steigt, wodurch der Geldmarktzins nach oben getrieben wird.

Eine weitere erklärende Variable für die Entwicklung des Geldmarktsatzes sind die freien Liquiditätsreserven, die als ein Ausdruck für die Liquiditätslage der Banken in die Bestimmungsgleichung eingehen.

Auch die ausländischen Zinsen und der Dollarkurs sind nicht ohne Einfluß auf die inländischen Geldmarktzinsen. Steigende ausländische Zinsen und ein steigender Dollarkurs machen Anlagen im Ausland attraktiver, wodurch der inländische Geldmarkt belastet wird. Als repräsentativer Zins wurde der Zins für US-Schatzwechsel (drei Monate) ausgewählt.

Schließlich wurde auch die Fishersche Preiserwartungshypothese implementiert. Die Wachstumsrate des Preisniveaus für das Bruttosozialprodukt beeinflußt in nicht unerheblichem Ausmaß das Zinsniveau in der Bundesrepublik Deutschland.

2.2.4. Der Kapitalmarktzins

Als repräsentativer Kapitalmarktzins ist im Karlsruher Simulationsmodell die Umlaufsrendite festverzinslicher Wertpapiere ausgewählt worden. Sie wird determiniert durch den Geldmarktzins, die Veränderung des Bestandes an festverzinslichen Wertpapieren (Summe der öffentlichen Anleihen und der Bankschuldverschreibungen), die Lombardkredite und durch das erst in den letzten Jahren stärker eingesetzte und relativ neue wirtschaftspolitische Instrument der Bundesbank, die Wertpapierpensionsgeschäfte.

ZOBL =	ZGM T 0	WFZ D 0 1	KRLO T 1	WPG M 1 2	ZOBL T 1	SAISON2.1	SAISON2.2
KOEFF.	.2385	.0181	-.0791	-.0116	.5896	1.5147	1.7479
T-W. (2.01)	9.4666	2.6676	-2.9448	-2.5444	11.4680	4.7339	5.6733
ØELASTI	.1885	.0369	-.0256	-.0122	.5900	.1054	.1191

KORREL R2K: .9294 VAR[U]: .13 DW:1.74 DH: 1.01

ZOBL	Umlaufsrendite festverz. Wertpapiere	ZGM	Geldmarktsatz für Dreimonatsgelder
WFZ	Festverzinsliche Wertpapiere	KRLO	Lombardkredite
WPF	Wertpapierpensionsgeschäfte		

Ein angespannter Geldmarkt führt zu einer stärkeren Nutzung des Kapitalmarktes als Refinanzierungsquelle für die Geschäftsbanken. Der Verkaufsdruck bzw das Einschränken der Käufe von festverzinslichen Wertpapieren seitens der Geschäftsbanken die Renditen ansteigen. Die gleiche Wirkung hat eine steigende Inanspruchnahme des Kapitalmarktes durch das Publikum

Demgegenüber läßt eine expansive Geldpolitik über steigende Lombardkredite oder eine Ausweitung der Wertpapierpensionsgeschäfte den Kapitalmarktzinssatz sinken.

2.2.5. Die Einlagenzinsen

Im Karlsruher Simulationsmodell sind die Entwicklung des Zinssatzes für Termineinlagen unter vier Jahren und des Zinssatzes für Spareinlagen mit gesetzlicher Kündigungsfrist jeweils durch Reaktionsfunktionen beschrieben. Bei angespannter Liquiditätslage, die sich im Anstieg des Geldmarktsatzes und im Anstieg der Kapitalmarktzinsen aber auch durch die

Bundesbank induziert im Anstieg des Diskontsatzes ausdrückt, versuchen die Banken über Erhöhung der Einlagenzinsen, diese für das Publikum attraktiver zu gestalten. Vermögensumschichtungen des Publikums von Sichtguthaben zu Termin- und Spareinlagen verringern die Mindestreserveverpflichtung der Banken insgesamt und entlasten so ihre Liquiditätslage. Aber auch die Konkurrenzbeziehungen zwischen den Banken lassen in solchen Situationen die Einlagenzinsen steigen, da eine Bank unter Liquiditätsengpässen versucht Einlagen an sich zu binden.

ZTE =	ZGM T 0	ZTE T 1	SAISON2.1	SAISON2.2
KOEFF.	.6114	.3305	-.5971	-.5724
T-W. (2.01)	16.8475	7.9086	-3.6578	-3.3663
ØELASTI	.8317	.3338	-.0795	-.0728

KORREL R2K: .9593 VAR[U]: .20 DW: .93 DH: 4.30

ZTE Zinssatz für Termineinlagen — ZGM Geldmarktsatz für Dreimonatsgelder

ZSE =	DS T 0	ZOBL M 0 2	SE T 0	ZSE T 1	SAISON2.1	SAISON2.2
KOEFF.	.2559	.2141	-.0017	.2787	.4536	.4717
T-W. (2.01)	11.1555	5.0233	-11.6553	5.0959	3.2914	3.4407
ØELASTI	.3113	.4553	-.1847	.2823	.0669	.0696

KORREL R2K: .9725 VAR[U]: .02 DW:1.20 DH: 3.27

ZSE Zinssatz für Spareinlagen — DS Diskontsatz

ZOBL Umlaufsrendite festverz. Wertpapiere — SE Spareinlagen

In der Sparzinsfunktion ist noch als zusätzliches Argument das Volumen der Spareinlagen mit gesetzlicher Kündigungsfrist mit negativem Vorzeichen enthalten. Hat sich schon ein hoher Spareinlagenbestand angesammelt, wird es für die Banken zunehmend interessanter, ihre Ertragslage durch eine große Zinsdifferenz zwischen ihren Soll- und Habenzinsen zu sichern, und deshalb den Sparzins in Engpaßsituationen weniger stark zu erhöhen.

2.2.6. Die Kreditzinsen

ZW =	ZGM T 0	RK T 0	ZW T 1	SAISON2.1	SAISON2.2
KOEFF.	.6260	-.0145	.3122	1.2773	1.2160
T-W. (2.01)	21.8646	-4.6438	9.2187	6.1910	5.9225
ØELASTI	.5568	-.0718	.3161	.1046	.0975

KORREL R2K: .9668 VAR[U]: .16 DW:1.23 DH: 3.01

ZW Zinssatz für Wechselkredite — ZGK Geldmarktsatz für Dreimonatsgelder

RK Rediskontkontingente

Als Kreditzinsen sind im Karlsruher Simulationsmodell die Zinssätze für Wechselkredite und für Kontokorrentkredite implementiert. Die Reaktionsfunktion für den Wechselkreditzins wird durch zwei Aspekte geprägt. Das Niveau des Geldmarktzinses bestimmt zusammen mit der adaptiven Erwartungshypothese im wesentlichen die Entwicklung des Wechselkreditzinses. Als zusätzliche erklärende Variable gehen die Rediskontkontingente in die Funktion ein. Steigen die Kontingente, so müssen sich die Kreditinstitute geeignetes Wechselmaterial beschaffen, um den Anstieg der Kontingente auch nutzen zu können. Dies führt dazu, daß der Wechselkreditzins nach unten konkurriert wird. Umgekehrt führt eine Senkung der Kontingente zu einer Verteuerung der Wechselkredite.

ZK =	ZW T 0 KB	D 0 2	ZUS T 0	ZK T 1	SAISON2.1	SAISON2.2
KOEFF.	.5312	.0057	.0936	.3892	1.1628	1.2458
T-W. (2.01)	21.8658	3.5024	3.6210	16.3761	6.8155	7.3444
ØELASTI	.3710	.0441	.0632	.3901	.0642	.0679

KORREL. R2K: .9851 VAR[U]: .06 DW: .97 DH: 3.78

ZK	Zinssatz für Kontokorrentkredite	ZW	Zinssatz für Wechselkredite
KB	Kredite an inl. Nichtbanken	ZUS	Geldmarktsatz für US-Schatzwechsel

Der Kontokorrentzins wird in Abhängigkeit vom Niveau des Wechselkreditzinses aber auch vom Niveau ausländischer Zinsen gesehen; es wurde der Geldmarktzins auf US-Schatzwechel ausgewählt. Die Nettokreditaufnahme beeinflußt positiv den Kontokorrentzins. Da die Kreditbestände andererseits nicht unabhängig von den Kreditzinsen sind, ist im Karlsruher Simulationsmodell eine wechelseitige Beeinflussung von Kreditzinsen und -beständen realisiert.

2.2.7. Die Komponenten der Geldmengenaggregate

Zwischen den Geld- und Kreditmärkten einerseits und der Entstehung, Verteilung und Verwendung des Bruttosozialprodukts andererseits bestehen im Kalrsruher Simulationsmodell wechselseitige Beziehungen. Die Umlaufsrendite festverzinslicher Wertpapiere beeinflußt negativ sowohl die Anlage-, Wohnungsbau- und Vorratsinvestitionen als auch die privaten Konsumausgaben (jeweils mit konstanten Preisen von 1980 bewertet) als Ausdruck der Opportunitätskosten alternativer Anlagen in Geldkapital. Nach Bestimmung der Preise können das Buttosozialprodukt zu laufenden Preisen, die verteilten und unverteilten Gewinne und das verfügbare Einkommen der privaten Haushalte berechnet werden. Diese Variablen determinieren die Entwicklung der Bestandteile der Geldmengenaggregate. Das Bruttosozialprodukt zu laufenden Preisen geht in die Reaktionsfunktionen für den Bargeldumlauf und die Sichteinlagen ein, wobei der Bargeldumlauf im wesentlichen durch seine langfristige Komponente bestimmt wird. Die Termineinlagen mit einer Laufzeit von unter vier Jahren werden am stärksten durch die verteilten Gewinne und die Spareinlagen mit gesetzlicher Kündigungsfrist durch die verfügbaren Einkommen beeinflußt.

BU =	BSP T 0	ZOBL M 0 2	BU T 1	SAISON2.1	SAISON2.2
KOEFF.	.0210	-.8272	.8530	5.0690	6.2450
T-W. (2.01)	3.5792	-4.0349	16.5138	3.1359	4.1636
ØELASTI	.1829	-.1275	.8250	.0546	.0648

KORREL R2K: .9977 VAR[U]: 2.83 DW:1.72 DH: 1.12

BU Bargeldumlauf — BSP Bruttosozialprodukt

ZOBL Umlaufsrendite festverz. Wertpapiere

SIE =	BSP T 0	ZTE T 0	SIE T 1	SAISON2.1	SAISON2.2
KOEFF.	.1554	-1.8335	.4157	-5.5169	.8570
T-W. (2.01)	6.5508	-4.7492	4.4024	-2.8394	.3405
ØELASTI	.7144	-.0884	.4006	-.0350	.0048

KORREL R2K: .9953 VAR[U]: 27.82 DW:1.75 DH: -.10

SIE Sichteinlagen — BSP Bruttosozialprodukt

ZTE Zinssatz für Termineinlagen

TEU4 =	GVP T 0	ZTE T 0	TEU4 T 1	SAISON2.1	SAISON2.2
KOEFF.	.6738	2.9590	.5159	-18.0851	-16.2662
T-W. (2.01)	5.8420	5.2371	5.9491	-5.8548	-3.7133
ØELASTI	.5881	.1633	.4941	-.1422	-.1183

KORREL R2K: .9923 VAR[U]: 59.12 DW:1.74 DH: .09

TEU4 Termineinlagen (unter 4 Jahre) — GVP Verteilte Gewinne privater Bereich

ZTE Zinsatz für Termineinlagen

SEG =	ENH T 0	GU M 0 2	ZSE M 0 2	ZTE T 0	ZOBL T 0	SEG T 1	SAISON2.1	SAISON2.2
KOEFF.	.3349	.3224	8.2272	-2.9605	-4.2483	.5886	-12.3975	-11.1874
T-W. (2.01)	5.1907	2.6229	4.1270	-4.6686	-3.3824	6.4869	-1.8252	-1.5879
ØELASTI	.5967	.0247	.2365	-.0888	-.2341	.5629	-.0498	-.0419

KORREL R2K: .9990 VAR[U]: 20.68 DW:1.10 DH: 4.27

SEG Spareinlagen mit gesetzl. Kündigungsfrist — ENH verfügbares Einkommen priv. Haushalte

GU unverteilte Gewinne — ZSE Zinssatz für Spareinlagen

ZTE Zinssatz für Termineinlagen — ZOBL Umlaufsrendite Festverz. Wertpapiere

Neben der Abhängigkeit der Geldmengenaggregate von der Entstehung, Verteilung und Verwendung des Bruttosozialprodukts besteht auch eine Wechselbeziehung zu den Einlagenzinsen und der Rendite auf dem Kapitalmarkt. Während die Kapitalmarktrendite grundsätzlich negativen Einfluß auf die Bankeinlagen und den Bargeldumlauf hat, muß bei den Einlagenzinsen berücksichtigt werden, daß sie einerseits Erträge auf bestimmte Einlagenarten darstellen, andererseits aber Opportunitätskosten alternativer Anlagen sind.

2.2.8. Die Kredite

Der Modellteil Entstehung, Verteilung und Verwendung des Bruttosozialprodukts nimmt nicht nur Einfluß auf die Geldmengenaggregate, sondern über die Variablen Finanzierungssaldo der Unternehmen, Wohnungsbauinvestitionen und privater Konsum auch auf die Nachfrage nach Krediten. Im Karlsruher Simulationsmodell sind die Bestandsvariablen Kredite der Unternehmen ohne Wohnungsvermietung, Wohnungsbaukredite und Kredite der privaten Haushalte endogenisiert.

KU =	FS M 0 2	ZOBL T 0	ZK T 0	TESE T 0	KU T 1	SAISON2.1	SAISON2.2
KOEFF.	-.8297	6.7414	-4.2774	.1844	.7346	-7.7441	-4.5853
T-W. (2.01)	-7.1146	5.5349	-5.5630	7.1616	17.4900	-1.7454	-.9597
ØELASTI	.0079	.2053	-.1610	.2738	.7012	-.0174	-.0095

KORREL. R2K: .9996 VAR[U]: 20.83 DW:1.44 DH: 2.20

KU	Kredite an Unternehmen	FS	Finanzierungssaldo der Unternehmen
ZOBL	Umlaufsrendite festverz. Wertpapiere	ZK	Zinssatz für Kontokorrentkredite
TEST	Termin- und Spareinlagen		

Der Finanzierungssaldo der Unternehmen ist definiert als die Summe aus unverteilten Gewinnen und Abschreibungen in der Privatwirtschaft abzüglich der Summe aus Anlageinvestitionen und Vorratsinvestitionen. Steigt der Finanzierungssaldo so sinkt der Fremdfinanzierungsbedarf der Unternehmen. Andererseits steigt der Fremdfinanzierungsbedarf, wenn bei zunehmender Kapitalmarktrendite ein steigender Teil des Cash Flows in Geldkapital angelegt wird. Als Indikator für den Preis der Kredite wurde der Zinssatz für Kontokorrentkredite ausgewählt. Je höher dieser ist, desto weniger Kredite werden nachgefragt und der Finanzierungsbedarf muß aus anderen Quellen gedekt werden. Die Variable Termin- und Spareinlagen in der Reaktionsfunktion für die Unternehmenskredite berücksichtigt das Kreditangebot der Banken. Bei steigendem Bestand an liquiden Mitteln können die Banken Kredite mit besseren Konditionen und weniger restiktiv anbieten.

KW =	IW T 0	ZOBL M 0 2	BSN T 1	KW T 1	SAISON2.1	SAISON2.2
KOEFF.	1.0463	1.8414	.0816	.9046	4.9470	6.4841
T-W. (2.01)	10.9269	-4.7577	3.1655	55.6073	1.7867	2.4358
ØELASTI	.1331	-.0682	.0371	.8680	.0131	.0163

KORREL. R2K: .9998 VAR[U]: 7.87 DW:1.83 DH: .01

KW	Wohnungsbaukredite	IW	Wohnungsbauinvestitionen
ZOBL	Umlaufsrendite festverz. Wertpapiere	BSN	Bankschuldverschreibungen

Ebenso wie die Gleichung für die Unternehmenskredite ist die Reaktionsfunktion für die Wohnungsbaukredite aufgebaut. Da die Wohnungsbauinvestitionen weitgehend mit Fremdkapital finanziert werden, wurde statt des Finanzierungssaldos die Wohnungsbauinvestitionen als erste erklärende Variable gewählt. Die Kreditkosten werden durch die Umlaufsrendite festverzinslicher Wertpapiere repräsentiert und das Kreditangebot durch die Bankschuldverschreibungen in den Händen des Publikums.

KH =	CP M 0 2	ZK T 1	KH T 1	SAISON2.1	SAISON2.2
KOEFF.	.0587	-.7257	.8962	1.1843	.8840
T-W. (2.01)	6.8652	-6.1326	44.0289	.9840	.7389
ØELASTI	.3232	-.2062	.8507	.0203	.0140

KORREL R2K: .9994 VAR[U]: 2.72 DW:1.49 DH: 1.69

KH Kredite an priv. Haushalte CP privater Konsum

ZK Zinssatz für Kontokorrentkredite

Maßgeblich für die Höhe der Haushaltskredite ist die Quelle des Kreditwunsches, die Ausgaben für den privaten Konsum. Als Indikator für die Kosten der Kredite dient der Zinssatz für Kontokorrentkredite.

3. Gesamtmodellschätzung mit Hilfe der Methode der simulierten Instrumentvariablen

Das Karlsruher Simulationsmodell ist ein nichtlineares interdependentes Modell, dessen Gleichungen mit nur wenigen Ausnahmen einem simultanen Block angehören. Nichtlineare Gleichungen treten nur in Definitionsgleichungen und Variablentransformationen auf. Die Koeffizienten der Reaktionsgleichungen können deshalb mit Hilfe der Methode der kleinsten Quadrate (OLS) geschätzt werden. Wegen der Interdependenz des Modells liefern diese Einzelgleichungsschätzungen jedoch verzerrte und inkonstistente Ergebnisse.

Eine Systemschätzung der Modellkoeffizienten, die mit vertretbarem Aufwand praktisch durchführbar ist und konsistente Schätzungen liefert, bietet die Methode mit simulierten Instrumentvariablen (SIV) (Tödter, 1991, S. 132 ff). Diese ist ein zweistufiges Schätzverfahren, bei dem im ersten Schritt mit Hilfe der OLS-Koeffizienten statische ex-post Prognosen für die endogenen Variablen erstellt werden. Die so berechneten Werte bilden dann im zweiten Schritt die Grundlage für die Instrumentvariablenschätzung. Das Verfahren kann iterativ (SIV(i)) bis zu einer vorgegebenen Schranke für die Veränderung der Koeffizienten fortgesetz werden. Diese Schranke wurde auf 1 vH eingestellt und nach zwei Wiederholungszyklen erreicht. Für einige ausgewählte Reaktionsgleichungen sind die Ergebnisse in Tabelle 1 dargestellt. Während es zwischen den OLS- und den SIV(1)-Koeffizienten zum Teil erhebliche Unterschiede gibt, sind zwischen den einzelnen Iterationsstufen meist nur noch geringe Wertunterschiede festzustellen.

BU =	BSP T 0	ZOBL M 0 2	BU T 1	SAISON2.1	SAISON2.2
KOEFF. OLS	.0210	-.8272	.8530	5.0690	6.2450
KOEFF. SIV(1)	.0211	-.8609	.8529	5.2712	6.5114
KOEFF. SIV(2)	.0211	-.8566	.8529	5.2379	6.4779
KOEFF. SIV(3)	.0212	-.8592	.8516	5.2575	6.4906
ØELASTI OLS	.1829	-.1275	.8250	.0546	.0648
ØELASTI SIV(3)	.1845	-.1324	.8236	.0566	.0673

SIE =	BSP T 0	ZIE T 0	SIE T 1	SAISON2.1	SAISON2.2
KOEFF. OLS	.1554	-1.8335	.4157	-5.5169	.8570
KOEFF. SIV(1)	.1740	-2.0634	.3436	-5.5557	-.2107
KOEFF. SIV(2)	.1706	-2.0275	.3570	-5.5682	-.0044
KOEFF. SIV(3)	.1713	-2.0340	.3541	-5.5701	-.0532
ØELASTI OLS	.7144	-.0884	.4006	-.0350	.0048
ØELASTI SIV(3)	.7874	-.0980	.3413	-.0353	-.0003

KU =	FS M 0 2	ZOBL T 0	ZK T 0	TESE T 0	KU T 1	SAISON2.1	SAISON2.2
KOEFF. OLS	-.8297	6.7414	-4.2774	.1844	.7346	-7.7441	-4.5853
KOEFF. SIV(1)	-.7034	3.3806	-2.6353	.1295	.8215	1.1051	5.6692
KOEFF. SIV(2)	-.6846	3.2523	-2.5663	.1249	.8287	1.3928	6.0625
KOEFF. SIV(3)	-.6863	3.2618	-2.5699	.1253	.8280	1.3596	6.0196
ØELASTI OLS	0079	.2053	-.1610	.2738	.7012	-.0174	-.0095
ØELASTI SIV(3)	0065	.0993	-.0967	.1861	.7904	.0031	.0125

LF =	ZGM M 0 3	MRS T 0	KRE1 T 0	RK T 0	LF T 1	SAISON2.1	SAISON2.2
KOEFF. OLS	.9161	-.6197	-.9582	.9545	.4077	2.5883	2.2043
KOEFF. SIV(1)	.8419	-1.0658	-.6735	.6074	.5036	8.5662	8.3310
KOEFF. SIV(2)	.8409	-1.0711	-.6699	.6031	.5048	8.6420	8.4088
KOEFF. SIV(3)	.8405	-1.0733	-.6685	.6013	.5052	8.6731	8.4408
ØELASTI OLS	.6326	-.7889	-5.8161	6.0988	.4503	.2180	.1889
ØELASTI SIV(3)	.5804	-1.3664	-4.0576	3.8419	.5579	.7306	.7232

ZGM =	ZGM T 0	ZUS T 0	DK M 1 2	LF T 0	KRLO T 0	WPBS T 0	SAISON2.1	SAISON2.2
KOEFF. OLS	1.0553	.3758	.7732	-.0889	-.2140	21.4455	-23.6778	-23.3649
KOEFF. SIV(1)	1.0086	.3854	1.0779	-.1171	-.2229	24.0977	-26.8295	-26.5110
KOEFF. SIV(2)	1.0246	.3741	1.0138	-.1106	-.2179	23.7005	-26.2998	-25.9835
KOEFF. SIV(3)	1.0261	.3734	1.0120	-.1105	-.2178	23.5873	-26.1793	-25.8631
ØELASTI OLS	.6855	.4197	.4514	-.2120	-.0889	4.2198	-2.3563	-2.1088
ØELASTI SIV(3)	.6665	.4170	.5908	-.2635	-.0905	4.6412	-2.6052	-2.3342

ZOBL =	ZGM T 0	WFZ D 0 1	KRLO T 1	WPG M 1 2	ZOBL T 1	SAISON2.1	SAISON2.2
KOEFF. OLS	.2385	.0181	-.0791	-.0116	.5896	1.5147	1.7479
KOEFF. SIV(1)	.2280	.0178	-.0800	-.0116	.5972	1.5395	1.7705
KOEFF. SIV(2)	.2251	.0179	-.0803	-.0116	.6008	1.5276	1.7611
KOEFF. SIV(3)	.2254	.0179	-.0803	-.0116	.6004	1.5290	1.7622
ØELASTI OLS	.1885	.0369	-.0256	-.0122	.5900	.1054	.1191
ØELASTI SIV(3)	.1782	.0364	-.0260	-.0122	.6009	.1064	.1201

Tabelle 1

Es stellt sich nun die Frage, welchen Koeffizienten für die weitere Arbeit mit dem Modell der Vorzug zu geben ist. Assymptotisch haben die SIV-Koeffizienten günstigere statistische Eigenschaften als die OLS-Koeffizienten. Ob die zur Verfügung stehene Zeitreihenlänge von

60 Perioden ausreicht, um die Überlegenheit der SIV-Schätzung zu gewährleisten, ist jedoch nicht sofort ersichtlich, zumal die SIV-Werte meist innerhalb des Konfidenzintervalls der OLS-Schätzungen liegen. Aus diesem Grund wurde für alle Koeffizienten dynamische ex-post Prognoserechnungen durchgeführt und die Ergebnisse mit dem Ungleichheitskoeffizienten von Theil, dem mittleren quadratischen Fehler und zwei Zerlegungen dieses Fehlers überprüft.

Der Theilsche Ungleichheitskoeffizient wurde in der folgenden Version (Theil, 1958, S. 32) berechnet:

$$U = \frac{\sqrt{\frac{1}{T}\sum_{i=1}^{T}(S_t-Z_t)^2}}{\sqrt{\frac{1}{T}\sum_{i=1}^{T}S_t^2}+\sqrt{\frac{1}{T}\sum_{i=1}^{T}Z_t^2}}$$

Dabei bezeichnen S_t die simulierten Zeitreihenwerte und Z_t die Werte der Statistik. Das Quadrat des Zählers des Ungleichheitskoeffizienten, der mittlere quadratische Fehler MSE, kann in drei Elemente UM, US und UC zerlegt werden.

$$MSE = \frac{1}{T}\sum_{i=1}^{T}(S_t-Z_t)^2$$

$$MSE = (\bar{S}-\bar{Z})^2 + (s(S)-s(Z))^2 + 2(1-r)s(S)s(Z)$$

$$1 = \frac{(\bar{S}-\bar{Z})^2}{MSE} + \frac{(s(S)-s(Z))^2}{MSE} + \frac{2(1-r)s(S)s(Z)}{MSE}$$

$$1 = UM + US + UC$$

wobei $\bar{S}$ und $\bar{Z}$ die Mittelwerte der Zeitreihen sind, s(S) und s(Z) deren Standartabweichungen und r den Korrelationskoeffizient zwischen den simulierten und statistischen Werten darstellt. Der Summand UM gibt den Teil des mittleren quadratischen Fehlers an, der aus einer Ungleichheit der Mittelwert resultiert, also durch eine systematische Über- oder Unterschätzung hervorgerufen wird. Auch der zweite Summand US zeigt einen systematischen Fehler, nämlich Unterschiede in der Variation der simulierten und statistischen Werte. Der dritte Summand UC stellt den Anteil des MSE dar, der auf ein Fehlen eines linearen Zusammenhangs zwischen den Zeitreihen zurückzuführen ist. Er ist Null, wenn der Korrelationskoeffizient zwischen den simulierten und statistischen Werten Eins annimmt, bzw wenn die Kovarianz zwischen den beiden Zeitreihen ihren maximalen Wert, das Produkt aus den beiden Standartabweichungen, annimmt.

Eine weitere Möglichkeit der Zerlegung des mittleren quadratischen Fehlers haben Mincer und Zarnowitz vorgestellt (Mincer, Zarnowitz, 1969, S. 9 ff). Dazu wird zunächst eine OLS-Schätzung für die Koeffizienten a und b der Gleichung

$$Z = a + bS + v$$

berechnet. v kennzeichnet eine Störgröße mit den üblichen Annahmen. Anschließend kann folgende Zerlegung des MSE durchgeführt werden:

$$MSE = \bar{u}^2 + s^2(u) - s^2(v) + s^2(v)$$

$$1 = \frac{\bar{u}^2}{MSE} + \frac{s^2(u) - s^2(v)}{MSE} + \frac{s^2(v)}{MSE}$$

$$1 = MC + SC + RC$$

Der erste Summand, der Anteil des Quadrats des mittleren Fehlers u am MSE dient zum Vergleich der Mittelwerte und ist identisch mit der Kennzahl UM in der ersten Zerlegung. Der zweite Summand SC mißt den Anteil des Unterschiedes zwischen der Fehlervarianz und der Störvarianz in obiger Regressionsgleichung. Diese Differenz kann nur dann Null werden bzw beide Varianzen sind nur dann gleich, wenn der Regressionskoeffizient gleich Eins ist. Dies ist nur dann erfüllt, wenn die simulierten Werte S unabhängig vom Fehler u sind, die ex-post Prognose also effizient ist.

In den Tabellen 2 und 3 ist die Anpassungsgüte von einigen ausgewählten endogenen Variablen dargestellt. Die dynamische Anpassung mit OLS-Koeffizienten zeigt, daß der überwiegende Teil des MSE auf seine unsystematische Komponente UC bzw. RC zurückzuführen ist. Bei Verwendung von SIV(1) Koeffizienten kann der MSE bei den meisten endogenen Variablen gesenkt werden. Für die Fehleranteile der systematischen Komponenten trifft dies nicht zu. Wenn überhaupt eine Änderung zu erkennen ist, geht sie meist in positive Richtung. In Tabelle 3 zeigen die Kennziffern für die dynamische Anpassung mit SIV(2)-und SIV(3)-Koeffizienten, daß sich eine mehrfache Anwendung der SIV-Methode nicht lohnt. Die Anpassung wird bezogen auf den MSE eher schlechter und die Fehleranteile ändern sich nur geringfügig. Im Karlsruher Simulationsmodell werden deshalb die SIV(1)-Koeffizienten verwendet.

dynamische Anpassung mit OLS-Koeffizienten

VAR	ABK	THEIL	MSE	UM	US	UC	a	b	MC	SC	RC
10	BSPR	0.014	344.48	0.00	0.00	1.00	5.40	0.99	0.00	0.00	0.99
11	CPR	0.013	89.01	0.01	0.15	0.84	-12.95	1.04	0.01	0.12	0.87
15	IAR	0.041	42.38	0.01	0.03	0.96	9.37	0.89	0.01	0.11	0.88
16	IWR	0.041	13.6	0.01	0.00	0.99	12.33	0.73	0.01	0.14	0.86
19	EXR	0.020	59.49	0.00	0.00	1.00	1.49	0.99	0.00	0.01	0.99
20	IMR	0.024	68.73	0.01	0.03	0.96	-1.56	1.01	0.01	0.01	0.98
22	PBSP	0.010	3.35	0.16	0.20	0.63	-1.67	1.03	0.16	0.18	0.65
23	PCP	0.010	3.33	0.12	0.20	0.68	-1.90	1.03	0.12	0.18	0.71
27	PIA	0.012	4.65	0.16	0.15	0.69	-1.82	1.03	0.16	0.13	0.71
81	EUP	0.015	0.32	0.08	0.21	0.72	10.89	0.41	0.08	0.55	0.38
110	VE	0.022	500.17	0.05	0.03	0.92	-0.39	1.01	0.05	0.02	0.93
114	GN	0.036	78.53	0.00	0.05	0.95	4.77	0.96	0.00	0.08	0.92
115	GNR	0.036	81.9	0.01	0.10	0.89	12.36	0.89	0.01	0.19	0.80
141	ENH	0.015	155.19	0.16	0.24	0.60	-6.79	1.03	0.16	0.22	0.62
142	ENHR	0.013	114.29	0.01	0.12	0.87	-12.13	1.03	0.01	0.09	0.90
227	BU	0.017	6.17	0.01	0.09	0.91	-1.02	1.02	0.01	0.07	0.93
228	STE	0.019	32.21	0.07	0.06	0.87	-0.54	1.02	0.07	0.04	0.89
229	TEU4	0.042	168.41	0.05	0.20	0.75	-5.11	1.06	0.05	0.15	0.80
231	SEG	0.017	81.8	0.12	0.05	0.84	0.17	1.01	0.12	0.04	0.85
259	ZOBL	0.035	0.29	0.01	0.13	0.86	-0.51	1.07	0.01	0.03	0.97
262	ZGM	0.065	0.73	0.01	0.05	0.94	-0.06	1.02	0.01	0.00	0.99
265	KRE1	0.055	12.63	0.00	0.03	0.97	-0.32	1.02	0.00	0.01	0.99
267	LF	0.206	36.21	0.00	0.00	1.00	2.56	0.76	0.00	0.14	0.86
275	DK	0.032	0.04	0.00	0.04	0.96	-0.05	1.02	0.00	0.01	0.99
276	DEV	0.116	92.85	0.01	0.16	0.83	-2.79	1.09	0.01	0.03	0.97
293	EXKN	0.159	45	0.00	0.05	0.95	0.58	1.02	0.00	0.00	0.99

dynamische Anpassung mit STV(1)-Koeffizienten

VAR	ABK	THEIL	MSE	UM	US	UC	a	b	MC	SC	RC
10	BSPR	0.011	203.05	0.01	0.00	0.99	-0.02	1.00	0.01	0.00	0.99
11	CPR	0.012	72.11	0.00	0.19	0.80	-14.33	1.04	0.00	0.16	0.84
15	IAR	0.030	22.78	0.03	0.00	0.96	4.40	0.95	0.03	0.03	0.94
16	IWR	0.035	9.74	0.07	0.00	0.92	7.58	0.85	0.07	0.06	0.87
19	EXR	0.021	62.57	0.00	0.01	0.99	2.40	0.99	0.00	0.02	0.98
20	IMR	0.020	49.67	0.03	0.02	0.95	-0.29	1.01	0.03	0.01	0.97
22	PBSP	0.008	1.95	0.27	0.21	0.52	-1.18	1.02	0.27	0.20	0.54
23	PCP	0.008	1.97	0.22	0.20	0.57	-1.34	1.02	0.22	0.19	0.59
27	PIA	0.010	2.93	0.24	0.19	0.57	-1.64	1.03	0.24	0.18	0.59
81	EUP	0.011	0.16	0.13	0.08	0.80	7.54	0.59	0.13	0.32	0.56
110	VE	0.018	307.92	0.07	0.04	0.89	-0.97	1.01	0.07	0.03	0.90
114	GN	0.031	58.72	0.00	0.02	0.98	3.08	0.98	0.00	0.04	0.96
115	GNR	0.029	52.76	0.01	0.08	0.91	8.77	0.92	0.01	0.14	0.84
141	ENH	0.013	108.79	0.17	0.23	0.60	-5.51	1.03	0.17	0.22	0.62
142	ENHR	0.012	94.22	0.00	0.18	0.82	-15.79	1.04	0.00	0.15	0.85
227	BU	0.017	6.57	0.04	0.02	0.94	-0.04	1.01	0.04	0.01	0.95
228	STE	0.017	26.56	0.10	0.02	0.87	0.57	1.01	0.10	0.01	0.88
229	TEU4	0.038	137.9	0.04	0.19	0.76	-4.76	1.06	0.04	0.15	0.81
231	SEG	0.016	72.86	0.10	0.05	0.84	-0.14	1.01	0.10	0.04	0.86
259	ZOBL	0.033	0.26	0.00	0.19	0.81	-0.86	1.12	0.00	0.06	0.94
262	ZGM	0.059	0.62	0.00	0.07	0.92	-0.19	1.04	0.00	0.01	0.98
265	KRE1	0.045	8.55	0.01	0.04	0.95	-0.24	1.02	0.01	0.02	0.97
267	LF	0.150	18.36	0.01	0.04	0.95	-0.10	0.97	0.01	0.00	0.99
275	DK	0.033	0.04	0.00	0.05	0.95	-0.08	1.03	0.00	0.01	0.99
276	DEV	0.124	106.5	0.00	0.27	0.73	-6.63	1.18	0.00	0.07	0.93
293	EXKN	0.146	39.61	0.02	0.02	0.96	0.86	0.99	0.02	0.00	0.98

Tabelle 2

dynamische Anpassung mit STV(2)-Koeffizienten

VAR	ABK	THEIL	MSE	UM	US	UC	a	b	MC	SC	RC
10	BSPR	0.011	223.16	0.01	0.00	0.99	1.01	1.00	0.01	0.00	0.99
11	CPR	0.012	75.67	0.00	0.18	0.81	-13.97	1.04	0.00	0.15	0.85
15	IAR	0.031	24.34	0.03	0.00	0.96	4.81	0.95	0.03	0.04	0.93
16	IWR	0.035	9.93	0.07	0.00	0.93	8.09	0.84	0.07	0.06	0.87
19	EXR	0.021	62.38	0.00	0.01	0.99	2.41	0.99	0.00	0.02	0.98
20	IMR	0.021	52.63	0.03	0.02	0.95	-0.26	1.01	0.03	0.01	0.97
22	PBSP	0.008	2.12	0.27	0.25	0.49	-1.40	1.03	0.27	0.23	0.50
23	PCP	0.008	2.11	0.22	0.23	0.54	-1.56	1.03	0.22	0.22	0.56
27	PIA	0.010	3.14	0.24	0.21	0.55	-1.86	1.03	0.24	0.20	0.57
81	EUP	0.012	0.18	0.13	0.08	0.78	7.95	0.57	0.13	0.34	0.53
110	VE	0.018	338.21	0.08	0.04	0.88	-1.13	1.01	0.08	0.03	0.89
114	GN	0.032	61.65	0.00	0.02	0.98	3.34	0.97	0.00	0.04	0.96
115	GNR	0.029	54.41	0.01	0.10	0.89	9.57	0.92	0.01	0.17	0.82
141	ENH	0.014	122.57	0.17	0.24	0.59	-5.91	1.03	0.17	0.22	0.61
142	ENHR	0.012	98.35	0.00	0.18	0.82	-15.50	1.04	0.00	0.14	0.86
227	BU	0.017	6.41	0.05	0.03	0.92	-0.11	1.01	0.05	0.02	0.93
228	SIE	0.017	27.14	0.11	0.03	0.86	0.49	1.01	0.11	0.02	0.87
229	TEU4	0.039	142.72	0.05	0.21	0.75	-4.94	1.06	0.05	0.16	0.79
231	SEG	0.016	76.07	0.11	0.06	0.83	-0.19	1.01	0.11	0.05	0.85
259	ZOBL	0.033	0.25	0.00	0.21	0.79	-0.93	1.13	0.00	0.08	0.92
262	ZGM	0.058	0.6	0.00	0.08	0.92	-0.22	1.04	0.00	0.02	0.98
265	KRE1	0.046	8.81	0.01	0.05	0.94	-0.26	1.02	0.01	0.02	0.97
267	LF	0.152	18.83	0.01	0.04	0.95	-0.10	0.97	0.01	0.00	0.99
275	DK	0.033	0.04	0.00	0.05	0.95	-0.08	1.03	0.00	0.01	0.99
276	DEV	0.125	107.41	0.00	0.28	0.72	-7.08	1.20	0.00	0.08	0.92
293	EXKN	0.147	39.65	0.02	0.03	0.95	0.90	1.00	0.02	0.00	0.98

dynamische Anpassung mit STV(3)-Koeffizienten

VAR	ABK	THEIL	MSE	UM	US	UC	a	b	MC	SC	RC
10	BSPR	0.011	219.54	0.01	0.00	0.99	0.84	1.00	0.01	0.00	0.99
11	CPR	0.012	75.17	0.00	0.19	0.81	-14.04	1.04	0.00	0.15	0.85
15	IAR	0.031	24.1	0.03	0.00	0.96	4.72	0.95	0.03	0.04	0.93
16	IWR	0.035	9.87	0.07	0.00	0.93	7.97	0.84	0.07	0.06	0.87
19	EXR	0.021	62.33	0.00	0.01	0.99	2.41	0.99	0.00	0.02	0.98
20	IMR	0.021	52.19	0.03	0.02	0.95	-0.28	1.01	0.03	0.01	0.97
22	PBSP	0.008	2.09	0.27	0.24	0.48	-1.38	1.03	0.27	0.23	0.50
23	PCP	0.008	2.08	0.22	0.23	0.55	-1.54	1.03	0.22	0.22	0.56
27	PIA	0.010	3.09	0.24	0.21	0.55	-1.84	1.03	0.24	0.20	0.57
81	EUP	0.011	0.18	0.13	0.08	0.79	7.85	0.58	0.13	0.33	0.54
110	VE	0.018	332.89	0.08	0.04	0.88	-1.14	1.01	0.08	0.03	0.89
114	GN	0.032	61.24	0.00	0.02	0.98	3.33	0.97	0.00	0.04	0.96
115	GNR	0.029	54.26	0.01	0.10	0.89	9.54	0.92	0.01	0.17	0.82
141	ENH	0.013	120.38	0.17	0.24	0.59	-5.89	1.03	0.17	0.22	0.61
142	ENHR	0.012	97.82	0.00	0.18	0.82	-15.59	1.04	0.00	0.14	0.85
227	BU	0.017	6.41	0.05	0.03	0.92	-0.10	1.01	0.05	0.02	0.93
228	SIE	0.017	27.13	0.11	0.03	0.86	0.50	1.01	0.11	0.02	0.87
229	TEU4	0.039	141.76	0.05	0.20	0.75	-4.91	1.06	0.05	0.16	0.79
231	SEG	0.016	75.92	0.11	0.06	0.84	-0.14	1.01	0.11	0.04	0.85
259	ZOBL	0.033	0.25	0.00	0.21	0.79	-0.93	1.12	0.00	0.08	0.92
262	ZGM	0.058	0.59	0.00	0.08	0.92	-0.22	1.04	0.00	0.02	0.98
265	KRE1	0.046	8.78	0.01	0.05	0.94	-0.26	1.02	0.01	0.02	0.97
267	LF	0.151	18.71	0.01	0.04	0.95	-0.11	0.97	0.01	0.00	0.99
275	DK	0.033	0.04	0.00	0.05	0.95	-0.08	1.03	0.00	0.01	0.99
276	DEV	0.125	107.49	0.00	0.28	0.72	-7.11	1.20	0.00	0.08	0.92
293	EXKN	0.147	39.52	0.02	0.03	0.95	0.89	1.00	0.02	0.00	0.98

Tabelle 3

4. Simulation eines expansiven Einsatzes des geldpolitischen Instrumentariums

4.1. Die Veränderung des Instrumenteneinsatzes

Anhand einer Simulationsrechnung sollen nun die Reaktionen des Karlsruher Simulationsmodells auf eine expansiv ausgerichtete Geldpolitik unter Einsatz aller implementierten notenbankpolitischen Instrumente demonstriert werden. Die hier beschriebene Geldpolitik wurde in einer Reihe von Simulationsstudien kombinierter wirtschaftspolitischer Strategien eingesetzt (Steiner, Haase, 1981, 1982, 1987, 1989, 1990; Steiner, 1991).

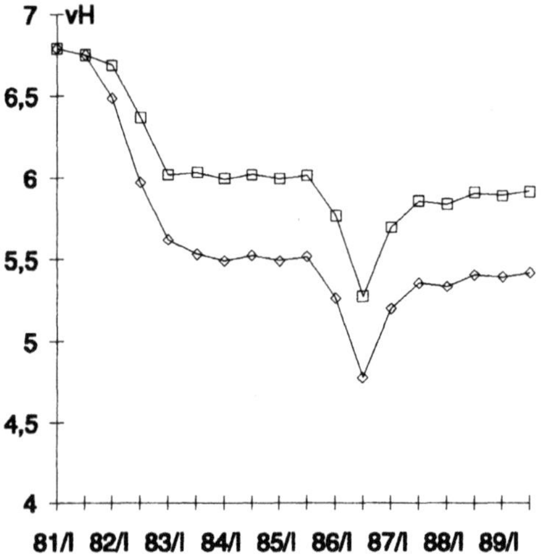

durchschnittlicher Mindestreservesatz
□ statistische ◇ geänderte Werte

Abbildung 2

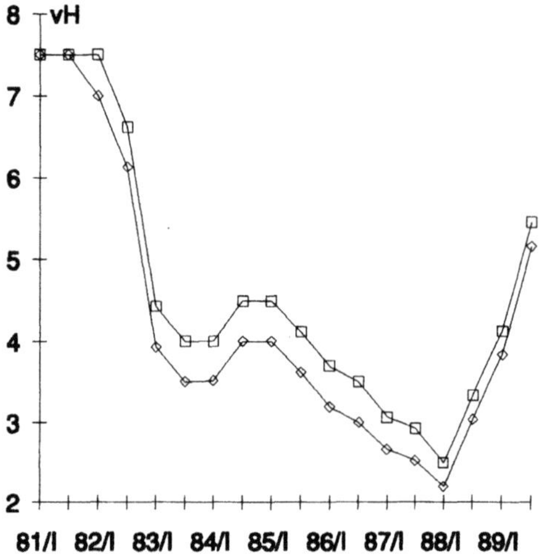

Diskontsatz
□ statistische ◇ geänderte Werte

Abbildung 3

Die Simulationsrechnungen beginnen im ersten Halbjahr 1982. Ab dieser Periode wurden die Werte der geldpolitischen Instrumente über einige Perioden hinweg in ihre expansive Richtung verändert, um sie dann parallel zu dem von der Bundesbank vorgegebenen Niveau entwickeln zu lassen. Der durchschnittliche Mindestreservesatz (Abbildung 2) wurde schrittweise bis zu 0,5 Prozentpunkte unter das vorgegebene Niveau gesenkt. Der Diskontsatz (Abbildung 3) wurde sofort um 0,5 Prozentpunkte gesenkt und nähert sich gegen Ende der Simulationsperiode wieder den Ausgangswerten. Die Rediskontkontingente (Abbildung 4) wurden sukzessive um bis zu 10 Mrd DM in der siebten Simulationsperiode erhöht. Ab der

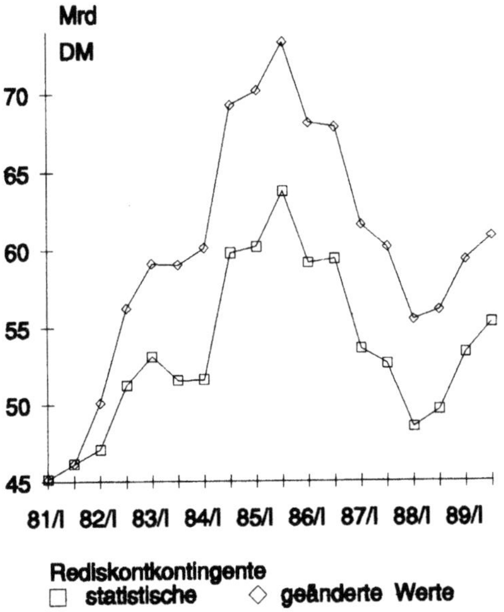

Abbildung 4

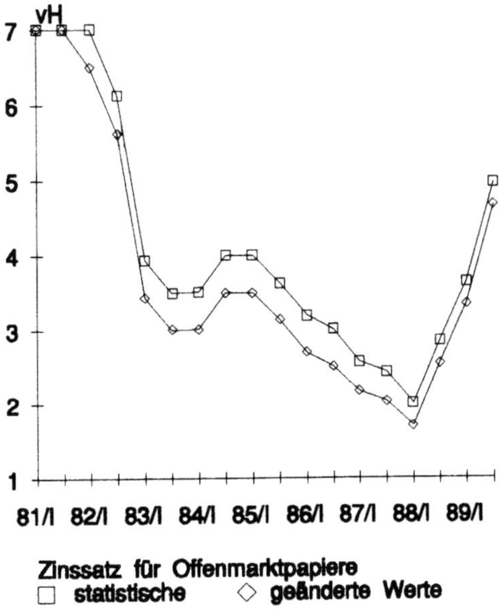

Abbildung 5

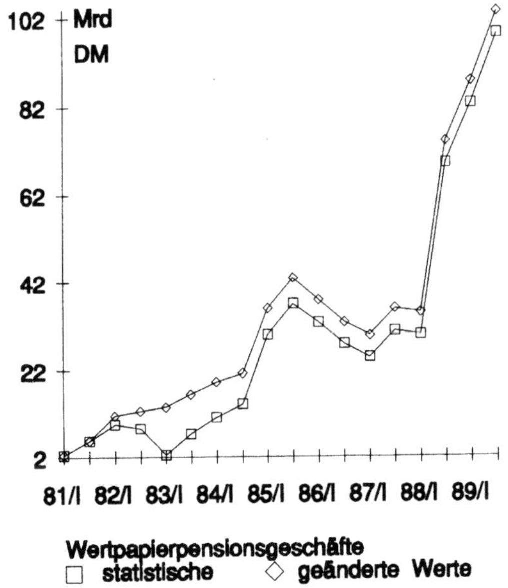

Abbildung 6

achten Periode wurde die Differenz zwischen den Simulationswerten und den Bundesbankwerten wieder schrittweise verringert. Der Zinssatz für Offenmarktpapiere (Abbildung 5) wurde um die gleichen Werte wie der Diskontsatz geändert. Schließlich wurde bei dem neuesten Instrument der Bundesbank, den Wertpapierpensionsgeschäften (Abbildung 6) der Rückgang im ersten Halbjahr 1983 ausgeglichen, so daß sich in dieser Periode die maximale

Veränderung von 11 Mrd DM ergab. Anschließend nähern sich die Simulationswerte wieder dem vorgegebenen Niveau.

4.2. Die Wirkungskette

In den nun folgenden Abbildungen sind die durch die exogene Veränderung der Instrumente induzierten Abweichungen der endogenen Variablen von ihren statistisch vorgegebenen Werten dargestellt.

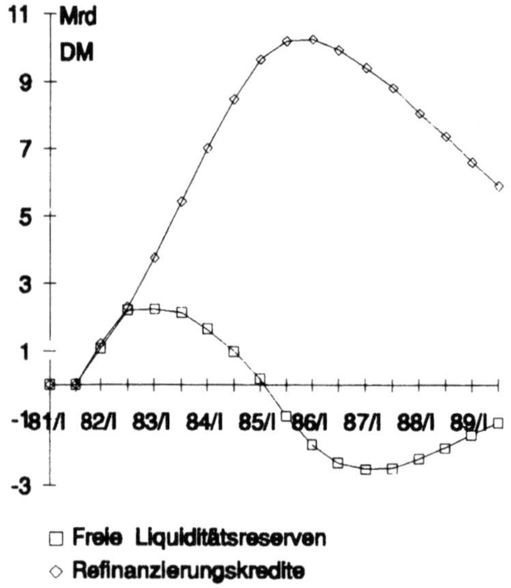

Abbildung 7

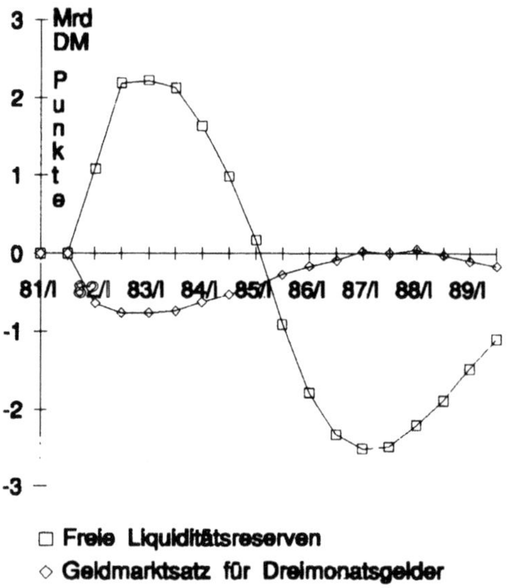

Abbildung 8

Zunächst steigen aufgrund des expansiven Einsatzes der Instrumente die freien Liquiditätsreserven und die Refinanzierungskredite (Abbildung 7) über zwei Simulationsperioden hinweg an. Die freien Liquiditätsreserven gehen in der dritten Periode schon wieder zurück und unterschreiten bald darauf ihr ursprüngliches Niveau, da die Refinanzierungskredite im Zuge einer zunehmenden Kreditnachfrage des Publikums stetig anwachsen. Infolge des Rückgangs der freien Liquiditätsreserven steigen auch die Geldmarktzinsen, die zunächst ebenfalls über zwei Perioden sanken, wieder an (Abbildung 8). Dies kann auch der zurückgenommene Zinssatz für Offenmarktpapiere nicht verhindern. In der gesamten Entwicklung überschreitet jedoch der Geldmarktzins sein durch die Statistik vorgegebenes Niveau bei diesem Experiment nicht.

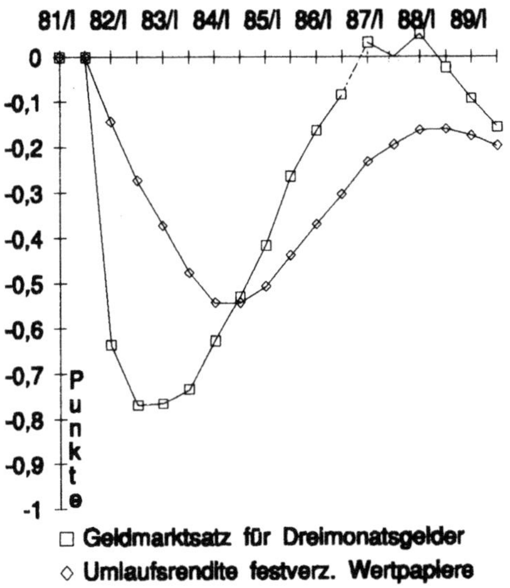

Abbildung 9

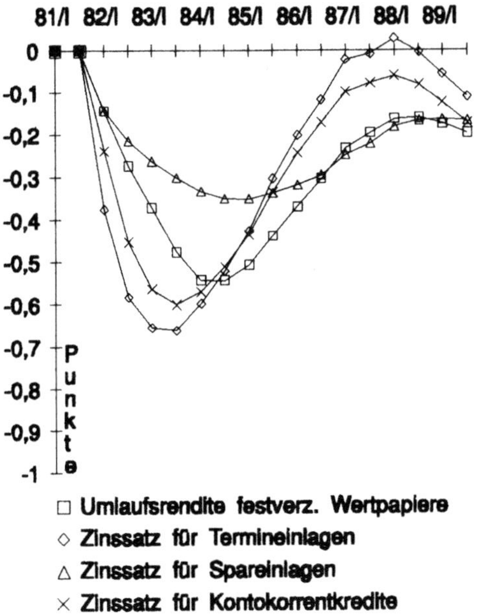

Abbildung 10

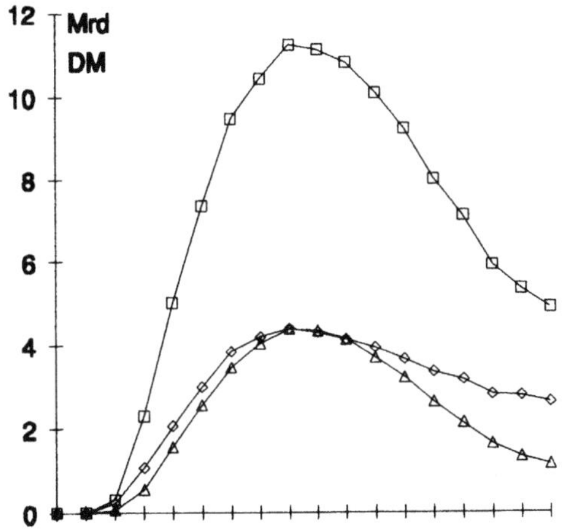

Abbildung 11

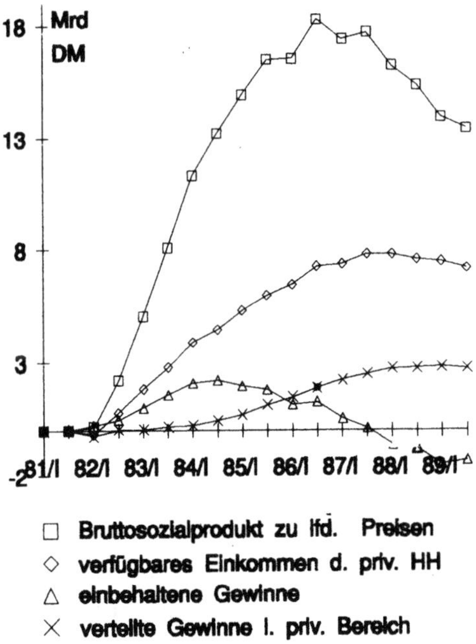

Abbildung 12

Determiniert durch den Geldmarktzins sinken auch alle anderen Zinsen (Abbildung 9). Auffällig aber mit den Erfahrungen durchaus übereinsimmend ist, daß der Zinssatz für Spareinlagen am geringsten und der Termineinlagenzins am stärksten reagiert. Etwa in der Mitte zwischen beiden Einlagenzinsen hält sich die Umlaufsrendite festverzinslicher Wertpapiere, während die Kreditzinsen, von denen nur der Kontokorrentzins in die Graphik eingetragen ist, in etwa wie die Termineinlagenzinsen reagieren.

Die Umlaufsrendite festverzinslicher Wertpapiere hat sowohl Einfluß auf die Investitionen als auch auf die Konsumentscheidungen. Bedingt durch den Zinsrückgang steigen demnach sowohl die Komponenten des Bruttosozialprodukts (Abbildung 11) als auch das verfügbare Einkommen der privaten Haushalte und die verteilten und unverteilen Gewinne (Abbildung 12).

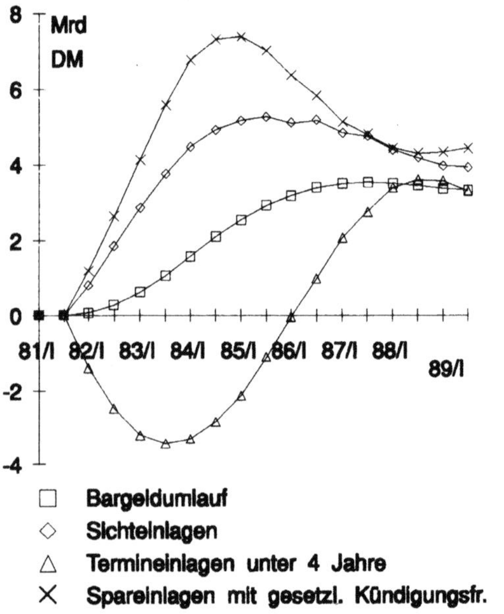

Abbildung 13

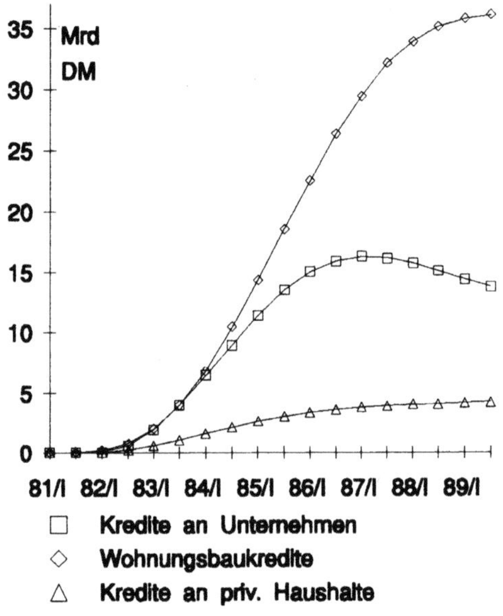

Abbildung 14

Die Zunahme der Wirtschaftstätigkeit induziert einen Anstieg des Bargeldumlaufs, der Sichteinlagen und der Spareinlagen mit gesetzlicher Kündigungsfrist. Die Termineinlagen mit Laufzeiten unter vier Jahren sinken jedoch (Abbildung 13). Beim Bargeldumlauf und den Sichteinlagen wird der positive Einkommenseffekt noch durch den Rückgang ihrer Opportunitätskosten unterstützt. Die Entwicklung der Spareinlagen wird eindeutig durch die Einkommensentwicklung bestimmt. Die beiden gegenläufigen Zinseffekte, die gesunkene Einlagenrendite und die gesunkenen Opportunitätskosten, scheinen sich gegenseitig auszugleichen bzw vom Einkommenseffekt dominiert zu werden. Genau das Gegenteil liegt bei den Termineinlagen vor. Da die verteilten Gewinne im Gegensatz zu den anderen Einkommensgrößen nur einen relativ kleinen Anstieg verzeichnen, wird die Entwicklung der Termineinlagen durch den gesunkenen Ertrag bestimmt.

Die höhere Güternachfrage und die niedrigeren Kreditzinsen führen zu einem Anstieg der Kreditnachfrage (Abbildung 14). Insbesondere steigen die Wohnungsbaukredite kräftig an. Durch die steigende Kreditnachfrage erhöht sich der Refinanzierungsbedarf der Geschäftsbanken (Abbildung 7) wodurch der Expansionsprozeß eine Dämpfung erfährt.

Zum Abschluß sei noch auf die Entwicklung der Preise eingegangen. Diese sind im Karlsruher Simulationsmodell im wesentlichen abhängig von der Auslastung des Produktionspotentials, den Lohnkosten pro Produkteinheit, der Entwicklung der Zinsen und der Höhe der Mehrwertsteuer. Der stärkste Einluß auf die Preise geht von den Löhnen aus. Bei dem hier vorliegenden Experiment wurde eine kostenniveauneutrale Lohnentwicklung unterstellt. Die Tariflöhne werden dabei durch eine Definitionsgleichung so an die Entwicklung der Preise und der Produktivität angepaßt, daß es zu keiner Änderung der Tariflohnquote kommt. Lediglich die Lohndrift, die im Modell endogen bestimmt wird, kann zu einer Veränderung der gesamten Lohnquote führen. Die Lohnstrategie und das Sinken der Zinsen führt im Ergebnis dazu, daß die Preise nicht nennenswert steigen (Abbildung 15). Das Ergebnis der Simulation kann jedoch durch eine stärkere Lohnexpansion zunichte gemacht werden.

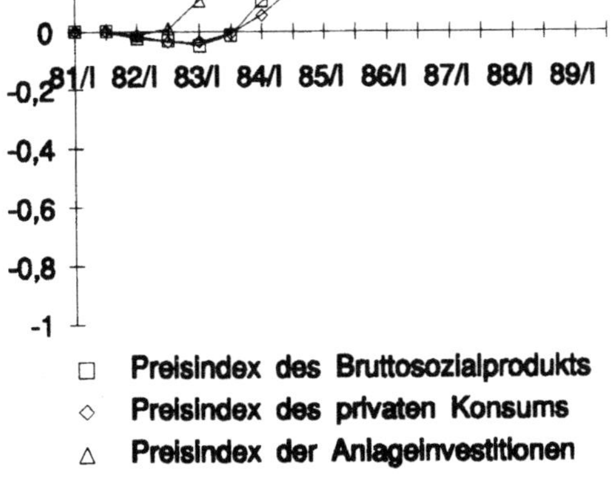

Abbildung 15

Literatur

Beckh, S.: Das Instrumentarium der Deutschen Bundesbank seit dem Übergang zur Geldmengensteuerung, Bestandsaufnahme und Entwicklungsperspektiven; Untersuchungen über das Spar-, Giro- und Kreditwesen, Band 141, Berlin 1990.

Deutsche Bundesbank (1974a): Geschäftsbericht für das Jahr 1973.

Deutsche Bundesbank (1974b): Monatsbericht Juli 1974.

Duwendag, D.: Alternative Ansätze der Geldmengensteuerung; in: Ehrlicher, W.; Oberhauser, A. (hRSG:); Probleme der Geldmengensteuerung; Schriften des Vereins für Socialpolitik, Neue Folge Band 99, Berlin 1978.

Hartmann, M.: Die Bestimmungsgründe der Zentralbankgeldbeschaffung und der freien Liquiditätsreserven der Kreditinstitute; Untersuchungen über das Spar-, Giro- und Kreditwesen, Band 104, Berlin 1980.

Mincer, J.; Zarnowitz, V.: The Evaluation of Economic Forecasts; in: J. Mincer (Hrsg); Economic Forecasts and Expectations, Analyses of Forecasting Behavior and Performance, New York 1969.

Offermanns, A.: Übertragungswege der Geldpolitik, Eine empirische Untersuchung zentralbankpolitischer Maßnahmen; Karlsruher Beiträge zur Wirtschaftspolitik und Wirtschaftsforschung Heft 10, Karlsruhe 1985.

Steiner, A.; Haase, U. (1981): Die Dominanz monetärer Impulse. Eine Simulationsstudie zur Untersuchung der relativen Bedeutung der Geld- und Fiskalpolitik; in: Göppl, H.; Henn, R. (Hrsg.); Geld, Banken und Versicherungen, Königstein 1981.

Steiner, A.; Haase, U. (1982): Nachfragesteuerung - Angebotssteuerung - Alternative Strategien zur Bekämpfung der Arbeitslosigkeit; in: Pfeiffer, R.; Lindner, H. (Hrsg.); Systemtheorie und Kybernetik in Wirtschaft und Verwaltung, S., 335, Berlin 1982.

Steiner, A.; Haase, U. (1987): Simulationen als Forschungsinstrument der Wirtschaftspolitik, dargestellt am Beispiel der Arbeitszeitverkürzung; in cak/3 Computer Anwendungen Universität Karlsruhe, Karlsruhe 1987.

Steiner, A.; Haase, U. (1989): Geldmengenziele, Wachstum, Beschäftigung und Preise - eine Systemanalyse; in : Heilmann, W.R. (Hrsg.); Geld, Banken und Versicherungen, Karlsruhe 1989.

Steiner, A.; Haase, U. (1990): The Tax Reform, Results of an Investitgation with the Karlsruher Simulation Model; in: Rieder, U. (Hrsg.), Methods of Operations Research, Proceedings of the XIV. Symposimum on Operations Research, Meisenheim 1990.

Steiner, A.: Die Selbstkonsolidierung kreditfinanzierter Budgetdefizite und die Finanzierung der deutschen Einheit - Eine Simulationsstudie -; in:Heilman, W.R. (Hrsg.); Geld, Banken und Versicherungen, Karlsruhe, erscheint demnächst.

Tödter, K.-H.: Systemschätzung und stochastische Prognose im Bundesbankmodell; in: G. Nakhaeizadeh, K.-H. Vollmer (Hrsg); Anwendungsaspekte von Prognoseverfahren, Heidelberg 1991.

Theil, H.: Economic Forecasts and Policy; Amsterdam 1958.

Neuere Ansätze zur Bewertung von Länderrisiken

Martin Klein[1]
Universität Bonn
Institut für internationale Wirtschaftspolitik

Lennéstr. 37, 5300 Bonn 1

1 Einleitung

Ziel dieses Beitrags ist die Darstellung neuerer Ansätze zur Bestimmung von *Spreads* – Zinsaufschlägen – bei Länderkrediten. Der Schwerpunkt liegt auf der Herausarbeitung der verbindenden Elemente, der Erarbeitung von Perspektiven für weiterführende Forschung, sowie der Diskussion der Frage, inwieweit die existierenden Ansätze in der Lage sind, für die Finanzpraxis relevante und quantitativ verwertbare Ergebnisse zu liefern. Wir beginnen mit einem Überblick über die einschlägigen Verfahren zur Messung von Länderrisiken, wie sie sich in Theorie und Praxis im Verlauf der letzten zwei Jahrzehnte durchgesetzt haben. Wir gehen dann über zu einer ausführlichen Darstellung der neuesten Optionsansätze zur Bewertung von Länderrisiken. Den Ausgangspunkt dieser Ansätze bildet die Einsicht, daß bei Länderkrediten der einfache „Staatsbankrott" praktisch nicht mehr vorkommt. Der Normalfall der Zahlungsunfähigkeit besteht vielmehr darin, daß Länder mit ihren Kreditgebern in Umschuldungsverhandlungen eintreten, um ihren Schuldendienst zu reduzieren. Umschuldungspakete bestehen gemeinhin aus zwei Elementen. Das erste Element, das Bestandteil praktisch jedes Umschuldungspaketes ist, besteht darin, daß der Schuldendienst zeitlich gestreckt wird, mit dem Ziel, bei konstantem Gegenwartswert der Gesamtverschuldung die Liquiditätsbelastung des Landes zu reduzieren. Das zweite Element, das insbesondere bei ärmeren Ländern zum Tragen kommt, besteht darin, die gesamte Schuldenlast des

[1]Ich bedanke mich bei Arno Bäcker, Michael Frenkel und Sebastian Schich für Diskussionen und nützliche Hinweise. Selbstverständlich gehen etwaige Fehler auf mein eigenes Konto.

Wirtschaftswissenschaftliche Beiträge, Band 60
Ökonometrie und Monetärer Sektor

Landes zu reduzieren. Dieser Schuldenerlaß (*debt relief*) reduziert den Gegenwartswert der Gesamtverschuldung des Landes.

Es läßt sich nun zeigen, daß unter nicht unrealistischen Annahmen über die Ausgestaltung von Umschuldungslösungen der Marktwert der Auslandsverschuldung eines Landes mit Hilfe von Methoden der Optionspreisbildung bestimmt werden kann. Die Verwendung von Optionspreismethoden hat zwei Vorteile. Zum einen gewinnt man dadurch Anschluß an den technischen Apparat, der in Zusammenhang mit der Bewertung von Optionen entwickelt wurde. Zum anderen aber hat die Bewertung von Länderrisiken mit Hilfe von Optionen eine direkte ökonomische Interpretation; man fragt letztlich nach dem Preis, den ein Kreditgeber bezahlen würde, um die Möglichkeit zu haben, zum Nennwert aus einem Länderkredit auszusteigen. Dieser Preis liefert dann ein Maß für die Berechnung des Spreads bei einem Kredit, bei dem der Kreditgeber diese Möglichkeit nicht hat, denn der Spread muß den Kreditgeber für das Fehlen dieser Möglichkeit entschädigen.

2 Praktische Länderrisikoanalyse: Problemstellungen und Lösungsansätze

Wir beginnen mit einem kurzen Überblick über die Grundzüge der gegenwärtigen Praxis der Länderrisikoanalyse. Die erste, und in der Praxis ohne Zweifel am weitesten verbreitete Methode der Länderrisikoanalyse besteht in ihrem Kern aus *Expertenbefragungen*. Diese Methode wird beispielsweise von den Zeitschriften *Institutional Investor* und *Euromoney* für die Berechnung ihrer Länderrisikotabellen angewandt. Bei ihr wird eine Auswahl von Fachleuten gebeten, Länder durch Angabe eines Index in einem bestimmten Teilaspekt zu bewerten. Beliebige relevant erscheinende Teilaspekte wie politische Stabilität, Exportaussichten, Stabilität des Finanzsektors, etc. können dabei isoliert werden. Die einzelnen Angaben werden dann mittels eines Gewichtungsschemas zu einem Gesamtindex zusammengefasst, der zwischen 100 (vollkommen kreditwürdig) und 0 (überhaupt nicht kreditwürdig) liegen kann. Derartige *Scoring-Modelle* sind in der Praxis sehr weit verbreitet[2]. Sie haben den Vorteil, daß sie alle Aspekte des Länderrisikos berücksichtigen. Sie erfassen also nicht nur die ökonomische, sondern auch die politische und die soziale Dimension des Problems. Allerdings haftet ihnen der offenkundige Nachteil an, daß sie methodisch kaum nachvollziehbar sind und somit einer wissenschaftlichen Bewertung schwer zugänglich sind. Die einzig mögliche wissenschaftliche Analyse ist die einer ex post Analyse ihrer Aussagequalität.

Eine weitere Methode der Bewertung von Länderrisiken besteht in der Auswertung von marktüblichen *Spreads*, die einzelne Kreditnehmer gegenüber den risikofreien Zinssätzen in Kauf nehmen müssen. Diese Methode beruht auf der Annahme, daß an einem effizienten Kreditmarkt die Aufschläge gegenüber dem risikofreien Zins ein Maß für das objektiv bestehende Kreditausfallsrisiko darstellen sollten. Dies sollte nicht nur für individuelle Schuldner, sondern auch für Länder gelten, die insbesondere an Euromärkten in größerem Umfang als Kreditnehmer auftreten. Es müßte also möglich sein, aus den Spreads Information über das Ausfallrisiko von Länderkrediten, m.a.W. über das Länderrisiko, abzuleiten. Eine Form eines Spreadindex, der auch früher von *Euromoney* verwendet wurde, findet sich in Hefernan (1985, S. 30). Der Spreadindex eines Landes hat die Form

$$I = \sum_{j=1}^{n} w_j s_j,$$

mit den Gewichten

$$w_j = \frac{V_j L_j}{\sum_{i=1}^{n} V_i L_i}.$$

Dabei bezeichnet s_j den Spread über LIBOR bei der j-ten Kreditaufnahme im Berichtsjahr, V_j das korrespondierende Kreditvolumen, und L_j die korrespondierende Laufzeit. Dieser Spreadindex läßt sich als marktdurchschnittliche Einschätzung des Länderrisikos während eines Berichtsjahres verstehen. Unbestreitbar liefert die Spread-ana-lyse wertvolle Informationen über das existierende Länderrisiko. Sie hat auch den Vorzug, einer genaueren quantitativen Analyse zugänglich zu sein. Allerdings läßt sie einige wichtige Aspekte des Problems unbeachtet. Erstens kann sie nur

[2]Kögelmayr (1986) bietet einen kurzen Überblick über die Verfahren, die von verschiedenen Institutionen angewandt werden. In den meisten Fällen sind dies Scoring-Modelle.

Informationen liefern, wenn ein Land in einem Jahr überhaupt am Euromarkt Kredite aufgenommen hat. Zweitens kann sie durch Auf- oder Abwärtstrends im marktweiten Spread während eines Jahres verzerrt werden. Bei einen Aufwärtstrend werden die Länder, die später im Jahr Kredite aufnehmen, relativ schlechter aussehen als solche, die am Anfang des Jahres am Markt waren. Am wichtigsten ist allerdings der dritte Gesichtspunkt. Der Konzeption diese Index liegt offenkundig die Annahme zugrunde, daß Risiken am Euromarkt durch Zinsaufschläge abgegolten werden, so daß sie dann an diesen gewissermaßen „abgelesen" werden können. Man kann aber nicht grundsätzlich davon ausgehen, daß Risiken an Kreditmärkten nur durch Zinsen abgegolten werden, vielmehr können auch Kreditlimits effiziente (und manchmal sogar die einzigen) Mittel zur effektiven Risikobegrenzung sein. In vielen Fällen ist eine Kombinationspolitik optimal. Dann aber kann der Spreadindex mißweisen. Denken wir beispielsweise an einen Kreditgeber, der ein Land als hohes Risiko einschätzt und folglich einen hohen Spread bei einem auf kleines Volumen limitierten Kredit vergibt. Das implizite „Votum" dieses Kreditgebers im Spreadindex wird gerade wegen der Kreditlimitierung untergewichtet sein, so daß der Index das Land als zu gut ausweisen wird. Generell können wir also sagen: Wenn bindende Kreditlimits existieren, so wird der Spreadindex nach unten verzerrt sein.

Die dritte Gruppe von in der Praxis Anwendung findenden Verfahren umfaßt die ***statistisch-ökonometrischen Modelle***, deren Ansatz darin besteht, das Insolvenzrisiko einzelner Länder durch Diskriminanzanalyse, Logit-, oder Probitverfahren als Funktionen beobachtbarer länderspezifischer Charakteristika zu erklären. Das Ereignis „Insolvenz" wird dabei stets mit der Aufnahme von Umschuldungsverhandlungen identifiziert[3]. Wir betrachten diese Ansätze am Beispiel der Logit-Analyse. Die grundlegende Vorstellung dabei ist, daß es eine nicht beobachtbare – latente – Variable x gibt, die die Zahlungsfähigkeit (oder Zahlungswilligkeit) des Landes widerspiegelt. Annahmegemäß läßt sie sich als Linearkombination beobachtbarer Ländercharakteristiken darstellen:

$$x = \beta v + u \tag{1}$$

Dabei ist

---

[3]Beispiele für derartige Ansätze bieten die Arbeiten von Feder und Just (1977) sowie Frank und Cline (1971).

$$\beta = (\beta_0, \beta_1, \ldots \beta_n)$$

ein Zeilenvektor von konstanten Koeffizienten,

$$v' = (1, v_1, v_2, \ldots v_n)$$

ein Vektor beobachtbarer Charakteristiken und u ein stochastisches Residuum. Beobachten läßt sich lediglich eine *Indikator-* oder *Dummyvariable*, y, die mit x durch folgende Beziehung verknüpft ist:

$$y = \begin{cases} 0 & , \quad x \geq \bar{x} \\ 1 & , \quad x < \bar{x} \end{cases}$$

Der unbekannte Schwellenwert $\bar{x}$ markiert die Grenze zwischen Solvenz und Insolvenz. Für $x \geq \bar{x}$ ist das Land solvent, im Falle $x < \bar{x}$ ist es insolvent. Diese Ansätze arbeiten generell mit Querschnittsdaten, bei denen sich die Beobachtungen y_i und v_i, $i = 1, \ldots, N$, auf einzelne Länder beziehen. Die exogenen Charakteristika $v_{1i}, v_{2i}, \ldots$ repräsentieren (beispielsweise) die jeweiligen Länderwerte der Schuldendienstquote (Relation von Schuldendienst zu Exporten), der Reservenquote (Relation von Währungsreserven zu Importen), des staatlichen Budgetdefizits relativ zum BSP, usw. usf.

3 Insolvenzrisiko und Spreads

Wir wenden uns nun dem Hauptthema unseres Beitrags zu, nämlich der oben schon angesprochenen Beziehung zwischen Länderrisiko und *Spreads*, die wir hier in einem kleinen theoretischen Modell betrachten wollen. In einer Situation mit vollständiger Information kann im Gleichgewicht keine Zahlungsunfähigkeit eintreten, denn potentielle Kreditgeber könnten sich *ex ante* ausrechnen, ab welchem Verschuldungsniveau ein Land den Anreiz hätte, *ex post* seine Zahlungsunfähigkeit zu erklären. Sie würden deshalb dem Land keinen dieses Niveau überschreitenden Kredit geben. Ein geeigneter Ansatzpunkt der Analyse von Länderrisiken ist deshalb die Annahme, daß die *Information* über die *Zahlungsfähigkeit* eines Landes *unvollkommen* ist. Konkret wollen wir dies durch die Annahme modellieren, daß der Schuldendienst, der dem Land maximal entzogen werden kann, eine Zufallsgröße ist, die zum Zeitpunkt der Kreditvergabe noch nicht bekannt ist. Dies deckt sich generell mit der Modellsituation, die bei der in Abschnitt 2 beschriebenen Logit-Analyse zugrundegelegt wird. Wir werden im folgenden den maximal möglichen Schuldendienst als nicht-negative Zufallsvariable annehmen und mit der Variablen X bezeichnen. Die Realisationen von X unterliegen einer Wahrscheinlichkeitsverteilung $F_X(\xi) = \text{prob}\{X < \xi\}$. Wir nehmen dabei an, daß für jedes positive Niveau des vertraglichen Schuldendienstes, D, eine positive - obwohl möglicherweise sehr kleine - Wahrscheinlichkeit existiert, daß das Land trotz Kreditlimit und Vertragsstrafe Insolvenz erklären wird, nämlich genau dann, wenn $X < D$ gilt. Mögliche reale Gründe dafür sind außergewöhnlich hohe Schocks im Schuldnerland oder in der Weltwirtschaft, wie bspw. Mißernten aufgrund von Dürrekatastrophen, eine unerwartet starke weltweite Rezession, ein Preiseinbruch bei Exportprodukten des Schuldnerlandes, oder auch politische Umwälzungen. Die ex post Rendite ($\tilde{r}$) auf einen Länderkredit ist dann eine Zufallsvariable, die wir wie folgt beschreiben können:

$$\tilde{r} = \begin{cases} z & , \quad X \geq D \\ \tilde{r}_I & , \quad X < D \end{cases} \tag{2}$$

Dabei gilt folgende Notation:

z,	vertraglich vereinbarter Zinssatz
$\tilde{r}_I$,	stochastische Restrendite bei Insolvenz
$\psi = \text{prob}\{X < D\} = F_X(D)$,	Insolvenzwahrscheinlichkeit

Aus der Sicht des Kreditgebers ergibt sich dann folgender Erwartungswert der Rendite:

$$E\tilde{r} = (1 - \psi)z + \psi E[\tilde{r}_I | X < D] \tag{3}$$

Um aus (3) ein konkretes Ergebnis errechnen zu können, machen wir nun zwei zusätzliche Annahmen: (i) Wir unterstellen den einfachsten denkbaren Fall und nehmen an, daß die erwartete Restrendite bei Insolvenz gleich 0 ist:

$$E\left[\tilde{r}_I | X < D\right] = 0$$

Wenn das Land also seine Insolvenz erklärt, so erhält der Kreditgeber keine Zinszahlungen, verbucht aber den eingesetzten Kapitalbetrag nicht als Verlust. (ii) Wir nehmen Risikoneutralität der Kreditgeber an, so daß die erwartete Rendite gleich dem exogen gegebenen Weltmarktzins r ist. Wenn wir diese beiden Annahmen in (3) berücksichtigen, so ergibt sich, daß der Zinssatz im Kreditvertrag wie folgt festgesetzt werden muß:

$$z = \frac{r}{1-\psi} > r \tag{4}$$

Gemäß unseren Annahmen ist die Wahrscheinlichkeit ψ positiv, so daß der Vertragszins über dem risikofreien Zinssatz liegt. Es ergibt sich also ein Spread in der Form eines Aufschlags auf den Weltmarktzins r:

$$s = z - r = \left(\frac{\psi}{1-\psi}\right) r > 0 \tag{5}$$

Durch diese Gleichung haben wir eine konkrete Begründung dafür erhalten, daß Spreads als Maß für die vom Markt angenommene Insolvenzwahrscheinlichkeit angesehen werden können und daß Spreadanalysen Informationen über existierende Länderrisiken liefern können. Und noch mehr: wenn wir Gleichung (5) genauer betrachten, so sehen wir, daß der Spread effektiv die Logit-Transformation der Insolvenzwahrscheinlichkeit ψ darstellt, denn es gilt

$$\ln s = \ln\left(\frac{\psi}{1-\psi}\right) + \ln r.$$

Wenn wir also eine lineare Regression mit logarithmierten Spreads vornehmen, so ist dies konzeptionell dasselbe wie eine Logitanalyse von Insolvenzwahrscheinlichkeiten[4]. Allerdings gibt es erhebliche Unterschiede in der Methodik und in bezug auf die Datenbasis. Eine solche Spreadanalyse wurde von Edwards (1984) vorgestellt, wobei er in etwa zu denselben Resultaten gelangte, wie andere Autoren mit der Diskriminanzanalyse oder mit Logitverfahren.

[4]Die Verwendung des Logarithmus ist statthaft, da Spreads qua Konstruktion nur positiv sein können.

4 Optionspreismethoden zur Berechnung von Spreads

Das einfache Modell zur Erklärung eines Spread, das wir im vorhergehenden Abschnitt beschrieben haben, weist zwar in die richtige Richtung, läßt aber entscheidende Fragen im Rahmen der Problemtik des Länderrisikos unbeantwortet. Der hauptsächliche Kritikpunkt betrifft dabei die Modellierung der Rendite bei Insolvenz. Die angenommene „alles oder nichts" Situation – vollständige Rückzahlung des Kredits bei Solvenz, Totalausfall bei Insolvenz – läßt wichtige „stilisierte Fakten" der Realität außer acht. Demzufolge besteht die wichtigste Erweiterung gegenüber dem vorigen Abschnitt im folgenden darin, daß wir eine erweitertes Modell des Schuldendienstes unter Insolvenz verwenden. Außerdem ersetzen wir die Annahme der Risikoneutralität durch die Annahme vollständiger Finanzmärkte.

Bevor wir mit der Analyse beginnen, machen wir folgende ergänzenden Annahmen. Die betrachtete Ökonomie läuft prinzipiell auf einer stetigen Zeitachse ab, die Fälligkeiten der Auslandsverschuldung sind aber als diskrete *Zeitpunkte* $\{0, 1, 2, \ldots\}$ auf dieser stetigen Achse verteilt. Alle Verschuldung hat die Form von *Zerobonds* mit dem Nennwert 1 und der Laufzeit von einer Periode. Unter diesen Annahmen ist der vertragliche Schuldendienst in Periode t, D_t, gleich der Anzahl der Bonds, die in der Vorperiode ausgegeben wurden, A_{t-1}. Der Preis eines einzeln Länder-Zerobonds in der Periode t wird mit Z_t bezeichnet. Auch die risikofreie Alternativanlage existiert in Form eines einperiodigen Zerobonds, dessen konstanten Preis wir mit R bezeichnen.

4.1 Umschuldung und Schuldenerlaß

Der Zustand der Insolvenz wird, wie wir schon im vorigen Abschnitt konkretisiert haben, durch das Ereignis $X_t < D_t$ beschrieben. Im Zustand der Insolvenz hat ein Land die Wahl zwischen unilateraler Einstellung bzw. Verminderung seines Schuldendienstes und Eintritt in Umschuldungsverhandlungen, bei denen in Kooperation mit den Kreditgebern die Zahlungsverpflichtungen vermindert werden. Wir nehmen im folgenden an, daß generell die zweite Alternative gewählt wird, wie dies auch in der Realität fast ausschließlich der Fall ist. Was bedeutet dies für den Schuldendienst eines Landes unter Insolvenz? Um diese Frage zu beantworten, betrachten wir kurz die „Mechanik“ von Umschuldungsverhandlungen. Es lassen sich zwei Aspekte der Umschuldung unterscheiden, die wir mit den Begriffen *Liquiditätserleichterung* und *Schuldenerlaß* bezeichnen wollen. Wir illustrieren diese beiden Begriffe anhand von Abb. 1. Die beiden monoton fallenden Kurven in dieser Abbildung repräsentieren jeweils diejenigen Kombinationen von Schuldendienst und Laufzeit, die mit einem konstanten Gegenwartswert verbunden sind. Eine Bewegung *entlang* einer festliegenden Kurve ($a \rightarrow b$) bedeutet eine Reduktion des Schuldendienstes bei gleichzeitiger Verlängerung der Laufzeit der Schuld. Da der Gegenwartswert dabei annahmegemäß konstant bleibt, bedeutet dies für die Kreditgeber keinen Verlust, und für das Land lediglich eine Liquiditätserleichterung. Ein Verschiebung der Kurve nach unten ($a \rightarrow c$) bedeutet dagegen einen Schuldenerlaß, da die Reduktion des Schuldendienstes durch eine Reduktion des Gegenwartswertes der Gesamtverschuldung erreicht wird. Praktische alle Umschuldungen in der Realität enthalten sowohl Liquiditätserleichterungen als auch einen Schuldenerlaß. Dies bedeutet in Abb. 1 eine Verschiebung der Kurve nach unten mit gleichzeitiger Bewegung auf ihr nach rechts. ($a \rightarrow d$)

Damit haben wir in groben Umrissen die bei Umschuldungen wirkenden Mechanismen skizziert. Es verbleibt allerdings noch die Frage, wie sich dies auf einzelne Kreditgeber auswirkt, die bei Umschuldungsverhandlungen direkt oder indirekt repräsentiert werden. In dieser Hinsicht existieren sehr klare Regeln, und zwar sowohl für den *Paris Club*, in dem die Schulden der offiziellen Kreditgeber umgeschuldet werden, wie auch für den *London Club*, in dem die Geschäftsbanken ihre Kredite umschulden. Nach Rieffel (1985) wird ein Schuldenerlaß generell proportional auf die existierenden Kreditgeber umgelegt, so daß jeder Kreditgeber relativ zu seiner Forderungen denselben prozentualen Erlaß gewähren muß. Es kann sich also – zumindest in der Regel – kein einzelner Kreditgeber der Verantwortung entziehen, ein gewisses Maß der aggregativen Verluste mit zu tragen.

Als erstes Resultat können wir somit festhalten, daß die Regelung einer Länderinsolvenz durch Umschuldungsverhandlungen realiter immer Verluste für die Kreditgeber nach sich ziehen wird. Allerdings werden diese nicht von der Art „alles oder nichts“ sein, die in Abschnitt 3 unterstellt wurde. Der Realität näher kommt ein Ansatz, den vor kurzer Zeit Claessens and Wijnbergen (1990) und Cohen (1990) vorgestellt haben. Ihr stilisiertes Modell von Umschuldungslösungen beruht auf der Annahme, daß *bei Insolvenz Schuldenerlass im Ausmaß der Differenz zwischen vertraglichem Schuldendienst und maximal erzielbarem Schuldendienst* erfolgt. Wir können diese

Umschuldung und Schuldenerlaß

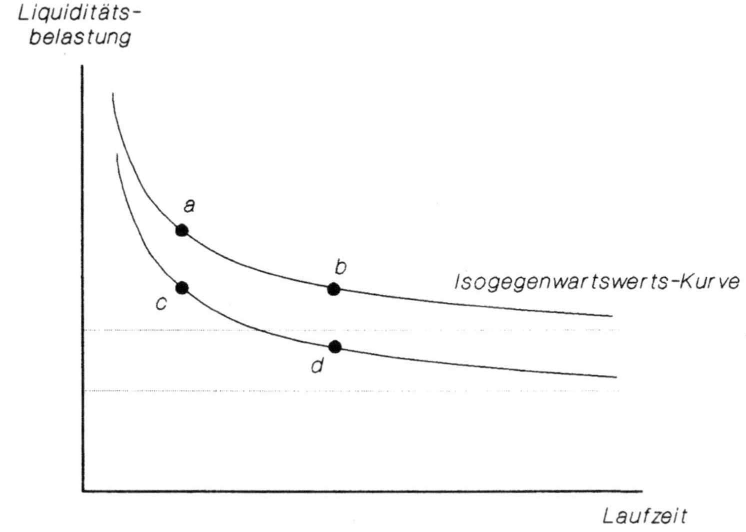

Abbildung 1

Zahlungsfähigkeit und Schuldendienst

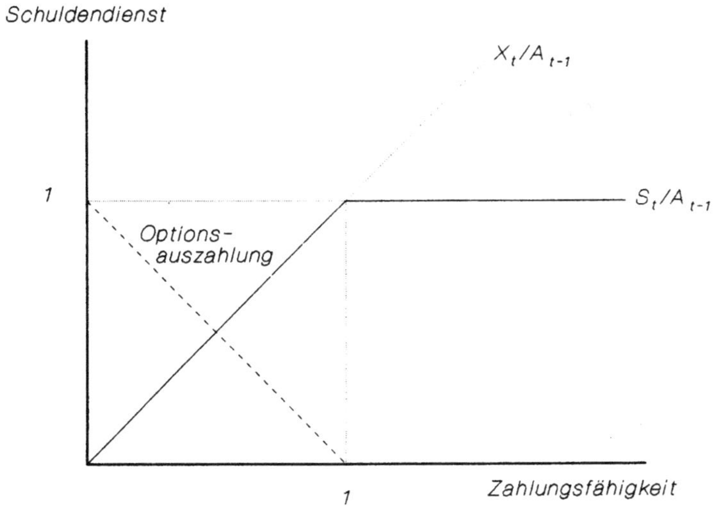

Abbildung 2

Annahme formal durch folgende Gleichung ausdrücken, wobei S den tatsächlich gezahlten Schuldendienst ausdrückt:

$$S_t = \begin{cases} D_t & , \quad X_t \geq D_t \\ X_t & , \quad X_t < D_t \end{cases}$$

In prägnanter Form läßt sich dieser Umschuldungsmechanismus wie folgt schreiben:

$$S_t = \min\{D_t, X_t\} \tag{6}$$

Dieser hypothetische Umschuldungsmechanismus paßt ausgezeichnet in das hier zugrundeliegende Modell von grundsätzlich einperiodigen Krediten. Denn wenn Maturitätsverlängerungen qua Definition ausgeschlossen sind, so besteht die einzige Möglichkeit, den Schuldendienst zu reduzieren, darin, Schuldenerlaß zu gewähren. Was dieser Umschuldungsmechanismus für die Bewertung des Länderrisikos bedeutet, wird im folgenden Abschnitt diskutiert.

4.2 Schuldenerlaß, Optionspreise und Spreads

In diesem Abschnitt wenden wir uns der Frage zu, wie ein einzelner Kreditgeber einen Länderkredit bewertet, der der oben unterstellten Umschuldungsmechanik unterliegt. Wir müssen dabei beachten, daß wir nun insgesamt drei Konzepte des Schuldendienstes definiert haben[5]:

- D_t, der vertragliche Schuldendienst,
- X_t, der (maximal) mögliche Schuldendienst[6], und
- S_t, der tatsächliche Schuldendienst.

---

[5]In der international gebräuchlichen Zahlungsbilanzterminologie ist D_t der Schuldendienst auf *accrual basis*, während S_t der Schuldendienst auf *cash basis* ist. Die Differenz zwischen beiden, $D_t - S_t$, wäre im Rahmen des hier verwendeten Modells als *exceptional financing* zu bezeichnen.

[6]Dies wird auch als Schuldendienstkapazität oder Zahlungsfähigkeit bezeichnet.

Aus der Sicht eines einzelnen Kreditgebers ist nur der tatsächliche Schuldendienst relevant, der durch Gleichung (6) mit den beiden anderen Konzepten verknüpft wird. Allerdings ist aus der Sicht eines einzelnen Kreditgebers nicht der *aggregative* Schuldendienst relevant, sondern der Schuldendienst *pro Schuldtitel*, den wir unschwer aus Gleichung (6) bestimmen können:

$$\frac{S_t}{A_{t-1}} = \min\left\{1, \frac{X_t}{A_{t-1}}\right\} \tag{7}$$

Diese Beziehung ist in Abb. 2 dargestellt. Wenn der mögliche Schuldendienst den vertraglichen übersteigt, so befindet sich das Land im Zustand der Solvenz, indem der tatsächliche Schuldendienst mit dem vertraglichen übereinstimmt. Wir erhalten so die durchgezogene horizontale Linie auf dem Niveau 1 ab dem Punkt 1 nach rechts. Wenn andererseits der mögliche Schuldendienst nicht zur Deckung des vertraglichen ausreicht, so erfolgt der Schuldendienst im Ausmaß der gegebenen Zahlungsfähigkeit. Die durchgezogene Auszahlungskurve knickt deshalb zur Linken des Punktes 1 ab und verläuft entlang der 45-Grad Linie zum Ursprung.

Der geknickte Verlauf der Schuldendienstkurve in Abb. 2 legt eine Beziehung zu der Auszahlungskurve einer Option nahe[7]. Und tatsächlich läßt sich zeigen, daß die Bewertung des Länderrisikos im Rahmen des nunmehr gewählten Modells eine enge Verwandschaft mit Optionspreismethoden aufweist. Um diese Aussage zu belegen, nehmen wir an, es existiere eine *Verkaufsoption* für die Verschuldung des betrachteten Landes. Jede Option gewährt dem Inhaber das Recht, zum Fälligkeitszeitpunkt einen Schuldtitel des Landes zum Nennwert zu verkaufen. Wenn das Land zum Fälligkeitszeitpunkt solvent ist, so ist die Verkaufsoption wertlos, da alle Schuldtitel zum Nennwert zurückgenommen werden. Ist das Land aber insolvent, so besitzt die Option den Wert

$$\frac{D_t - X_t}{A_{t-1}},$$

der genau dem Anteil eines einzelnen Schuldtitels am Gesamtbetrag des Schuldenerlasses entspricht. Die Auszahlungsfunktion der Option,

[7]Darstellung von Optionspreismethoden finden sich in Black und Scholes (1973), Cox und Rubinstein (1985) und Merton (1973).

$$\max\left\{\frac{D_t - X_t}{A_{t-1}}, 0\right\},$$

ist in Abb. 2 als gestrichelte Linie dargestellt. Wie man in der Abbildung deutlich sieht, gewährt diese Option ihrem Halter eine perfekte Versicherung gegenüber einer möglichen Insolvenz des Schuldnerlandes.

Was hilft uns nun die Einführung dieser hypothetischen Verkaufsoption für die Bestimmung des Spread? Um diese Frage zu beantworten, vergleichen wir folgende Investmentalternativen:

- Kauf eines risikofreien Bonds zum Preis R; dies garantiert die sichere Auszahlung von 1 am Ende der Periode.
- Kauf eines Länderbonds zum Preis Z_t und einer Verkaufsoption zum Preis Q_t. Auch dies garantiert die sichere Auszahlung von 1 am Ende der Periode.

Da die Auszahlungen dieser beiden Investitionsstrategien für alle möglichen Weltzustände gleich sind, verlangt das Prinzip der Arbitragefreiheit, daß auch die Kosten der beiden Investitionsstrategien gleich sein müssen[8]. Dies bedeutet, daß folgende Gleichung zwischen den Aktivapreisen erfüllt sein muß:

$$Z_t = R - Q_t \tag{8}$$

Aus dieser Beziehung können wir schließlich auch eine Gleichung für die Renditen gewinnen. Bei kontinuierlicher unterperiodiger Verzinsung gilt $Z_t = e^{-z_t}$ und $R = e^{-r}$, wobei z_t und r wie im vorigen Abschnitt den Länderzinssatz und den risikofreien Zinssatz bezeichnen. Durch Umstellen und Logarithmieren von (8) erhalten wir eine Gleichung für den Spread, die das Prinzip der Arbitragefreiheit erfüllt:

$$s_t = z_t - r = -\ln(1 - q_t) \geq 0 \tag{9}$$

[8]Das Prinzip der Arbitragefreiheit besagt, daß ein Gleichgewichtszustand durch die Abwesenheit ausnutzbarer Arbitragemöglichkeiten – sog. *free lunches* – charakterisiert sein muß. Vgl. dazu Cox und Rubinstein (1985).

Dabei bezeichnet

$$q_t = \frac{Q_t}{R} \tag{10}$$

den Preis der Verkaufsoption in Relation zu dem Preis des risikofreien Bonds. Es sei noch angemerkt, daß für hinreichend kleine Werte von q_t diese Gleichung wie folgt approximiert werden kann:

$$s_t \approx q_t$$

Die Bestimmung des Spread reduziert sich also effektiv auf die Preisbestimmung einer Verkaufsoption, die auf das Ereignis der Insolvenz des Landes konditioniert ist. Wir können deshalb auf den gut entwickelten technischen Apparat zurückgreifen, der in Zusammenhang mit der Preisbestimmung von Optionen entwickelt wurde. Von entscheidender Bedeutung ist in diesem Zusammenhang die Annahme, daß ein vollständiges System von Finanzmärkten zur Verfügung steht, das die zu bewertende Option zu einem derivativen Aktivum werden läßt[9]. Unter dieser Voraussetzung ist der Preis einer Option durch den bedingten Erwartungswert ihrer Auszahlungsfunktion gegeben, wobei allerdings der Erwartungswert mittels einer transformierten Wahrscheinlichkeitsverteilung berechnet werden muß. Um Optionspreismethoden anwenden zu können, benötigen wir eine Annahme über den stochastischen Prozess, der die zeitliche Entwicklung des möglichen Schuldendienstes beschreibt. Wir nehmen in dieser Hinsicht an, daß X ein stochastischer Prozess in stetiger Zeit ist, dessen Evolution durch das stochastische Differential

$$\frac{dX_\tau}{X_\tau} = \mu d\tau + \sigma dw_\tau, \qquad \tau \geq t, \tag{11}$$

beschrieben wird. Dabei sind μ and σ konstante Parameter, während w_τ die Realisierungen einer Brownschen Bewegung bezeichnet. Den Wert der Verkaufsoption können wir nun wie folgt schreiben:

$$Q_t = e^{-r} E\left[\max\left\{\frac{D_{t+1} - \hat{X}_{t+1}}{A_t}, 0\right\} \middle| X_t, A_t\right]. \tag{12}$$

[9]Dieser Begriff wird bspw. in Rubinstein (1987) erläutert.

Die Realisationen des transformierten Prozesses $\hat{X}_t$ werden durch das stochastische Differential

$$\frac{d\hat{X}_\tau}{\hat{X}_\tau} = r d\tau + \sigma dw_\tau, \qquad \tau \geq t, \qquad \hat{X}_t = X_t, \tag{13}$$

beschrieben. Der Unterschied zwischen (11) und (13) besteht lediglich darin, daß der Driftparameter μ durch r – den risikofreien Zins – ersetzt wurde[10]. Gleichung (12) läßt sich aber noch weiter vereinfachen. Der vertragliche Schuldendienst, der zum Ende der laufenden Periode fällig wird, ist schon an deren Anfang bekannt, und aufgrund der Annahme der einperiodigen Laufzeit gilt $D_{t+1} = A_t$. Durch Division beider Seiten mit $R = e^{-r}$ ergibt sich eine Bestimmungsgleichung für den relativen Optionspreis q_t[11]:

$$q_t = E_t \left[\max \left\{ 1 - \frac{\hat{X}_{t+1}}{A_t}, 0 \right\} \right] \tag{14}$$

Im Anhang wird gezeigt, daß diese Gleichung folgende Formel für den relativen Optionspreis impliziert:

$$q_t = N\left(\frac{\ln(A_t/X_t) - r + \sigma^2/2}{\sigma}\right) - e^r \frac{X_t}{A_t} N\left(\frac{\ln(A_t/X_t) - r - \sigma^2/2}{\sigma}\right) \tag{15}$$

wobei $N(\cdot)$ die Verteilungsfunktion der Standard-Normalverteilung bezeichnet. Für den absoluten Optionspreis ergibt sich nach Multiplikation mit R

$$Q_t = e^{-r} N\left(\frac{\ln(A_t/X_t) - r + \sigma^2/2}{\sigma}\right) - \frac{X_t}{A_t} N\left(\frac{\ln(A_t/X_t) - r - \sigma^2/2}{\sigma}\right). \tag{16}$$

Die Diskussion der empirischen Implikationen dieser Resultate findet sich im folgenden Abschnitt.

---

[10]Cf. Duffie (1988), Ch. 22.

[11]Wir vereinfachen die Schreibweise durch die Notationskonvention $E[\cdot | X_t, A_t] := E_t[\cdot]$.

5 Diskussion der Ergebnisse

5.1 Empirische Implikationen

Die Basis für die Bewertungsmethode von Länderrisiken, die wir im vorigen Abschnitt diskutiert haben, bildet die Bewertung der Verkaufsoption auf einen Länderkredit, der dem Umschuldungsrisiko unterliegt. Aus diesem Grund betrachten wir als erstes den Wert dieser Verkaufsoption. In Abb. 3 haben wir den Optionswert zu Beginn einer Periode abgebildet, zusammen mit der zugehörigen Auszahlungsfunktion der Options am Ende der Periode. Dabei wird eine Volatilität von $\sigma = 0,1$ und ein risikofreier Zinssatz von $r = 0,05$ unterstellt. Die Beziehung zwischen Optionswert und Auszahlungsfunktion ist in den Extrembereichen links und rechts außen am einfachsten zu überschauen. Wenn das Land sehr zahlungsfähig ist, so ist der Optionswert beinahe null[12]. Dies reflektiert die Tatsache, daß die Wahrscheinlichkeit, daß das Land bis zum Ende der Periode doch noch zahlungsunfähig werden könnte, in diesem Bereich sehr gering ist, so daß eine Versicherung dagegen sehr wenig wert ist. Wenn andererseits die Zahlungsfähigkeit des Landes gering wird, so konvergiert der Optionswert schnell gegen den abdiskontierten Gegenwartswert der Auszahlung. Der Grund dafür ist, daß Wahrscheinlichkeit der Insolvenz am Ende der Periode in diesem Bereich nahe bei 1 liegt.

Der Zusammenhang zwischen der Zahlungsfähigkeit eines Landes und dem Spread auf den risikofreien Zins, den es bei seinen Krediten in Kauf nehmen muß, ist in Abb. 4 dargestellt. Die Kurve ergibt sich aus denselben Annahmen, die auch in Abb. 3 zugrundeliegen. Der Verlauf der Spreadkurve ähnelt dem der Optionswertkurve in dieser Abbildung. Es zeigt sich, daß bei der angenommenen Volatilität der Spread sehr schnell auf Null sinkt, wenn das Land nach rechts in die Zone vollständiger Zahlungsfähigkeit gerät, da das Risiko einer möglichen Insolvenz dann sehr gering ist. Umgekehrt steigt der Spread im Insolvenzbereich links von 1 schnell auf sehr hohe Werte an, denn die Möglichkeit einer möglichen Wendung zum besseren ist dann sehr unwahrscheinlich, bzw. die Notwendigkeit eines partiellen Schuldenerlasses am Ende der Periode ist fast sicher.

[12] Allerdings wird die Option nie vollkommen wertlos.

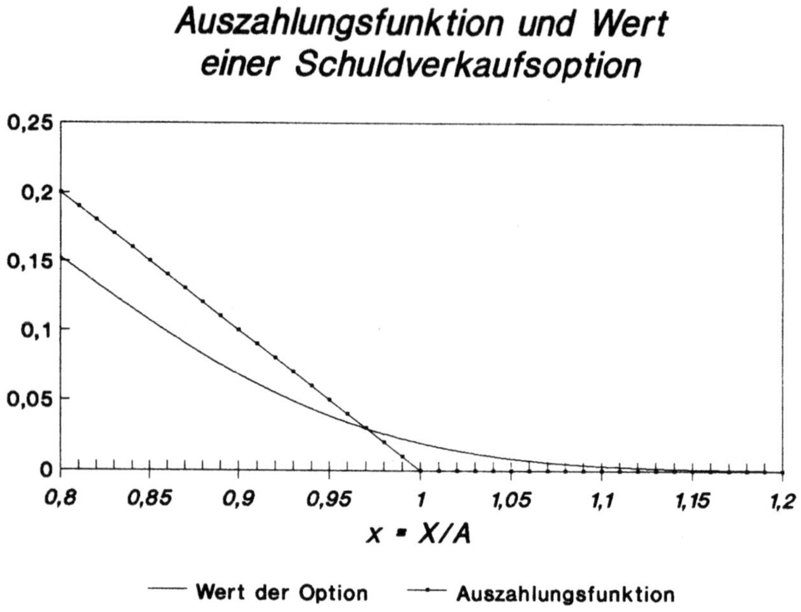

Abbildung 3

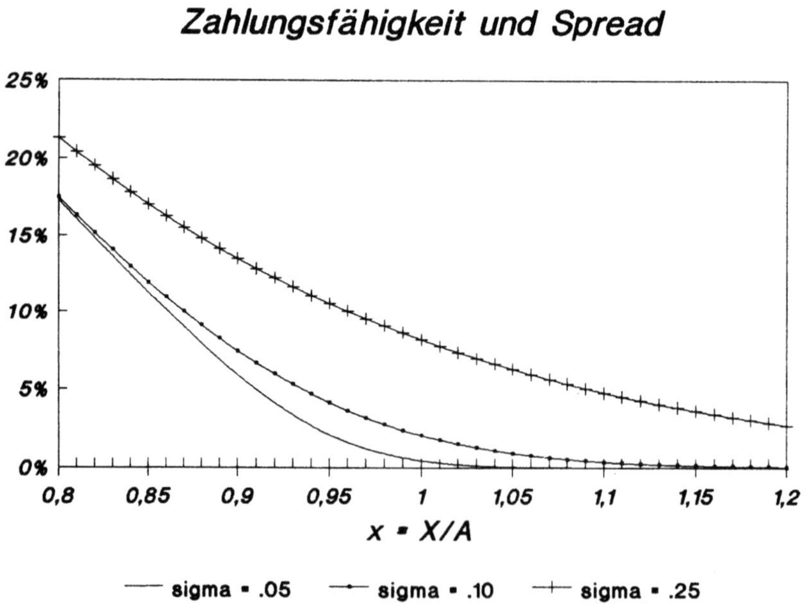

Abbildung 4

5.2 Praktische Anwendbarkeit

Die entscheidende Rolle bei einer möglichen praktischen Anwendung optionsgestützter Spreadberechnungen kommt der Identifizierung der noch unbekannten Variablen X_t zu, die die Zahlungsfähigkeit eines Landes, bzw. seinen maximal möglichen Schuldendienst bezeichnet. Um diese Größe näher zu bestimmen, verwenden wir die Zahlungsbilanzidentität auf der Basis der vertraglich geschuldeten Zahlungsströme (*accrual basis*), wobei wir der Einfachkeit halber die Devisenbilanz ignorieren:

$$B_t + Z_t A_t - A_{t-1} = -(D_t - S_t) \tag{17}$$

Dabei bezeichnet B den Saldo der Außenhandelsbilanz von Gütern und Dienstleistungen[13], während $D - S$ ein Korrekturterm ist, der die irreguläre Finanzierung (*exceptional financing*) angibt, die durch einseitige Zahlungseinstellung oder Schuldenerlaß im Rahmen von Umschuldungsverhandlungen bewirkt wird. Qua Definition kann diese Größe nicht negativ sein. Sie wird in der Zahlungsbilanz mit negativem Vorzeichen verbucht, da sie dieselbe ökonomische Wirkung hat, wie bspw. eine Reduzierung der Währungsreserven. Diese Schreibweise der Zahlungsbilanzidentität liefert uns den Ausgangspunkt für eine formale Definition des maximal möglichen Schuldendienstes, X_t. Zur Finanzierung des Schuldendienstes stehen einerseits Leistungsbilanzüberschüsse, andererseits Kapitalimporte zur Verfügung. Wir nehmen an, daß der Leistungsbilanzüberschuß, der bei Durchführung aller gängigen wirtschaftspolitischen Anpassungsmaßnahmen erzielt werden kann, maximal gleich $\bar{B}_t$ ist, und daß auch ein Maximalwert der Kapitalimporte existiert, den wir mit $\overline{Z_t A_t}$ bezeichnen. Wenn diese beiden Größen ihre Maxima unabhängig erreichen können, so gibt ihre Summe den maximal möglichen Schuldendienst an:

$$X_t = \bar{B}_t + \overline{Z_t A_t}, \tag{18}$$

Wenn der vertragliche Schuldendienst D_t den so definierten Wert des maximal möglichen überschreitet, so kann die Zahlungsbilanzgleichung (17) nur mit Hilfe von Zahlungseinstellungen oder Schuldenerlaß erfüllt werden, d.h. das Land ist in dem hier zugrundegelegten Sinne insolvent.

---

[13]Wir werden diese im folgenden kurz als *Leistungsbilanz* bezeichnen.

Allerdings läßt sich zeigen, daß eine Größenbeschränkung $\overline{Z_t A_t}$ für die Kapitalimporte im Rahmen des oben vorgestellten Optionsmodells nur dann angenommen werden kann, wenn eine obere Grenze für das Verschuldungsniveau A_t existiert. Aus der Sicht der Praxis ist dies kein Problem, denn man kann sich auch hier wieder auf „stilisierte Fakten" berufen. Genau wie es gewisse etablierte Umschuldungsmodalitäten gibt, so gibt es weithin akzeptierte Obergrenzen für die Auslandsverschuldung eines Landes. Selbstverständlich sind diese Obergrenzen keine mathematischen Konstanten, jedoch gibt es in der internationalen Finanzierungspraxis eindeutige Anhaltspunkte dafür, wo sie in etwa liegen und wann ein Land als überschuldet angesehen werden muß. Wir können deshalb *in praxi* davon ausgehen, daß die Auslandsverschuldung eines Landes eine obere Grenze hat, die wir mit $\bar{A}_t$ bezeichnen. Die wichtigste internationale Institution, die Standards für solche Obergrenzen setzt, ist der *Internationale Währungsfonds (IWF)*. Der erste und einfachste Weg, Gleichung (16) in eine operationale Form zu überführen, besteht also darin, die unterstellte Verschuldungsobergrenze $\bar{A}_t$ aus einem durch den IWF gesetztem Maximalwert für die *Schuldendienstquote (debt service ratio)* herzuleiten. Unter gewissen Zusatzhypothesen läßt sich dann der Quotient A_t/X_t – der in der gegebenen Modellsituation die Relation von vertraglichem zu maximal möglichem Schuldendienst anzeigt – als linear homogene Funktion der Schuldendienstquote (δ_t) schreiben:

$$\frac{A_t}{X_t} = k\delta_t, \qquad k > 0.$$

Dieser Ausdruck kann direkt in den Gleichungen (15) bzw. (16) substitutiert werden. Zur empirischen Implementierung sind dann nur noch der konstante Parameter k und die Volatilität σ der Zahlungsfähigkeit zu schätzen. Sind Schätzwerte für diese vorhanden, so können die Gleichungen für Prognosen zukünftiger Spreads, bzw. für die Kontrolle der aktuellen Spread-Entwicklung an Finanzmärkten eingesetzt werden.

Der allgemeine Ansatz, der sich hinter diesem Vorgehen verbirgt, besteht darin, den maximal möglichen Schuldendienst X_t, bzw. den Quotienten X_t/A_t als *latente Variable* aufzufassen, für die beobachtbare Variablen als *proxies* verwendet werden. Beispielsweise kann man wieder einen allgemeinen log-linearen Ansatz machen,

$$\ln\left(\frac{X_t}{A_t}\right) = \beta v_t,$$

und damit in (15) oder (16) den Quotienten X_t/A_t eliminieren. Durch Kombination von (5) und (15) ergibt sich die Spread-Gleichung

$$\begin{aligned} s_t &= -\ln[1 - q_t] \\ &= -\ln\left[1 - N\left(\frac{-\beta v_t - r + \sigma^2/2}{\sigma}\right) + e^{\beta v_t + r} N\left(\frac{-\beta v_t - r - \sigma^2/2}{\sigma}\right)\right], \end{aligned}$$

die vermittels geeigneter nicht-linearer Regressionsmethoden geschützt werden könnte. Hat man einmal den Koeffizientenvektor β und die Volatilität σ aus Vergangenheitsdaten geschätzt, so kann man wieder diese Schätzwerte extrapolieren und für Prognosen zukünftiger Spreads verwenden.

Schließlich können in diesem Zusammenhang auch *Tobit*-Verfahren in Betracht gezogen werden, denn der in Abb. 2 abgetragene Auszahlungsverlauf auf den Länderkredit erinnert an die Situation, die generell bei Tobit-Modellen unterstellt wird. Die Variable X_t ist im Insolvenzbereich $X_t < D_t$ beobachtbar, im Solvenzbereich $X_t \geq D_t$ dagegen nicht. Es könnte nun der mögliche Schuldendienst durch Tobitverfahren als Funktion eines Vektors beobachtbarer, exogener Variablen geschätzt werden, und die geschätzte Funktion könnte in (15) bzw. (16) für Spreadberechnungen verwendet werden[14].

6 Zusammenfassung und Schlußfolgerungen

Das entscheidende Resultat der Options-gestützten Bewertung von Länderrisiken läßt sich in der Aussage zusammenfassen, daß der Spread den Preis einer Option reflektiert, die ihrem Inhaber das Recht verleiht, den zugrundeliegenden Länderkredit bei Fälligkeit zum Nennwert zu verkaufen. Dieser Gedanke läßt sich durch eine recht einfacht Idee motivieren. Jeder Kreditgeber stellt sich die Frage, wieviel ihm die Option wert wäre, sich von seiner Forderung bei Fälligkeit zum Nennwert trennen zu können. Da er diese Option aber *nicht* besitzt, muß er den ihm dadurch entgangenen Wert –

[14] Vgl. dazu die Arbeit von Lloyd-Ellis, McKenzie und Thomas (1990).

d.h. die Opportunitätskosten – in Form eines Aufschlages auf den Zins, den er fordert, berücksichtigen.

Die Bewertung von Länderkrediten mittels Optionspreismethoden wirft einige methodische Probeme auf, die wir oben im Verlauf unserer Darstellung nur kursorisch angesprochen haben, da ihre umfassende Diskussion den Rahmen dieses Beitrages sprengen würde. Es sei dazu aber folgendes gesagt. Das Prinzip der Arbitragefreiheit, das im Rahmen dieser Methoden zugrundegelegt wird, beruht auf der Annahme vollständiger Märkte, wodurch die zu bewertenden Optionen zu derivativen Aktiva werden[15]. Es ist fraglich, ob die Annahme vollständiger Märkte gerade in diesem Bereich erfüllt ist. Der entscheidende Aspekt dabei ist die Tatsache, daß der stochastische Prozess X_t, der die Evolution der Zahlungsfähigkeit des Landes widerspiegelt, nicht den Preis eines handelbaren Aktivums repräsentiert. In dieser Hinsicht unterscheidet sich die Options-gestützte Bewertung von Länderrisiken völlig von der Bewertung von Aktienoptionen. Allerdings dürfen zwei Dinge in diesem Zusammenhang nicht übersehen werden. Zum ersten ist zwar die Zahlungsfähigkeit eines Landes nicht handelbar, aber eine oder mehrere *proxy*-Variablen können sehr wohl durch die Preise handelbarer Aktiva gegeben sein. Denken wir beispielsweise an ein Entwicklungsland, dessen Exporte zu 90 Prozent durch Kaffee dominiert werden; in diesem Fall sollte es möglich sein, aus Kaffee-Futures und ähnlichen Finanzinstrumenten Hedge-Positionen aufzubauen, über die eine Options-gestützte Bewertung des Länderrisikos möglich ist. Der zweite Gegeneinwand besteht in dem Hinweis, daß die Annahme der Marktvollständigkeit für die Anwendung der hier skizzierten Methoden nicht notwendig ist. Man kann sie durch die Annahme der ***Risikoneutralität*** ersetzen, und damit zu Bewertungsformeln kommen, die den hier entwickelten weitgehend äquivalent sind.

Abschließend sei noch etwas über die Richtung weiterführender Forschung gesagt. Als eine der wichtigsten Aufgaben stellt sich die Integration des skizzierten Optionsansatzes in ein gängiges makroökonomisches Modell, mit dem Ziel, genauere Vorstellungen über die makroökonomischen Determinanten des Länderrisikos und damit auch Anregungen für die empirische Arbeit zu erhalten. Als zweite, ebenfalls theoretische Aufgabe stellt sich die realitätsnähere Ausgestaltung von Zahlungsströmen unter Insolvenz, wie sie bspw. in einem Teilbereich von Bartolini und Dixit (1990) schon begonnen wurde. Als drittes und letztes verbleibt schließlich die empirische Im-

[15] Vgl. dazu Müller (1985).

plementierung des Modells gemäß den Ansätzen, die im letzten Abschnitt diskutiert wurden.

Anhang

Um mit Hilfe von (13) und (14) den Optionspreis zu bestimmen, verfahren wir wie folgt. Zuerst bringen wir (14) in eine Form, die für die Erwartungswertbildung besser geeignet ist. Die Auszahlungsfunktion

$$\max\left\{1-\frac{\hat{X}_{t+1}}{A_t},0\right\}$$

läßt sich in zwei Teilbereiche zerlegen. Im Insolvenzbereich $\hat{X}_{t+1} < A_t$ hat sie den Wert

$$1-\frac{\hat{X}_{t+1}}{A_t},$$

während sie im Solvenzbereich $\hat{X}_{t+1} \geq A_t$ den Wert 0 hat. Wir können dann eine allgemeine Eigenschaft bedingter Erwartungswerte ausnützen, um (14) wie folgt zu schreiben:

$$\begin{aligned} q_t &= \psi_t E_t\left[1-\frac{\hat{X}_{t+1}}{A_t}\middle|\hat{X}_{t+1} < A_t\right] \\ &= \psi_t - \psi_t E_t\left[\frac{\hat{X}_{t+1}}{A_t}\middle|\hat{X}_{t+1} < A_t\right], \end{aligned}$$

wobei

$$\psi_t = \text{prob}\left\{\hat{X}_{t+1} < A_t\right\}$$

die auf den Informationsstand t bedingte Wahrscheinlichkeit der Insolvenz bezeichnet. Den Zustand der Insolvenz kann man auch durch die Ungleichung

$$\frac{\hat{X}_{t+1}}{X_t} < \frac{A_t}{X_t}$$

beschreiben. Da außerdem A_t und X_t zum Zeitpunkt t bekannt sind, erhalten wir schließlich folgende Gleichung für den relativen Optionspreis:

$$q_t = \psi_t - \psi_t \frac{X_t}{A_t} E_t \left[\frac{\hat{X}_{t+1}}{X_t} \middle| \frac{\hat{X}_{t+1}}{X_t} < \frac{A_t}{X_t} \right] \tag{19}$$

Das stochastische Differential (13) impliziert folgende Trajektorie für $\hat{X}_t$:

$$\hat{X}_\tau = X_t \exp\left\{ \left(r - \frac{\sigma^2}{2} \right) (\tau - t) + \sigma(w_\tau - w_t) \right\}, \qquad \tau \geq t.$$

Wir setzen nun $\tau = t + 1$ und erhalten

$$\frac{\hat{X}_{t+1}}{X_t} = \exp\left\{ r - \frac{\sigma^2}{2} + \sigma(w_{t+1} - w_t) \right\}.$$

Die Differenz $w_{t+1} - w_t$ ist normalverteilt mit Erwartungswert 0 und Varianz 1. Der Quotient $\hat{X}_{t+1}/X_t$ ist dann lognormal-verteilt mit den Parametern $\nu = r - \sigma^2/2$ und σ. Wir bezeichnen die entsprechende lognormale Verteilungsfunktion mit $\Lambda(\,\cdot\,; \nu, \sigma)$.

Die Insolvenzwahrscheinlichkeit und die erwartete Auszahlung unter Insolvenz lassen sich nun wie folgt schreiben:

$$\begin{aligned} \psi_t &= \text{prob}\left\{ \frac{\hat{X}_{t+1}}{X_t} < \frac{A_t}{X_t} \right\} \\ &= \Lambda\left(A_t/X_t; \nu, \sigma\right) \\ &= N\left(\frac{\ln(A_t/X_t) - r + \sigma^2/2}{\sigma} \right) \end{aligned} \tag{20}$$

$$\begin{aligned} E_t\left[\frac{\hat{X}_{t+1}}{X_t} \middle| \frac{\hat{X}_{t+1}}{X_t} < \frac{A_t}{X_t} \right] &= \frac{\int_0^{A_t/X_t} \hat{X}_{t+1}/X_t \, d\Lambda}{\Lambda(A_t/X_t)} \\ &= e^r \frac{N\left(\frac{\ln(A_t/X_t) - r - \sigma^2/2}{\sigma}\right)}{N\left(\frac{\ln(A_t/X_t) - r + \sigma^2/2}{\sigma}\right)} \end{aligned} \tag{21}$$

Durch Kombination von (19), (20) und (21) erhalten wir schließlich die Formel für den Optionswert, die in Gleichung (15) im Text angegeben ist.

Literaturangaben

1. Avramovic, D., 1964, *Economic Growth and External Debt*, Baltimore: Johns Hopkins Press.

2. Bartolini, L., und A. Dixit, 1990, *Market Valuation of Illiquid Debt and Implications for Conflicts Among Creditors*, IMF Working Paper WP/90/88.

3. Black, F. und M. Scholes, 1973, „The Pricing of Options and Corporate Liabilities", *Journal of Political Economy* 81, 637-654.

4. Bulow, J., und K. Rogoff, 1989, „A Constant Recontracting Model of Sovereign Debt", *Journal of Political Economy* 97(1), 155-178.

5. Claessens, S., und S. van Wijnbergen, 1990, *Secondary Market Prices Under Alternative Debt Reduction Strategies: An Option Pricing Approach with an Application to Mexiko*, CEPR Discussion Paper No. 415, London, UK.

6. Clarke, N., 1990, *A Guide to Eurobonds*, London: Economist Publications, Special Report No. 1206.

7. Cohen, D., 1990, *A Valuation Formula for LDC Debt With Some Applications for Debt Relief*, CEPR Discussion Paper No. 460, London, UK.

8. Cox, J.C., und M. Rubinstein, 1985, *Options Markets*, Prentice-Hall: Englewood Cliffs, NJ.

9. Duffie, D., 1988, *Security Markets*, Academic Press: Boston.

10. Eaton, J., und M. Gersovitz, 1981, „Debt with Potential Repudiation: Theoretical and Empirical Analysis", *Review of Economic Studies* 48, 289-309.

11. Eaton, J., M. Gersovitz und J.E. Stiglitz, 1986, „The Pure Theory of Country Risk", *European Economic Review* 30, 481-513.

12. Edwards, S., 1984, „LDC Borrowing and Default Risk: An Empirical Investigation", *American Economic Review* 74, 726-734.

13. Feder, G., und R. Just, 1977, „A Study of Debt-Servicing Capacity Applying Logit Analysis", *Journal of Development Economics* 4, 25-38.

14. Frank, C.R. Jr., und W.R. Cline, 1971, „Measurement of Debt Servicing Capacity: An Application of Discriminant Analysis", *Journal of International Economics*, 327-344.

15. Heffernan, S.A., 1988, *Sovereign Risk Analysis*, London: Unwin Hyman.

16. Hellwig, M., 1986, „Comments: The Pure Theory of Country Risk", *European Economic Review* 30, 521-527.

17. Kharas, H., 1984, „The Long-Run Creditworthiness of Developing Countries: Theory and Practice", *Quarterly Journal of Economics* 99, 415-439.

18. Köglmayr, 1986, „Erfassung und Handhabung von Länderrisiken", WiSt, Heft 4, 211-214.

19. Lloyd-Ellis, H., G.W. McKenzie, und S.H. Thomas, 1990, „Predicting the Quantity of LDC Debt Rescheduling", *Economics Letters* 32, 67-73.

20. Maddala, G.S., 1983, *Limited-dependent and Qualitative Variables in Econometrics*, Cambridge: Cambridge University Press.

21. McDonald, D.C., 1981, „Debt Capacity and Developing Country Borrowing: A Survey of the Literature", *IMF Staff Papers* 29, 603-646.

22. Merton, R., 1973, „Theory of Rational Option Pricing", *Bell Journal of Economics and Management Science* 4, 141-183.

23. Müller, S., 1985, *Arbitrage Pricing of Contingent Claims*, Springer Verlag, Heidelberg, Berlin, New York, Tokyo.

24. Rieffel, A., 1985, *The Role of the Paris Club in Managing Debt Problems*, Essays in International Finance No. 161, Princeton University, Princeton, New Jersey.

25. Rubinstein, M., „Derivative Assets Analysis", *Economic Perspectives*, Vol. 1, No. 2, Fall 1987, p. 73-93.

Monetäre Wechselkurstheorie und *error correction* Modelle

Wolfgang Kohn
Institut für Statistik & Ökonomtrie
Christian-Albrechts-Universtität Kiel
Olshausenstr.40; W-2300 Kiel 1; Germany

Zusammenfassung

Es wird ein monetäres Wechselkursmodell um die Annahme der Währungssubstitution erweitert. Unter dieser Annahme wird gezeigt, daß das Modellgleichgewicht instabil wird. Anschließend wird ein *error correction* Modell diskutiert, das dem Wechselkursmodell entspricht. Es zeigt sich, daß dem reduzierten Rang der Zustandsmatrix im *error correction* Modell eine ökonomische Interpretation gegeben werden kann. Abschließend wird das *error correction* Modell des monetären Wechselkursmodells mit verschiedenen Verfahren geschätzt.

1 Einleitung

Die Wechselkursentwicklung, speziell für ein Land wie Deutschland, ist eine wichtige ökonomische Varaible um internationale Wirtschaftsbeziehungen erklären zu können. Der Blick ist auf den DM/US$ Wechselkurs gerichtet. Die Entwicklung dieses Kurses ist nicht nur für Deutschland, sondern für die europäischen Länder ebenfalls wichtig, da Rohöl in US$ fakturiert wird und die DM im EWS eine Leitwährung ist. Das Ziel der Arbeit ist ein erweitertes Wechselkursmodell in ein *error correction* Modell zu überführen und dieses zu schätzen. Es soll der Wechselkurs in Abhängigkeit der volkswirtschaftlichen Größen beschrieben werden. Abbildung 1 zeigt den Verlauf des DM/US$ Wechselkurses, der 1-ten Differenz, die Kaufkraftparität und den realen Wechselkurs. Der Wechselkurs weicht Anfang der 80-iger Jahre stark vom Trend der Kaufkraftparität ab. Diese Abweichung von der Kaufkraftparität ist letztlich das empirische Problem, welches erklärt werden soll. Der Verlauf des Wechselkurses und der Kaufkraftparität sind durch Tests als nichtstationäre Zeitreihen ausgewiesen (vgl. Corbae & Ouliaris[4]; Enders[8]; Kohn[20]; Mecagni & Pauly[24]; Ouliaris, Park & Phillips[25]).

Es wird nach einer theoretischen Erklärungshypothese gesucht, die den obigen Wechselkursverlauf erklären kann. Die Aufnahme der Währungssubstitution in das monetäre Modell führt zu einem instabilen Gleichgewicht, d.h. es tritt keine oder nur eine sehr langsame Anpassung der endogenen Variablen an einen Gleichgewichtswert ein (vgl. Kapitel 2). Die Annahme der Währungssubstitution bedeutet, daß Wirtschaftssubjekte eine Präferenz für ausländische Zahlungsmittel haben. Es zeigt sich als Ergebnis in Kapitel 2, daß unter perfekter Währungssubstitution eine Gleichung des Modells eine Linearkombination der anderen ist. Unter der Annahme nichtstationärer Zeitreihen kann nur ein lokales Gleichgewicht existieren, wenn überhaupt eines existiert. Dieses wird dann mit dem Cointegrationsvektor beschrieben (vgl. Kapitel 3). In Kapitel 4 werden die empirischen Ergebnisse der Cointegrationsanalyse beschrieben.

Wirtschaftswissenschaftliche Beiträge, Band 60
Ökonometrie und Monetärer Sektor

Abbildung 1:

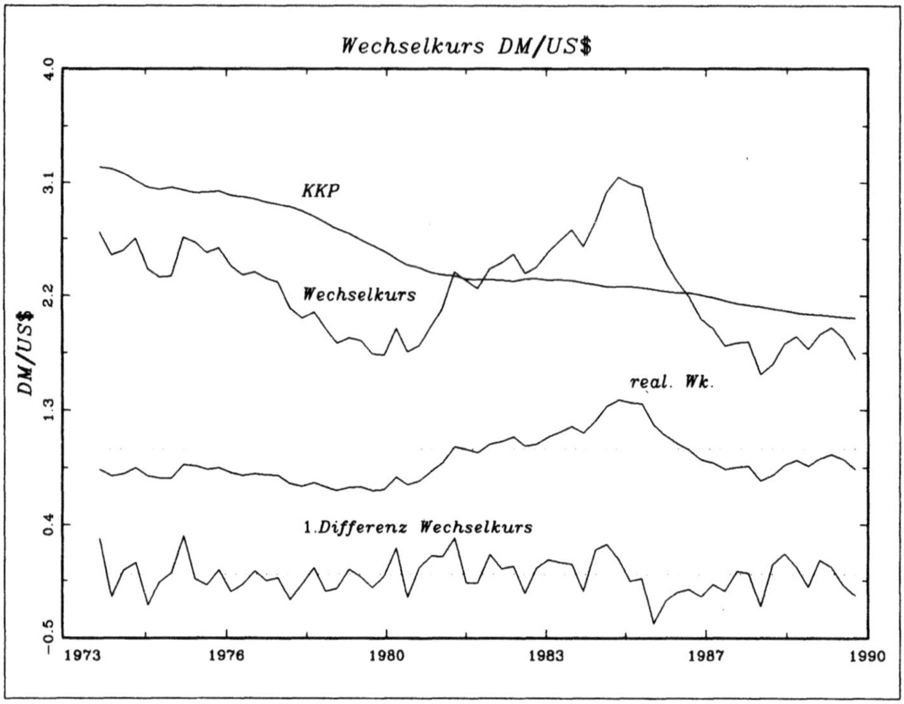

2 Monetäre Wechselkurstheorie

2.1 Monetäres Wechselkursmodell

Das monetäre Modell ist eine Weiterentwicklung der monetaristischen Theorie. Sie berücksichtigt wieder keynesianische Elemente. Das Dornbusch Modell[7] ist von den folgenden Annahmen geprägt:

- Die Volkswirtschaft ist ein kleines Land relativ zu den Weltfinanz- und Weltgütermärkten. Damit verhält sich das Land als Mengenanpasser. Der Preis für Importe und der Zins für ausländische Finanzaktiva sind gegeben.
- In- und ausländische Wertpapiere sind perfekte Substitute. Zusammen mit der Annahme der perfekten Kapitalmobilität wird sichergestellt, daß die ungedeckte Zinsparität zwischen in- und ausländischen Wertpapieren gilt. Der vorgegebene ausländische Zins und die perfekte Substitutionsannahme erlauben es, ausländisches Geld sowie in- und ausländische Wertpapiere zu einem ausländischen Finanzaktivum zusammenzufassen. Da sich das Vermögen nur noch aus dem ausländischen Aktivum und Geld zusammensetzt, ist eine der beiden Gleichgewichtsbedingungen von Geld- oder Finanzmarkt redundant. Hier wird der Geldmarkt betrachtet. Außerdem wird angenommen, daß das Vermögen keinen Einfluß auf die Geldnachfrage hat und der Wechselkurs nicht von Vermögenswertänderungen beeinflußt wird.
- Inländische Güter und Importe sind imperfekte Substitute.
- Es erfolgt eine verzögerte Preisanpassung auf dem Gütermarkt gegenüber dem Finanzmarkt. Damit werden die Preise und die Produktion kurzfristig fixiert.

- Die inländische Geldmenge wird nur von Inländern gehalten. Damit ist das Geldangebot exogen kontrollierbar.
- Die Wirtschaftssubjekte haben eine perfekte Voraussicht.
- Der Realzins ist konstant.

Das Modell von Frenkel & Rodriguez[11] ist eine Erweiterung des Dornbusch Modells. Die von den Autoren vorgenommene Erweiterung besteht darin, daß eine endliche Kapitalmobilität unterstellt wird und explizit Zahlungsbilanzaspekte berücksichtigt werden. Internationale Kapitalbewegungen werden als Stromgrößen definiert. Im übrigen werden die Annahmen des Dornbusch Modells übernommen.

Der inländische Zins wird durch das Geldmarktgleichgewicht bestimmt. Es wird eine herkömmliche Geldnachfragefunktion in logarithmierter Form angenommen[1].

$$m_1 - p_1 = \phi \bar{y}_1 - \lambda i_1 \tag{1}$$

Die Güternachfrage (d_1) setzt sich aus der inländischen Absorption (a_1) und dem Überschuß von Exporten über Importen (ts) zusammen. Die Absorption ist bei Frenkel & Rodriguez nur vom Realeinkommen abhängig. Hier wird zusätzlich eine Zinsabhängigkeit angenommen. Der Außenbeitrag wird vom relativen Preis der inländischen zu den ausländischen Gütern beeinflußt.

$$d_1 = a_1[\bar{y}_1, i_1, g_1] + ts[s] \tag{2}$$

$$a_1 = \gamma \bar{y}_1 - \xi i_1 + \nu g_1$$

Das Gütermarktgleichgewicht ist erreicht, wenn $d_1 = \bar{y}_1$ ist. Der langfristige reale Wechselkurs ist $\bar{s}$. Um Bestandsveränderungen von ausländischen Wertpapieren zu vermeiden, wird langfristig $ts[\bar{s}] = 0$ gesetzt. Die Variable g_1 enthält die Staatsausgaben. Eigentlich müßte an die Stelle des Nominalzinses (i_1) der inländische Realzins treten, der für die Investitionsnachfrage der Unternehmen relevant ist. Da aber angenommen wird, daß der Realzins in diesem Modell konstant ist, unterscheiden sich beide Zinssätze um die Inflationsrate ($\dot{p}_1$). Im Gleichgewicht ist diese aber Null, so daß sich Nominal- und Realzins gleichen. Kurzfristig unterliegen die Wirtschaftssubjekte einer Geldillusion, da der Nominalzins die Güternachfrage negativ beeinflußt. Der Außenbeitrag bestimmt sich in der Arbeit von Frenkel & Rodriguez als:

$$ts = \delta(s - \bar{s}); \quad s \geq 0, \tag{3}$$

$$ts = \delta(e + p_2 - p_1 - \bar{s}).$$

Der Außenbeitrag ist proportional zur Differenz zwischen lang- und kurzfristigem realen Wechselkurs. Da langfristig die Kaufkraftparität gilt, kann dieser Zusammenhang als eine Abweichung des jetzigen realen Wechselkurses von eins interpretiert werden. Die Preisänderung ist proportional zur Überschußnachfrage.

$$\dot{p}_1 = \pi(d_1 - \bar{y}_1) \tag{4}$$

Über das Gütermarktgleichgewicht bestimmt sich das gleichgewichtige Preisniveau. Aus den Gleichungen (2), (3) und (4) ergibt sich Gleichung (5).

[1] Variablen mit einem Balken als Superscript kennzeichnen stationäre Gleichgewichtsgrößen.

$$\dot{p}_1 = \pi((\gamma-1)\bar{y}_1 - \xi i_1 + \nu g_1 + \delta(e + p_2 - p_1 - \bar{s})) \tag{5}$$

Anstelle der Zinsparität werden hier die Kapitalbewegungen gesetzt. Die Kapitalbewegungen sollen proportional zu $(i_1 - i_2 - \dot{e}^E)$ sein. Die Aussage dieser Beziehung ist, daß bei einem höheren ausländischen Zins Kapital in das Ausland abwandert, ebenso wie bei einer Abwertungserwartung der inländischen Währung:

$$c = \eta(i_1 - i_2 - \dot{e}^E); \quad \eta \geq 0. \tag{6}$$

Bei einem positiven c liegt Kapitalimport vor, bei einem negativen c Kapitalexport. Der Parameter η gibt den Grad der Kapitalmobilität an[2]. Zahlungsbilanzgleichgewicht ist erreicht, wenn c und ts gleich Null sind. Der langfristige Wechselkurs wird aus dem Geldmarktgleichgewicht bestimmt:

$$\dot{p}_1 = 0; \quad \bar{e} = m_1 - p_2 + \left(\frac{1-\gamma}{\delta} - \phi\right)\bar{y}_1 + \left(\frac{\xi}{\delta} + \lambda\right) i_2 - \frac{\nu}{\delta} g_1. \tag{7}$$

Aus der Zahlungsbilanzidentität $ts + c = 0$ und der Differenz aus kurzfristigem und langfristigem Geldmarktgleichgewicht errechnet sich die Bewegungsgleichung für den Wechselkurs.

$$\begin{aligned} 0 &= \delta(e + p_2 - p_1 - \bar{s}) + \eta(i_1 - i_2 - \dot{e}) \\ i_1 - i_2 &= \dot{e} - \frac{\delta}{\eta}(e + p_2 - p_1 - \bar{s}) \end{aligned} \tag{8}$$

Unter der Annahme der perfekten Voraussicht werden die langfristig gleichgewichtigen Werte der endogenen Variablen e, p_1, i_1 bestimmt. Die Voraussetzung für ein stationäres Gleichgewicht ist $\dot{e}^E = \dot{e} = \dot{p}_1 = 0$. Aus dieser Annahme ergibt sich $i_1 = i_2$. Wird die Gleichung (8) eingesetzt in die Gleichung die die Differenz zwischen kurz- und langfristigen Geldmarktgleichgewicht beschreibt($\lambda(i_1 - i_2) = (p_1 - \bar{p}_1)$), ergibt sich die Bewegungsgleichung, wenn zusätzlich die Beziehung $s = e + p_2 - p_1$ und $\bar{s} = \bar{e} + p_2 - \bar{p}_1$ ausgenutzt wird:

$$\dot{e} = \frac{\delta}{\eta}(e - \bar{e}) + \left(\frac{1}{\lambda} - \frac{\delta}{\eta}\right)(p_1 - \bar{p}_1). \tag{9}$$

Die Bewegungsgleichung für den Preis errechnet sich aus den Gleichungen (2), (4) und der Gütermarktgleichgewichtsbedingung $(\gamma - 1)\bar{y}_1 - \xi i_2 + \delta(\bar{e} + p_2 - \bar{p}_1 - \bar{s}) + \nu g_1 = 0$:

$$\dot{p} = \pi\delta(e - \bar{e}) - \pi\left(\delta + \frac{\xi}{\lambda}\right)(p_1 - \bar{p}_1). \tag{10}$$

Das Differentialgleichungssystem in Matrixform ist dann:

$$\begin{bmatrix} \dot{e} \\ \dot{p} \end{bmatrix} = \begin{bmatrix} \frac{\delta}{\eta} & \frac{1}{\lambda} - \frac{\delta}{\eta} \\ \pi\delta & -\pi\left(\delta + \frac{\xi}{\lambda}\right) \end{bmatrix} \begin{bmatrix} e - \bar{e} \\ p_1 - \bar{p}_1 \end{bmatrix}. \tag{11}$$

Der kurzfristig gleichgewichtige Wechselkurs ergibt sich aus der Lösung der Differentialgleichung für den Wechselkurs. Der Lösungsansatz für Differentialgleichungen mit konstanten Koeffizienten und realen Eigenwerten lautet für die erste Differenztialgleichung:

[2] $\eta = 0$: Kapitalimmobilität; $\eta \to \infty$: perfekte Kapitalmobilität. Die Gleichung (6) gilt nur für eine endliche Kapitalmobilität, für $\eta \to \infty$ wird diese Gleichung durch die Zinsparität ersetzt. $\lim_{\eta\to\infty} \frac{1}{\eta} c_1 = 0 \Rightarrow i_1 - i_2 = \dot{e}^E$

$$e - \bar{e} = A_1 \exp[s_1 t] + B_1 \exp[s_2 t].$$

Da $s_2 > 0$ ist, konvergiert e nicht gegen einen neuen Gleichgewichtswert, wenn nicht $B_1 = 0$ ist. Die Parameter A_1 und B_1 sind die Anfangsbedingungen für die Differentialgleichung. Somit ist die stabile Lösung:

$$\dot{e} = s_1 A_1 \exp[s_1 t].$$

Für $\eta \rightarrow \infty$ sind die Gleichungen identisch mit denen aus dem Dornbusch Modell:

$$e = \bar{e} + \epsilon(p_1 - \bar{p}_1); \quad \epsilon = \frac{\delta - \frac{\eta}{\lambda}}{\delta - \eta s_1} \gtrless 0. \tag{12}$$

Die Lösung für die Preisgleichung ist:

$$p_1 = \bar{p}_1 + \frac{\delta\pi}{s_1 + \pi\left(\delta + \frac{\xi}{\lambda}\right)}(e - \bar{e}). \tag{13}$$

Der negative Eigenwert, der die stabile Lösung sicherstellt, wird aus der charakterischen Gleichung der Matrix bestimmt.

$$\det \begin{bmatrix} \left(\frac{\delta}{\eta} - s_{1,2}\right) & \frac{1}{\lambda} - \frac{\delta}{\eta} \\ \pi\delta & -\left(\pi\left(\delta + \frac{\xi}{\lambda}\right) + s_{1,2}\right) \end{bmatrix} = 0$$

$$s_{1,2}^2 + \left(\pi\left(\delta + \frac{\xi}{\lambda}\right) - \frac{\delta}{\eta}\right) s_{1,2} - \frac{\pi\delta}{\eta\lambda}(\xi + \eta) = 0$$

$$s_{1,2} = \frac{-\left(\pi\left(\delta + \frac{\xi}{\lambda}\right) - \frac{\delta}{\eta}\right) \pm \sqrt{\left(\pi\left(\delta + \frac{\xi}{\lambda}\right) - \frac{\delta}{\eta}\right)^2 + 4\left(\frac{\pi\delta}{\eta\lambda}(\xi + \eta)\right)}}{2}; \quad s_1 < 0, s_2 > 0$$

Der Eigenwert s_1 gibt die Rate an, mit der die Volkswirtschaft gegen ihr langfristiges Gleichgewicht konvergiert. Ein Vergleich mit dem monetaristischen Modell zeigt, daß hier nur eine lokale Stabilität (Sattelpfadstabilität) vorliegt, während im monetaristischen und keynesianischen Modell eine globale Statbilität vorliegt ($s_1 = -\lambda$). Das Vorzeichen von ϵ (Gleichung (12)) hängt vom Grad der Kapitalmarktintegration ab, welche durch die Kapitalmobilität η charakterisiert ist. Wenn $\eta \rightarrow 0$ gilt, ist $\delta > \frac{\eta}{\lambda}$ und $\epsilon > 0$. In diesem Fall bewegen sich Wechselkurs und Preisniveau bei gegebenen $\bar{e}$ und $\bar{p}_1$ in die gleiche Richtung.

In Abbildung (2) wird das Modell graphisch dargestellt. Die Gearde Q'Q' gibt den Fall hoher Kapitalmobilität mit einem Überschießen des Wechselkurses wieder; die Gerade Q"Q" gibt das Modell mit geringer Kapitalmobilität wieder und einem Unterschießen des Wechselkurses. Die Gerade $\dot{p} = 0$ zeigt die Kombinationen an, bei denen das Preisniveau zu keiner Überschußnachfrage nach heimischen Gütern führt. Entlang dieser Geraden ist der Außenhandel im Gleichgewicht, also $ts = 0$. Da der Gütermarkt hier vom Zins abhängig ist, hat die Gerade $\dot{p} = 0$ ($ts = 0$) eine geringere Steigung als 45°. Der Zinseffekt vom Geldmarkt beeinflußt die Güternachfrage negativ und das Preisniveau muß weniger steigen, um ein Gleichgewicht herbeizuführen[3]. Alle Punkte rechts der Geraden $\dot{p} = 0$ bedeuten eine Überschußnachfrage und damit einen Handelsbilanzüberschuß. Entlang der Geraden $c = 0$ sind die Kapitalströme gleich

[3] $\frac{dp}{de}_{|\dot{p}=0} = \frac{\delta\lambda}{\delta\lambda + \xi} < 1$

Abbildung 2:

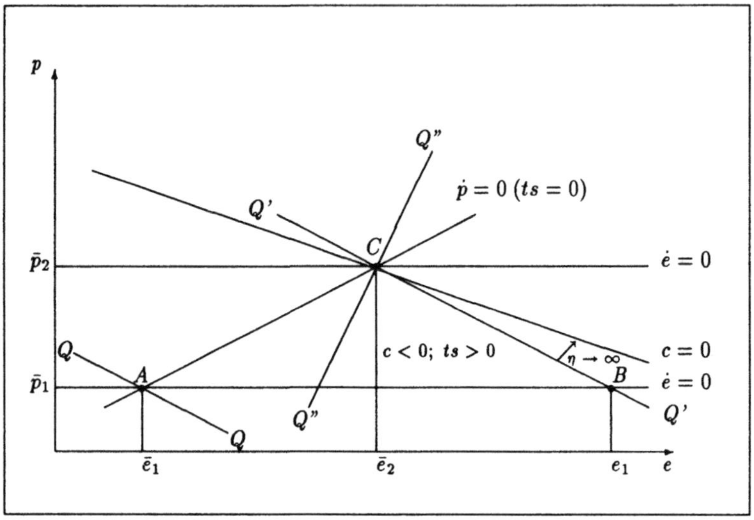

Null. Damit die Zahlungsbilanzidentität gilt, müssen alle Punkte links der Geraden mit einem Kapitalbilanzdefizit verbunden sein. Die Gerade $c = 0$ hat eine negative Steigung von $\frac{dp}{de}_{|c=0} = \frac{1}{\epsilon} - \frac{\lambda\delta}{\eta\epsilon} + \frac{\delta\lambda}{\eta}$[4]. Die QQ–Gerade ist positiv oder negativ geneigt, je nachdem, ob η kleiner oder größer als $\lambda\delta$ ist (siehe Gleichung (12)). Ist die Kapitalmobilität hoch, so hat sie einen negativen Verlauf. In den Punkten A und C ist ein langfristiges Gleichgewicht erreicht, bei der die Abwertungserwartung der Währung Null ist und der in– und ausländische Zins identisch sind, so daß keine Kapitalbewegungen existieren. Der Gütermarkt ist geräumt, der Außenhandel ausgeglichen.

In diesem Modell spielen die Handels– und die Kapitalbilanz eine gleichwertige Rolle; deswegen wird der Wechselkurs nicht allein auf dem Wertpapier– oder Gütermarkt bestimmt. Im Gegensatz zu diesem Modell wird bei Dornbusch der Wechselkurs kurzfristig allein auf dem Finanzmarkt über die Zinsparität bestimmt.

Bei hoher Kapitalmobilität entsteht durch die Zinsreduktion ein großes Kapitalbilanzdefizit. Damit dieses ausgeglichen werden kann, muß der Wechselkurs seinen langfristigen Gleichgewichtswert überschießen, um über den Handelsbilanzüberschuß eine Zahlungsbilanzidentität herbeizuführen. Längerfristig wird eine Aufwertung der Währung erwartet, da das steigende Preisniveau den Handelsbilanzüberschuß durch einen sinkenden realen Wechselkurs abbaut. Gleichzeitig wird das Kapitalbilanzdefizit mittels eines steigenden Zinses vermindert, welcher aus der Verringerung der realen Geldmenge herrührt (Bewegung von B nach C in Abbildung (2)).

Bei geringerer Kapitalmobilität stellt sich eine geringe Verschlechterung der Kapitalbilanz ein, so daß der Handelsbilanzüberschuß, der zu der Zahlungsbilanzidentität führt, schon bei einem geringen Anstieg des Wechselkurses erreicht wird. Das führt zum Unterschießen des Wechselkurses. Das langfristig steigende Preisniveau erzeugt einen stärkeren Rückgang des Handelsbilanzüberschusses, da es die Kapitalbilanz durch die Zinssteigerung verbessert. Damit muß eine Abwertung des Wechselkurses wieder den Saldo der Handelsbilanz verbessern, um so zu der Zahlungsbilanzidentität zu gelangen (Bewegung von B nach C

[4] Aus: $\dot{e} = \left(\frac{1}{\lambda} - \frac{\delta}{\eta}\right)\frac{1}{\epsilon}(e - \bar{e}) + \frac{\delta}{\eta}(e - \bar{e})$; $c = \eta\left(\frac{1}{\lambda}(p_1 - \bar{p}_1) - \left(\frac{1}{\lambda\epsilon} - \frac{\delta}{\eta\epsilon} + \frac{\delta}{\eta}\right)(e - \bar{e})\right) = 0$. Für $\eta \to \infty$ ist $\frac{dp}{de} = s_1\lambda$.

in Schaubild (2)). Der Wechselkurs und das Preisniveau bewegen sich in die gleiche Richtung.

2.2 Monetäres Wechselkursmodell mit Währungssubstitution

Das monetäre Modell mit Währungssubstitution ist in seiner Struktur mit dem Dornbusch Modell identisch. Es werden die meisten Annahmen dieses Modells übernommen. Das Vermögen setzt sich weiterhin aus dem Geld und den Wertpapieren beider Länder zusammen. Das ausländische Geld wird mit den Wertpapieren beider Länder aggregiert, da die Wertpapiere als vollständige Substitute angesehen werden. Es wird aber angenommen, daß die Wirtschaftssubjekte das ausländische Geld zum Teil als Substitut für das inländische ansehen. Ausländisches Geld und ausländische Wertpapiere werden zusammengefaßt, weil nicht zu klären ist, ob die Wirtschaftssubjekte aus spekulativen oder transaktiven Gründen ausländische Aktiva nachfragen. Aber Währungssubstitution, d.h. die Geldnachfrage nach ausländischer Währung zu Transaktionszwecken, ist unter dieser Vermögensstruktur eingeschlossen. Bisher war in den monetären Modellen das Geld zweier Länder als nicht substitutiv angenommen worden. Dies widerspricht der Logik der Annahmen. Die Annahme findet Eingang in der Geldnachfragefunktion über die Berücksichtigung der Wechselkursänderungserwartung als Opportunitätskostenargument. Der ausländische Zins (i_2) wird nicht berücksichtigt, da weiterhin mit der Annahme des kleinen Landes gearbeitet wird. Das Modell in Gleichungsform lautet:

$$\dot{e}^E = i_1 - i_2 \tag{14}$$

$$\dot{e}^E = \dot{e} \tag{15}$$

$$m_1 - p_1 = \phi\bar{y}_1 - \lambda_1 i_1 - \lambda_2 \dot{e}^E \tag{16}$$

$$d_1 = \gamma\bar{y}_1 + \delta(e + p_2 - p_1) - \xi i_1 + \nu g_1 \tag{17}$$

$$\dot{p}_1 = \pi(d_1 - \bar{y}_1). \tag{18}$$

Die Wechselkursänderungserwartung $\dot{e}^E$, die als Abwertungserwartung bzgl. der inländischen Währung definiert ist, hat einen negativen Einfluß auf die Geldnachfrage. Die Nachfrage nach inländischer Währung nimmt ab, wenn $\dot{e}^E > 0$ ist, d.h. wenn Abwertungserwartungen bzgl. der inländischen Währung vorliegen. Dies hat mehr spekulativen Charakter der Geldhaltung. Da aber der Gütermarkt in dem Modell berücksichtigt wird, findet die Semizinselastizität der Geldnachfrage Eingang in die Güterpreisbestimmung. Obwohl das Einkommen fixiert ist, wird über die Gleichgewichtsbedingung auf dem Gütermarkt indirekt der Transaktionsbedarf der Wirtschaftssubjekte via Preisänderungen berücksichtigt. Die Geldnachfrage kann nicht einem bestimmten Verwendungszweck zugeführt werden.

In Anlehnung an die bisherige Darstellung der Modelleigenschaften wird auch hier ein Differentialgleichungssystem betrachtet.

$$\begin{bmatrix} \dot{e} \\ \dot{p} \end{bmatrix} = \begin{bmatrix} \frac{\delta}{\eta} & \frac{1}{\lambda_1+\lambda_2} - \frac{\delta}{\eta} \\ \pi\delta & -\pi\left(\delta + \frac{\xi}{\lambda_1+\lambda_2}\right) \end{bmatrix} \begin{bmatrix} e - \bar{e} \\ p_1 - \bar{p}_1 \end{bmatrix}$$

$$\det \begin{bmatrix} \frac{\delta}{\eta} - s_{1,2} & \frac{1}{\lambda_1+\lambda_2} - \frac{\delta}{\eta} \\ \pi\delta & -\left(\pi\left(\delta + \frac{\xi}{\lambda_1+\lambda_2}\right) + s_{1,2}\right) \end{bmatrix} = 0$$

$$s_{1,2}^2 + \left(\pi\left(\delta + \frac{\xi}{\lambda_1 + \lambda_2}\right) - \frac{\delta}{\eta}\right) s_{1,2} - \frac{\pi\delta}{\eta(\lambda_1 + \lambda_2)}(\xi + \eta) = 0$$

$$s_{1,2} = \frac{-\left(\pi\left(\delta + \frac{\xi}{\lambda_1+\lambda_2}\right) - \frac{\delta}{\eta}\right) \pm \sqrt{\left(\pi\left(\delta + \frac{\xi}{\lambda_1+\lambda_2}\right) - \frac{\delta}{\eta}\right)^2 + 4\left(\frac{\pi\delta}{\eta(\lambda_1+\lambda_2)}(\xi + \eta)\right)}}{2}$$

Abbildung 3:

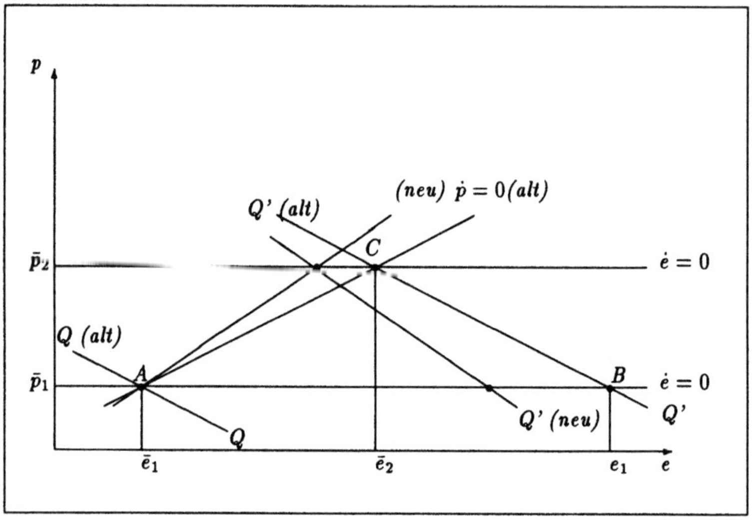

mit: $s_1 < 0, s_2 > 0$.

Die Lösungen der Differentialgleichungen sind:

$$e = \bar{e} + \epsilon^*(p_1 - \bar{p}_1) \quad \text{mit: } \epsilon^* = \frac{\delta - \frac{\eta}{\lambda_1+\lambda_2}}{\delta - \eta s_1}$$

$$p_1 = \bar{p}_1 + \frac{\pi\delta}{s_1 + \pi\left(\delta + \frac{\xi}{\lambda_1+\lambda_2}\right)}(e - \bar{e}).$$

Es wird wieder eine exogene Geldmengenerhöhung angenommen und die Dynamik des Modells daran untersucht. Im Vergleich zum vorherigen ergibt sich in diesem Modell ein geringeres Überschießen des Wechselkurses (vgl. Abbildung (3)). Dieses Ergebnis ist erstaunlich, weil in dem monetaristischen Modell mit Währungssubstitution eine Verstärkung der Wechselkursreaktion zustande kam. Im einem keynesianischen Modell hingegen tritt dieses Ergebnis auch auf. Die Abhängigkeit der Geldnachfrage von den Wechselkurserwartungen reduziert die Zinssenkung von i_1 und darüber via Zinsparität die Wechselkursreaktion.

$$\frac{dp_1}{de} = \frac{1}{\epsilon^*} > \frac{1}{\epsilon}$$

$$\frac{dp_1}{de}_{|\dot{p}=0} = \left(\frac{\delta(\lambda_1+\lambda_2)}{\delta(\lambda_1+\lambda_2)+\xi} > \frac{\delta\lambda_1}{\delta\lambda_1+\xi}\right) < 1$$

$$\frac{dp_1}{de}_{|\dot{e}=0} = 0$$

$$\frac{de}{dm} = 1 - \epsilon^* < 1 - \epsilon$$

Die geringere Wechselkursbewegung aufgrund der Geldmengenerhöhung bedeutet nicht, daß das Gleichgewicht stabiler wird. Eine Untersuchung der Auswirkung von $\lambda_2 \to \infty$ für den negativen Eigenwert s_1 zeigt, daß dieser gegen $-\pi\delta + \frac{\delta}{\eta}$ geht. Das bedeutet, daß das Gleichgewicht instabiler wird, da s_1 näher an Null liegt.

$$\lim_{\lambda_2 \to 0} s_1 < \lim_{\lambda_2 \to \infty} s_1 = -\pi\delta + \frac{\delta}{\eta} < 0$$

Die Berücksichtigung der Währungssubstitution in dem erweiterten monetären Modell führt zu einer Verstärkung der Instabilität des Gleichgewichts, wenn die Kapitalmobilität relativ gering gewählt wird. Wird nun zusätzlich die Kapitalmobilität gegen Null reduziert ($\eta \to 0$), existiert kein stabiles Gleichgewicht mehr, da s_1 positiv wird. s_2 ist bereits für $\lambda_2 \to \infty$ Null.

Wird ein instabiles ($s_1 = 0,\ s_2 = 0$) oder leicht instabiles ($s_1 < 0,\ s_2 = 0$) Gleichgewicht damit assoziiert, daß die endogenen Variablen eine länger anhaltende Veränderung in die eine oder andere Richtung nach dem Verlassen ihrer *steady state* Werte haben, dann kann das in der Statistik mit nichtstationären Zeitreihen verglichen werden. Weiterhin sieht man, daß nur in dem erweiterten monetären Modell mit Währungssubsitution als Spezialfall ein Eigenwert von Null möglich ist. Dies ist der Fall, wenn $\lambda_2 \to \infty$, d.h. eine perfekte Währungssubstitution, vorliegt. Die Matrix hat einen reduzierten Rang. Der Rang der Matrix reduziert sich auch, wenn die Anpassungsgeschwindigkeit auf dem Gütermarkt gleich der Kapitalmobilität ist, ($\pi = \frac{1}{\eta}$) gilt und der Einfluß der nominalen Zinsen proportional zur Inflationsrate ist ($\pi\xi = 1$). Dies heißt, daß der Realzins konstant sein muß. Das Preisniveau und der Wechselkurs haben dann einen gemeinsamen Faktor (*common root*). Die Preisdynamik läßt sich durch die Kapitalbilanzsaldogleichung beschreiben bzw. die Wechselkursdynamik durch die Preisanpassung auf dem Gütermarkt. Nur eine der beiden Gleichungen wäre notwendig. In der Statistik wird hieße das, daß das Preisniveau und der Wechselkurs unter bestimmten Bedingungen eine Cointegrationsbeziehung hätten (vgl. Kapitel 3). Es muß aber deutlich hervorgehoben werden, daß dies nur ein Spezialfall ist. Ist die Kapitalmobilität geringer als die Güterpreisanpassung ($\pi < \frac{1}{\eta}$), so liegt ein instabiles Gleichgewicht vor. Die beiden Differentialgleichungen haben keinen gemeinsamen Faktor. Auch im erweiterten monetären Modell ist ein reduzierter Rang der Zustandsmatrix möglich.

Noch eine Bemerkung zu den Lösungen der Differentialgleichungen, wenn ein Eigenwert Null ist. Aufgrund des Eigenwerts Null (z.B. $s_2 = 0$) hängt die Lösung von der Anfangsbedingung ab[5].

Die Entwicklung in den achtziger Jahren führte in den USA zu hohen Budgetdefiziten, die begleitet waren von Leistungsbilanzdefiziten. Eine kurze Phase der Aufwertung der amerikanischen Währung, bei steigenden Leistungsbilanzdefiziten, war gefolgt von einer langen Phase der Abwertung, die aber wider Erwarten die Leistungsbilanzdefizite nicht abbaute.

Im Modell von Frenkel & Rodriguez wird durch eine Erhöhung der Staatsausgaben nun gezeigt, daß dieses Modell die oben geschilderte Situation wiedergeben kann. Eine entscheidende Rolle spielt dabei der extrem langsame Anpassungsprozeß an ein neues Gleichgewicht, welcher die anhaltend hohen Leistungsbilanzdefizite trotz einer Abwertung erklären kann. Dieser langsame Anpassungsprozeß wird durch Währungssubsitution erzeugt.

Eine Erhöhung der Staatsausgaben erhöht die gesamtwirtschaftliche Nachfrage. Die Finanzierung der Staatsausgaben erfolgt über eine Verschuldung, die den Geldmarktzins anhebt. Die sofortige Zinserhöhung erzeugt eine Aufwertung des Wechselkurses und ein Leistungsbilanzdefizit. In der zweiten Phase des Anpassungsprozesses muß nun dieses Leistungsbilanzdefizit abgebaut werden, der Wechselkurs sich entsprechend der Kaufkraftparität wieder einstellen. Der gestiegene Zins erzeugt eine Abwertungserwartung. Die Nachfrageerhöhung führt zu einer Erhöhung der Inflationsrate. Nun setzt bei einer Abwertung der Abbau des Leistungsbilanzdefizites ein. Da aber ein sehr langsamer Anpassungsprozeß stattfindet, wird trotz der bereits erfolgten Abwertung noch ein verhältnismäßig hohes Leistungsbilanzdefizit vorhanden sein.

---

[5] $e - \bar{e} = A_1 \exp[s_1 t] + B_1 \exp[s_2 t]$ für $t \to \infty$ ist $e - \bar{e} = 0$. Ist der Eigenwert $s_2 = 0$, so gilt $e - \bar{e} = A_1 \exp[s_1] + B_1$. Für $t \to \infty$ gilt dann $e - \bar{e} = B_1$.

Abschließend kann festgehalten werden, daß die Berücksichtigung der Währungssubstitution die Wechselkursschwankungen nicht zunehmen, sondern abnehmen lassen, sofern die Modelle einen Gütermarkt enthalten. Gleichzeitig aber werden die Gleichgewichte instabiler. Die Instabilität von Gleichgewichten ist mit einem reduzierten Rang der Zustandsmatrix verbunden. Ein reduzierter Rang bedeutet, daß mindestens eine Gleichung linearabhängig ist von den anderen Gleichungen. Wie in Kapitel 3 später beschrieben wird tritt ein reduzierter Rang in simultanen Gleichungssystmen auf, wenn Cointegration vorliegt. Dieser Begriff bedeutet, daß stochastische Gleichungen linearabhängig sind. Eine integrierte Variable hat einen trendbehafteten Verlauf. Die instabilen Gleichgewichte der Währungssubstitutionsmodelle besitzen eine langsame Anpassung an ein Gleichgewicht bei geringeren Wechselkursschwankungen. Dieser Verlauf kann auch als trendbehaftet angesehen werden. Insofern das *error correction* Modell in Kapitel 2.1 für die Währungssubsitutionsmodelle mit Gütermarkt als empirisches Modell brauchbar. Voraussetzung für die Analyse ist, daß die Variablen integriert vom Grade eins sind.

3 Ökonometrische Spezifizierung der Modelle

3.1 *Error correction* Repräsentation

In diesem Kapitel wird die ökonometrische Spezifikation der Modelle aus dem theoretischen Teil der Arbeit behandelt. Es werden die reduzierten Formen der Modelle betrachtet. Durch die *error correction* Darstellung wird die kurzfristige Dynamik in die Schätzgleichungen einbezogen. Die reduzierten Forme des Modells wird aus der ökonomischen Theorie gewonnen und beschreibt die Gleichgewichtsbedingungen der endogenen Variablen. Die kurzfristige Modellierung der Dynamik wird dagegen mit zeitreihenanalytischer Methodik bestimmt.

Im folgenden Abschnitt wird kurz die Präsentation cointegrierter Zeitreihen und deren Reparametrisierung zum *error correction* Modell beschrieben. Aus der Vielzahl der Aufsätze und Artikel, die zu diesem Thema erschienen sind, wird sich hier nur auf zwei der wesentlichsten bezogen (Engle & Granger[9] und Hylleberg & Mizon[15]).

Eine Zeitreihe y_t, die keine kovarianzstationären Elemente enthält, keine deterministischen Komponenten hat und die durch d-fache Anwendung eines Differenzenfilters $(1 - B)$ in eine stationäre invertible $ARMA$ Darstellung überführt werden kann, heißt mit der Ordnung d integriert ($y_t \sim I(d)$). In der nachfolgenden Beschreibung wird von $d = 1$ ausgegangen. Es wird angenommen, daß n Zeitreihen in einer vektorautoregressiven Form dargestellt werden können:

$$A[B]Y_t = \varepsilon_t \quad \text{mit: } A[B] = I + A_1 B + A_2 B^2 + \ldots + A_p B^p. \tag{19}$$

ΔY_t und ε_t sind stationäre Zeitreihen.

Aufgrund der Voraussetzung von $I(1)$ Variablen haben die Lagpolynome in $A[B]$ eine Einheitswurzel auf dem Einheitskreis, während die verbleibenden charakteristischen Wurzeln außerhalb des Einheitskreises liegen. Es wird angenommen, daß unter den n Variablen r unabhängige Linearkombinationen sind, die aus n nichtstationären Zeitreihen r Zeitreihen mit einem stationären Verlauf transformieren. Dieser Zusammenhang wird als Cointegration bezeichnet. Dies bedeutet, daß von den n möglichen nur $n - r$ Einheitswurzeln existieren. Die *error correction* Darstellung erhält man, wenn die Matrix $A[B]$ wie folgt zerlegt wird:

$$A[B] = A(1)B + (1 - B)A[B]^*$$

Dies ist lediglich eine Reparametrisierung. Der Inhalt der Polynommatrizen ist:

$$\begin{aligned}
A(1) &= (I - A_1 - A_2 - \ldots - A_p) \\
A[B]^* &= I + ((A_2 + \ldots + A_p)B + (A_3 + \ldots + A_p)B^2 + \ldots + A_p B^p) \\
\mathrm{rg}[A(1)] &= r < n \\
A(1) &= \gamma\alpha'
\end{aligned}$$

mit:
γ Gewichtsmatrix in der *error correction* Darstellung und
α' Cointegrationsmatrix, da $r \geq 1$.

Die Zerlegung der Matrix der autoregressiven Form erfordert r^2 Restriktionen, um die beiden Matrizen zu erhalten. Die Überführung der *Wold* Präsentation $(1 - B)Y_t = C[B]\varepsilon_t$ in die autoregressive Form wird mit dem *Granger Präsentations Theorem*[9] beschrieben (vgl. auch Hylleberg & Mizon[15]).

Das folgende Beispiel ist Engle & Granger[9] entnommen und soll verdeutlichen, daß in einem ökonomisch stabilen System bei nichtstationären Zeitreihen erst identifizierende Restriktionen Parameterschätzungen ermöglichen.

$$\begin{aligned}
x_t + \alpha y_t &= u_{1,t} \\
u_{1,t} &= u_{1,t-1} + \varepsilon_{1,t} \\
x_t + \beta y_t &= u_{2,t} \\
u_{2,t} &= \rho u_{2,t-1} + \varepsilon_{2,t} \quad \text{mit: } |\rho| < 1 \quad \text{und} \quad x_t, y_t \sim I(1).
\end{aligned}$$

α und β sind nicht identifiziert, da keine exogenen Variablen im System vorkommen. Für $\alpha = 0$ bzw. $\beta = 0$ wird das System rekursiv. Eine identifizierende Restriktion unter der das System cointegriert ist, ist $\alpha = 0$. Unter dieser Restriktion hat die stationäre Linearkombination $x_t + \beta y_t$ keinen Einfluß auf den *random walk* von x_t. Dieser ist dann exogen oder Granger kausal zu y_t. Es konvergiert nur der Kleinst-Quadrate Schätzer, wenn die Residuen stationär sind, also Cointegration vorliegt. Somit ist die Annahme des *random walk* für die Residuen $u_{1,t}$ eine asymptotisch identifizierende Restriktion. Das obige System läßt sich darstellen als:

$$\begin{bmatrix} 1 & \alpha \\ 1 & \beta \end{bmatrix} \begin{bmatrix} x_t \\ y_t \end{bmatrix} = \begin{bmatrix} 1 & \alpha \\ \rho & \rho\beta \end{bmatrix} \begin{bmatrix} x_{t-1} \\ y_{t-1} \end{bmatrix} + \begin{bmatrix} \varepsilon_{1,t} \\ \varepsilon_{2,t} \end{bmatrix}$$

$$\begin{bmatrix} \Delta x_t \\ \Delta y_t \end{bmatrix} = \begin{bmatrix} \frac{\alpha(1-\rho)}{\beta-\alpha} & \frac{\alpha\beta(1-\rho)}{\beta-\alpha} \\ -\frac{(1-\rho)}{\beta-\alpha} & -\frac{\beta(1-\rho)}{\beta-\alpha} \end{bmatrix} \begin{bmatrix} x_{t-1} \\ y_{t-1} \end{bmatrix} + \begin{bmatrix} \eta_{1,t} \\ \eta_{2,t} \end{bmatrix}$$

$$\begin{bmatrix} \Delta x_t \\ \Delta y_t \end{bmatrix} = \begin{bmatrix} \frac{\alpha(1-\rho)}{\beta-\alpha} \\ -\frac{(1-\rho)}{\beta-\alpha} \end{bmatrix} \begin{bmatrix} 1 & \beta \end{bmatrix} \begin{bmatrix} x_{t-1} \\ y_{t-1} \end{bmatrix} + \begin{bmatrix} \eta_{1,t} \\ \eta_{2,t} \end{bmatrix}.$$

Die Zerlegung der $A(1)$ Matrix kann als ein Eigenwertproblem gesehen werden:

$$|A(1) - \lambda I| = 0$$

mit:
$\Lambda = \mathrm{diag}[\lambda_1, \ldots, \lambda_n]$ den Eigenwerten und
$V = [v_1, \ldots, v_n]$ den Eigenvektoren.

Es gilt die Jordan-kanonische Form

$$V\Lambda V^{-1} = A(1).$$

In dem obigen Beispiel ist

$$\Lambda = \begin{bmatrix} -(1-\rho) & 0 \\ 0 & 0 \end{bmatrix} \quad \text{und} \quad V = \begin{bmatrix} -\frac{\alpha}{\beta-\alpha} & \frac{\beta}{\beta-\alpha} \\ \frac{1}{\beta-\alpha} & -\frac{1}{\beta-\alpha} \end{bmatrix}.$$

Es zeigt sich, daß in diesem Beispiel der Cointegrationsvektor gleich der ersten Zeile der Matrix V^{-1} ist. Der *loading* Vektor ist eine Kombination aus Eigenwerten und Eigenvektoren ($V\Lambda = \gamma$). Der Eigenvektor besitzt die Eigenschaft, das homogene Gleichungssystem zu erfüllen. Wird das homogene Gleichungssystem als Gleichgewicht bezeichnet, d.h. die Veränderungen sind gleich Null, so beschreiben die Eigenvektoren das Gewicht und die Richtung der einzelnen Komponenten, damit das Gleichgewicht erfüllt ist. Da es sich um stochastische Variable handelt, gilt dies nur im Mittel, daher wird das Produkt aus den Eigenvektoren und den Niveauvariablen als Gleichgewichtsfehler bezeichnet. Die Cointegrationsbeziehung ist im Mittel zu jedem Zeitpunkt erfüllt. Die Lage des Gleichgewichts verändert sich jedoch, weil es sich in einem System nichtstationärer Variablen befindet (vgl. Seite 9). Aus diesem Grund kann auch nicht von einem stationären Gleichgewicht gesprochen werden. Eine Bezeichnung als Langfristkoeffizienten im Sinne eines Multiplikators kann dem Eigenvektor nicht beigeordnet werden, da die Matrix $A(1)$ singulär ist. Weil die Eigenwerte als Anpassungsgeschwindigkeit an ein neues Gleichgewicht interpretiert werden können, enthält der Gewichtsvektor diese Informationen. Wird im obigen Beispiel $\alpha = 0$ gesetzt, d.h. der Prozeß für x wird exogen und damit Grangerkausal für y, dann enthält der *loading* Vektor lediglich den Eigenwert und ist damit leicht zu interpretieren. I.d.R. gilt dies aber nicht, vor allem nicht in Systemen höherer Ordnung.

Der Johansen Ansatz setzt nicht eine Zerlegung der $A(1)$ Matrix voraus, sondern restringiert die Anzahl der Eigenvektoren auf die Eigenwerte, die signifikant von Null verschieden sind. Daraus bestimmt sich dann die Zerlegung. Die Zerlegung der $A(1)$ Matrix beruht hier auf dem Eigenwertproblem der kanonischen Korrelation. Für nur zwei Variablen und einem Cointegrationsvektor entspricht der Ansatz dem obigen Beispiel.

3.2 Spezifizierung der *error correction* Modelle

In dem folgenden Abschnitt wird die Kaufkraftparität als ein cointegriertes Modell beschrieben. Dies ist nicht per se der Fall, sondern erfolgt über die Annahme, daß die Preisrelation durch einen unabhängigen *random walk* generiert wird. Zu betonen ist, daß diese Formulierung nicht aus der ökonomischen Theorie erfolgt, sondern ad hoc gesetzt ist. Die Kaufkraftparität ist:

$$\begin{aligned} e_t &= \alpha(p_{1,t} - p_{2,t}) + z_t \\ z_t &= \rho z_{t-1} + \tilde{\eta}_{1,t}; \ |\rho| < 1 \\ \Delta(p_{1,t} - p_{2,t}) &= \eta_{2,t}. \end{aligned}$$

Um Cointegration für die Kaufkraftparität zu erhalten, muß die Fehlervariable z_t stationär sein. Im allgemeinen ist dies nicht erfüllt, weil eine Kombination von $I(1)$ Variablen ebenfalls eine $I(1)$ Variable erzeugt. Unter Ausnutzung der letzten Gleichung können durch Umformungen folgende Darstellungen gefunden werden.

$$\begin{bmatrix} e_t \\ p_{1,t} - p_{2,t} \end{bmatrix} = \begin{bmatrix} \rho & \alpha(1-\rho) \\ 0 & 1 \end{bmatrix} \begin{bmatrix} e_{t-1} \\ p_{1,t-1} - p_{2,t-1} \end{bmatrix} + \begin{bmatrix} \eta_{1,t} \\ \eta_{2,t} \end{bmatrix}$$

mit: $\eta_{1,t} = \tilde{\eta}_{1,t} + \alpha\eta_{2,t}$.

Wird die Gleichung in die autoregressive Darstellung umgeschrieben, so kann aus dieser die *error correction* Form abgeleitet werden. Dazu wird die Matrix geschrieben als: $A[B] = A(1)B + (1 - B)A[B]^*$.

$$\begin{bmatrix} 1-\rho B & -\alpha(1-\rho)B \\ 0 & 1-B \end{bmatrix} \begin{bmatrix} e_t \\ p_{1,t} - p_{2,t} \end{bmatrix} = \begin{bmatrix} \eta_{1,t} \\ \eta_{2,t} \end{bmatrix}$$

In dem hier vorliegenden Fall ist

$$A(1) = \begin{bmatrix} 1-\rho & -\alpha(1-\rho) \\ 0 & 0 \end{bmatrix}$$

und $A^* = 0$. Daß $A^* = 0$ ist, ist hier nur der Vereinfachung wegen angenommen. Das *error correction* Modell ergibt sich dann aus der Zerlung der $A[B]$ Matrix als:

$$\begin{bmatrix} \Delta e_t \\ \Delta(p_{1,t} - p_{2,t}) \end{bmatrix} = \begin{bmatrix} 1-\rho & -\alpha(1-\rho) \\ 0 & 0 \end{bmatrix} \begin{bmatrix} e_{t-1} \\ p_{1,t-1} - p_{2,t-1} \end{bmatrix} + \begin{bmatrix} \eta_{1,t} \\ \eta_{2,t} \end{bmatrix}.$$

Da hier bereits die Restriktionen $|\rho| < 1$ und $(p_{1,t} - p_{2,t}) \sim I(1)$ eingesetzt sind, hat die Matrix $A(1)$ einen reduzierten Rang ($\mathrm{rg}[A(1)] = 1$). Dieses muß natürlich überprüft werden. Aus der $A(1)$ Matrix kann der Gleichgewichtskoeffizient für die Kaufkraftparitätsbeziehung berechnet werden. Die Determinante von A ist:

$$\det A[B] = (1 - \rho B)(1 - B),$$

mit den charakteristischen Wurzeln $B_1 = 1$ und $B_2 = \frac{1}{\rho}$. Eine Wurzel liegt auf dem Einheitskreis und die andere, wegen $|\rho| < 1$, außerhalb des Einheitskreises. Daher hat die $A(1)$ Matrix einen reduzierten Rang. Zerlegt man die Matrix $A(1)$ in

$$A(1) = \gamma\alpha' = \begin{bmatrix} 1-\rho \\ 0 \end{bmatrix} \begin{bmatrix} 1 & -\alpha \end{bmatrix},$$

so wird explizit die stationarisierende Linearkombination aus der Kaufkraftparitätsgleichung in der *error correction* Reparametrisierung wiedergegeben.

$$\begin{bmatrix} \Delta e_t \\ \Delta(p_{1,t} - p_{2,t}) \end{bmatrix} = \begin{bmatrix} 1-\rho \\ 0 \end{bmatrix} \begin{bmatrix} 1 & -\alpha \end{bmatrix} \begin{bmatrix} e_{t-1} \\ p_{1,t-1} - p_{2,t-1} \end{bmatrix} + \begin{bmatrix} \eta_{1,t} \\ \eta_{2,t} \end{bmatrix}$$

Zur empirischen Überprüfung wird auch die Restriktion $(p_{1,t} - p_{2,t})$ aufgegeben. In diesem Fall ist durch die Normierung i.d.R. kein eindeutiger Cointegrationsvektor zu erhalten. Es können zwei unabhängige Cointegrationsvektoren existieren. Werden jedoch $p_{1,t}$ und $p_{2,t}$ wieder mit zwei unabhängigen *random walks* beschrieben, erweitert sich der Cointegrationsvektor lediglich um einen zweiten Koeffizienten $(1, -\alpha_1, \alpha_2)$.

Da bisher für die Preise ein statistischer datenerzeugender Prozeß angenommen wurde und keine ökonomische Erklärungshypothese zugrunde liegt, bleibt das Modell unvollständig. Die Modelle in Kapitel 2 schließen diese Lücke. In dem erweiterten monetären Modell kann unter bestimmten Annahmen ein reduzierter Rang der Zustandsmatrix des Differentialgleichungssystems auftreten. Das Differentialgleichungssystem kann als eine *error correction* Form mit kontinuierlichem Zeitverlauf interpretiert werden. Der Übergang von den infinitesimalen kleinen Zeitintervallen zu endlichen läßt aus den Differentialgleichungen Differenzengleichungen werden.

Die einfachste Form, die Differentialgleichungen als *error correction* Gleichungen darzustellen, ist die Zustandsvariable $x - \bar{x}$ als verzögerte Variable zu setzen. Damit ergibt sich folgende allgemeine Form der monetären Modelle:

$$\begin{bmatrix} \Delta e_t \\ \Delta p_t \end{bmatrix} = A(1) \begin{bmatrix} e_{t-1} \\ p_{t-1} \end{bmatrix} + \begin{bmatrix} \eta_{1,t} \\ \eta_{2,t} \end{bmatrix}.$$

Diese Form des Modells ist beobachtungsäquivalent mit der ad hoc formulierten Kaufkraftparität als cointegriertes Modell. Die monetäre Wechselkurstheorie zeigte, daß unter Währungssubstitution die $A(1)$ Matrix einen reduzierten Rang haben kann. Im folgenden wird für das erweiterte monetäre Modell die Zustandsmatrix der Gleichgewichtskoeffizienten auf einen reduzierten Rang untersucht:

$$A(1) = \begin{bmatrix} \frac{\delta}{\eta} & \frac{1}{\lambda} - \frac{\delta}{\eta} \\ \pi\delta & -\pi\left(\delta + \frac{\xi}{\lambda}\right) \end{bmatrix}.$$

die mit den Restriktionen $\pi\eta = 1$ und $\pi\xi = 1$ einen reduzierten Rang hat. Sie kann ebenfalls zerlegt werden in zwei Teilmatrizen:

$$A(1) = \begin{bmatrix} \frac{\delta}{\eta} & \frac{1}{\lambda} - \frac{\delta}{\eta} \\ 0 & 0 \end{bmatrix} = \begin{bmatrix} \frac{\delta}{\eta} \\ 0 \end{bmatrix} \begin{bmatrix} 1 & \frac{\eta}{\lambda\delta} - 1 \end{bmatrix}$$

Diese Zerlegung ist die der ökonomischen Koeffizienten. Der rechte Vektor repräsentiert die Gleichgewichtskoeffizienten und der linke Vektor die Gewichtung.

Das erweiterte monetäre Modell mit Währungssubstitution hat die folgende Zerlegung der Zustandsmatrix, wobei hier die Restriktionen $\pi\eta = 1$ und $\pi\xi = 1$ oder $\lambda_2 \to \infty$ gelten können:

$$A(1) = \begin{bmatrix} \frac{\delta}{\eta} & \frac{1}{\lambda_1+\lambda_2} - \frac{\delta}{\eta} \\ \pi\delta & -\pi\left(\delta + \frac{\xi}{\lambda_1+\lambda_2}\right) \end{bmatrix}.$$

Je nachdem welche Restriktion berücksichtigt wird, ergibt sich eine andere Zerlegung der Matrix.

1. Unter der Restriktion $\lambda_2 \to \infty$ gilt:

$$A(1) = \begin{bmatrix} \frac{\delta}{\eta} \\ \pi\delta \end{bmatrix} \begin{bmatrix} 1 & -1 \end{bmatrix}.$$

   Diese Restriktion ist die Währungssubstitutionsannahme. Es zeigt sich, daß unter dieser Restriktion in dem monetären Modell die Kaufkraftparität als cointegrietes Modell gefunden werden kann.

2. Unter den Restriktionen $\pi\eta = 1$ und $\pi\xi = 1$ gilt:

$$A(1) = \begin{bmatrix} \frac{\delta}{\eta} \\ 0 \end{bmatrix} \begin{bmatrix} 1 & \frac{\eta}{(\lambda_1+\lambda_2)\delta} - 1 \end{bmatrix}.$$

   Diese Restriktionen haben die Interpretation, daß der Finanzmarkt und der Gütermarkt gleiche Anpassungsgeschwindigkeiten haben und der Realzins konstant ist.

Die Erkenntnis über die ökonomische Quelle eines reduzierten Ranges ist wichtig, da sie die Rechtfertigung für die Anwendung der Cointegrationstheorie liefert.

Bisher wurden die langfristigen gleichgewichtigen Werte $\bar{e}$ und $\bar{p}$ durch die verzögerten Werte repräsentiert. In der traditionellen Formulierung des ökonometrischen Modells sind die langfristigen Werte durch exogene Variable bestimmt. Daher muß das *error correction* Modell erweitert werden. Bevor die Modelle wieder in schätzbaren Gleichungen angegeben werden, wird kurz eine allgemeine Darstellung des *error correction* Modells mit exogenen Variablen beschrieben[6].

$$\begin{bmatrix} A[B]_{11} & -A[B]_{12} \\ 0 & A[B]_{22} \end{bmatrix} \begin{bmatrix} Y_t \\ X_t \end{bmatrix} = \begin{bmatrix} \eta_{1,t} \\ \eta_{2,t} \end{bmatrix} \text{ mit: } \begin{bmatrix} \eta_{1,t} \\ \eta_{2,t} \end{bmatrix} \sim N\left[\begin{bmatrix} 0 \\ 0 \end{bmatrix}; \Omega\right]$$

$$\begin{bmatrix} \Delta Y_t \\ \Delta X_t \end{bmatrix} = -\begin{bmatrix} A(1)_{11} & -A(1)_{12} \\ 0 & A(1)_{22} \end{bmatrix} \begin{bmatrix} Y_{t-1} \\ X_{t-1} \end{bmatrix}$$

$$+\begin{bmatrix} A[B]^*_{11} & A[B]^*_{12} \\ 0 & A[B]^*_{22} \end{bmatrix} \begin{bmatrix} \Delta Y_{t-1} \\ \Delta X_{t-1} \end{bmatrix} + \begin{bmatrix} \eta_{1,t} \\ \eta_{2,t} \end{bmatrix}$$

Strikte Exogenität liegt vor, wenn die Varianz– Kovarianzmatrix Ω eine blockdiagonale Struktur hat. Die Parameter von $A[B]_{11}$ und $A[B]_{12}$ werden nicht durch die Parameter von $A[B]_{22}$ beeinflußt. Dies wird angenommen. Hat die $A(1)_{11}$ Matrix vollen Rang und die $A(1)_{22}$ einen reduzierten, so wird das System ausschließlich von den exogenen Variablen getrieben. Besitzt auch die Matrix $A(1)_{11}$ einen reduzierten Rang, so wird das Modell nicht nur durch die exogenen Variablen, sondern auch durch endogenen Variablen mit Einheitswurzeln getrieben. Die Matrix $A(1)_{11}$ beinhaltet die Cointegrations Beziehungen zwischen den endogenen Variablen, die $A(1)_{12}$ Matrix die zwischen den endogenen und exogenen Variablen. Die $A(1)_{22}$ Matrix beinhaltet die Cointegrationsbeziehungen zwischen den exogenen Variablen. Schließlich kann $A(1)_{12} = 0$ sein. In diesem Fall haben die exogenen Variablen langfristig keinen Einfluß. Zusammenfassend können folgende Fälle unterschieden werden, wenn zusätzlich instabile ökonomische Gleichgewichte zugelassen werden.

1. $rg[A(1)_{11}] = m$: Das ökonomische Gleichgewicht ist stabil.

   (a) $rg[A(1)_{22}] = n$: Die $m + n$ Zeitreihen haben keine Einheitswurzeln, da die $A(1)$ Matrix vollen Rang besitzt. Dies ist der klassische Fall sowohl in der Ökonomie als auch in der Ökonometrie.

   (b) $rg[A(1)_{22}] < n$: Die im System vorkommenden $m + n$ Zeitreihen sind $I(1)$ Prozesse, aber mindestens eine der Wurzeln im System der n exogenen Variablen ist kleiner als eins dem Betrag nach. Das System besitzt mindestens eine stationäre Beziehung. Die Quelle der Instabilität sind die exogenen.

2. $rg[A(1)_{11}] < m$: Das ökonomische Gleichgewicht ist instabil.

   (a) $rg[A(1)_{22}] = n$: Die $A(1)$ Matrix hat einen reduzierten Rang. Von den m Einheitswurzeln entfällt mindestens eine. Es liegt Cointegration vor, jedoch nur im Subsystem der endogenen Variablen. Die exogenen Variablen treten in der Cointegrationsbeziehung nicht auf ($A(1)_{12} = 0$).

   (b) $rg[A(1)_{22}] < n$: Von den $m + n$ Einheitswurzeln entfällt mindestens eine. Sowohl das ökonomische instabile Gleichgewicht als auch die exogenen Variablen treiben das System. Es liegt Cointegration vor.

---

[6] Y_t sind m endogene Variable. X_t sind n exogene Variable.

Übertragen auf die monetären Modelle lauten die Gleichungen des *error correction* Modelles wie folgt:

$$\begin{bmatrix} \Delta e_t \\ \Delta p_t \end{bmatrix} = -A(1)_{11} \begin{bmatrix} e_{t-1} \\ p_{t-1} \end{bmatrix} + A(1)_{12} \begin{bmatrix} m_{t-1} \\ y_{1,t-1} \\ g_{1,t-1} \\ p_{2,t-1} \\ i_{2,t-1} \end{bmatrix}$$

$$+A[B]^*_{11} \begin{bmatrix} \Delta e_{t-1} \\ \Delta p_{t-1} \end{bmatrix} + A[B]^*_{12} \begin{bmatrix} \Delta m_{t-1} \\ \Delta y_{1,t-1} \\ \Delta g_{1,t-1} \\ \Delta p_{2,t-1} \\ \Delta i_{2,t-1} \end{bmatrix} + \begin{bmatrix} \eta_{1,t} \\ \eta_{2,t} \end{bmatrix}.$$

Solange die nichtlinearen Koeffizientenrestriktionen in den Matrizen nicht berücksichtigt werden, bleiben diese Modelle beobachtungsäquivalent mit vielen anderen semireduzierten Formen. Es erscheint mir wichtiger, die Auswahl der Variablen und ihre Aufteilung in endogene und exogene Variable durch die Theorie auf ihre empirische Relevanz hin zu überprüfen, als speziell ein Modell aus der Klasse der monetären Modelle zu testen. Gelingt dieser erste Schritt, kann die Identifikation eines speziellen Modells vorgenommen werden. Dieser letzte Schritt ist aber bisher in vielen Untersuchungen gescheitert, da die Modelle nur eine grobe Approximation der Realität sein können.

Generell kann die Zerlegung der $A(1)_{11}$ Matrix in einen Gewichts- und in einen Cointegrationsvektor als ein Identifikationsproblem aufgefaßt werden (vgl. Hansen[13]). Bei mehr als zwei Variablen können die Parameter durch die asymptotische Restriktion nicht mehr identifiziert werden. Es sind zusätzliche Restriktionen notwendig. Die Restriktionen können die γ Matrix oder die Cointegrationsmatrix α betreffen. Restriktionen der γ Matrix würden die Anzahl der Cointegrationsvektoren in einer Gleichung betreffen. Restriktionen der α Matrix würden hingegen den Cointegrationsvektor selbst betreffen. Solche wären z.B. Exogenitätsrestriktionen, die in einigen Gleichungen die Niveauvariablen durch Nullrestriktionen ausschließen. Ohne Zweifel sind Nullrestriktionen sehr harte Restriktionen, die aber für die ökonomischen Inhalte leicht interpretierbar sind. Was der empirischen Spezifikation in der *error correction* Darstellung überlassen wird, ist die Festlegung der Verzögerungsstruktur der kurzfristigen Einflüsse. Über diese macht die Theorie keine Aussagen.

Die ökonometrische Spezifizierung der Modelle hat gezeigt, daß die Modelle des Kapitels 2 als *error correction* Modelle formuliert werden können. Bestimmte Modelle, die Währungssubstitutionsmodelle, können einen reduzierten Rang der Zustandsmatrix erklären. Neben der Quelle der instabilen Gleichgewichte für einen reduzierten Rang, bleibt die Dynamik der Zeitreihen die andere Quelle, die den Rang der Zustandsmatrix reduzieren kann. Die beiden Ursachen lassen sich in der Empirie nicht trennen. Dennoch ist die ökonomische Erklärung eines reduzierten Ranges der Zustandsmatrix wichtig, weil sie die Rechtfertigung für die Anwendung der Cointegrationstheorie auf die vorgestellten Modelle ist.

4 Ergebnisse der Cointegrationsanalyse

In den folgenden Abschnitten werden die Kaufkraftparität und das monetäre Währungssubstitutionsmodell mit den ökonometrischen Spezifizierungen geschätzt. Die Methoden sind der Engle–Granger Ansatz[9], der Stock Ansatz[30] und der Johansen Ansatz[16]. Der Johansen Ansatzes wurde mit einem

Programm geschätzt, das von Johansen, Juselius & Hansen in RATS geschrieben wurde. Die verbleibenden Verfahren wurden in GAUSS programmiert. Die beiden ersten Methoden schätzen zuerst einen Cointegrationsvektor, um nachfolgend dessen Integrationseigenschaften zu überprüfen. Dies geschieht mit dem Dickey–Fuller Test[5][12][29] und dem Phillips–Perron Test[27][28] im Engle–Granger Verfahren. Im Stock Ansatz werden die t–Tests der Niveauvariablen verwendet um auf Cointegration zu testen (Kremers et. al.[21]).

Es werden Quartalsdaten aus der *OECD main economic indicators* Statistik entnommen. Der Wechselkurs ist der Quartalsendwert. Bis auf die kurzfristigen Zinssätze, sind die Variablen logarithmiert. Die Werte der Konsumpreisindezes, der Geldmenge M1 und der Sozialprodukte sind saisonbereinigt. Der Zeitraum geht von 1973:3 bis 1989:4.

4.1 Kaufkraftparität

Für den Engle–Granger Ansatz werden in Tabelle (1) die Ergebnisse der Cointegrationsregression mit den Teststatistiken angegeben. Es ist einmal nach dem Wechselkurs normiert worden, wie es die Hypothese der Kaufkraftparität vorsieht, und einmal nach dem inländischen Preisniveau. Auch diese Normierung ist mit der Kaufkraftparität vereinbar, jedoch wird dann nicht der Wechselkurs, sondern das inländische Preisniveau erklärt. Das ausländische Preisniveau wird als exogene Variable angenommen. Die Dickey–

Tabelle 1: Engle–Granger Cointegrationsregression der Kaufkraftparität

$$e_t = \underset{(29.779)}{0.910} + \underset{(6.667)}{6.893}\, p_{1,t} - \underset{(6.893)}{3.842}\, p_{2,t}$$

$$R^2 = 0.453,\ DW = 0.249$$

$$DF = -2.092,\ Z[\hat{\rho}] = -8.117,\ Z[\hat{t}_\rho] = -2.091$$

$$p_{1,t} = -\underset{(9.439)}{0.067} + \underset{(6.667)}{0.060}\, e_t + \underset{(110.48)}{0.545}\, p_{2,t}$$

$$R^2 = 0.995,\ DW = 0.180$$

$$ADF = -3.398,\ Z[\hat{\rho}] = -8.309,\ Z[\hat{t}_\rho] = -2.301$$

Die Werte in den Klammern sind die t–Statistiken der Koeffizienten.

Fuller Statistiken sind ohne Konstante und Trend berechnet (vgl. Yoo[31, S.50ff & S.56ff]). Es ist die einfache Dickey–Fuller Statistik angegeben, wenn sich der vierte Lag als insignifikant erwies und die Residuen als weißes Rauschen ausgewiesen wurden. In dem anderen Fall wurde die ADF–Statistik ausgewiesen. Die Phillips–Perron Statistiken sind hier mit einem Verzögerungsabschnittsparameter $\ell = 2$ berechnet.

Die Cointegrationsregression des Wechselkurses weist die Hälfte des R^2 der Preisniveaugleichung auf. In der Preisgleichung zeigt zusätzlich der erweiterte Dickey–Fuller Test stationäre Residuen an. Es kann vermutet werden, daß diese Beziehung eine Cointegrationsbeziehung ist. In beiden Gleichungen wurde der Einfluß der Variablen mit dem richtigen Vorzeichen geschätzt. Auffällig ist, daß der Wechselkurs in der Cointegrationsregression für den Preisindex einen wesentlich geringeren Einfluß hat als der ausländische Preisindex. Dies könnte bedeuten, daß der Wechselkurs nicht der relative Preis der beiden Nationen ist. Der Theorie nach müßte der Wechselkurs einen gleichstarken Einfluß auf den inländischen Preisindex wie der ausländische haben, damit der reale Wechselkurs konstant bleibt. Es ist vielmehr der

Tabelle 2: Engle–Granger *error correction* Modell der Kaufkraftparität

$$\Delta e_t = -\underset{(0.703)}{0.005} - \underset{(1.642)}{1.065}\,\hat{u}_{t-1}$$
$$R^2 = 0.041,\ DW = 1.907$$

$$\Delta p_{1,t} = \underset{(1.234)}{0.001} - \underset{(1.616)}{0.063}\,\hat{u}_{t-1} + \underset{(3.926)}{0.502}\,\Delta p_{1,t-1} - \underset{(2.173)}{0.292}\,\Delta p_{1,t-2}$$
$$+\underset{(3.048)}{0.319}\,\Delta p_{1,t-3} + \underset{(1.632)}{0.011}\,\Delta e_{t-1} + \underset{(3.121)}{0.175}\,\Delta p_{2,t-1}$$
$$R^2 = 0.758;\ DW = 2.043$$

Die Werte in den Klammern sind die t–Statistiken der Koeffizienten.

Fall, daß der amerikanische Preisindex den Deutschen stark beeinflußt, der Wechselkurs aber nur stark unterproportional in das Verhältnis eingeht.

Mit dem Cointegrationsvektor der Preisgleichung wurde ein *error correction* Modell geschätzt (vgl. Tabelle (2)). Zunächst wurde eines für den inländischen Preisindex angepaßt. Die Laglängen wurden mit dem Schwarz, Hannan–Quinn, Akaike und FPE Kriterium bestimmt. Die Nullrestriktionen werden von der größten Lagordnung aus gesetzt. Alle drei Kriterien bestimmen für Δy_t eine Verzögerung von 3 und für Δx_t eine von 1. Die Kriterien wurden hier im univariaten Kontext berechnet. Die Lagkriterien wurden für alle Kombinationen von Δy_{t-i} und Δx_{t-i} für $i = 1, \ldots, 6$ berechnet, ausgehend von der maximalen Verzögerung. Die LM–Tests auf Autokorrelation, $ARCH$ Prozesse, Heteroskedastizität und Normalverteilung zeigen unkorrelierte und normalverteilte Residuen an. Der Einfluß des Cointegrationsvektors ist gering und nur auf dem 10% Niveau signifikant. Dies bedeutet, daß der Einfluß auf die Preisveränderungen nicht stark ist.

Die geschätzte *error correction* Gleichung des Wechselkurses mit dem Cointegrationsvektor der Preisgleichung ergibt folgendes Ergebnis: Alle Lagkriterien ermitteln die gleiche Verzögerungsstruktur von Null für Δy_t und Δx_t. Die LM–Tests zeigen weißes Rauschen an. Diese Struktur der *error correction* Gleichung bedeutet, daß keine kurzfristige Dynamik den Wechselkurs zusätzlich bestimmt. Lediglich der reale Wechselkurs beeinflußt die Veränderung des Wechselkurses. Dieses Ergebnis wäre akzeptabel, wenn nicht das Bestimmtheitsmaß einen Wert von $R^2 = 0.041$ anzeigen würde.

Die Ergebnisse des Stock Ansatzes in Tabelle (3) sind in den folgenden Gleichungen wiedergegeben. Die Verzögerungsstruktur wurde wieder mit den vier Kriterien bestimmt. Für die Wechselkursgleichung haben alle vier Kriterien die gleiche Lagstruktur für Δy_t und Δx_t ermittelt. Für Δy_t beträgt sie 0 und für Δx_t ist sie 1. Bei der Preisgleichung haben das Akaike und das FPE Kriterium die Struktur für Δy_t von 4 und für Δx_t eine von 0 ausgewiesen. Das Hannan–Quinn Kriterium ermittelte die Struktur für Δy_t von 3 und für Δx_tvon 0, während das Schwarz Kriterium die Lagordnung für Δy_t auf 1 und für Δx_t auf 0 feststetzte. Die letzte Struktur ist ausgewählt worden, weil die Residuen in dieser Form durch die ergänzenden LM–Tests nur geringe Störungen aufwiesen, die in den höheren Lagordnungen nicht verschwanden. Die angegebenen Cointegrationsvektoren sind durch Normierung mit dem Parameter für die erste Niveauvariable berechnet. Die dazugehörigen Standardfehler sind mit einer Taylor Reihe approximiert (vgl. Kmenta[19, S.486] & Bårdsen[2]). Der t–Test für den *loading* Koeffizienten ist berechnet worden, indem die geschätzte Cointegrationsbeziehung in die *error correction* Gleichung eingesetzt wurde. Der so geschätzte *loading* Koeffizient stimmt numerisch mit dem obigen überein. Der so geschätzte Standardfehler ist per Konstruktion unabhängig von dem *error correction* Term. Die statistische Theorie hat gezeigt, daß der KQ–Schätzer einer nichtstationären Variablen aufgrund der höheren

Tabelle 3: Stock Schätzung der Kaufkraftparität

$$\Delta e_t = \underset{(1.229)}{0.077} - \underset{(1.700)}{0.117}\, e_{t-1} + \underset{(0.066)}{0.059}\, p_{1,t-1} - \underset{(0.021)}{0.010}\, p_{2,t-1} + \underset{(3.019)}{6.749}\, \Delta p_{1,t-1} - \underset{(1.798)}{2.654}\, \Delta p_{2,t-1}$$

$R^2 = 0.187$, $DW = 1.669$

$$\alpha' = [-\,1, \underset{(0.064)}{0.507}, -\,\underset{(0.021)}{0.086}];\ \gamma = -\,\underset{(2.697)}{0.117}$$

$$\Delta p_{1,t} = -\,\underset{(2.884)}{0.009} - \underset{(5.378)}{0.222}\, p_{1,t-1} + \underset{(3.063)}{0.010}\, e_{t-1} + \underset{(5.212)}{0.113}\, p_{2,t-1} + \underset{(3.089)}{0.317}\, \Delta p_{1,t-1}$$

$R^2 = 0.770$, $DW = 1.616$

$$\alpha' = [-\,1, \underset{(2.066)}{0.046}, \underset{(2.648)}{0.509}];\ \gamma = -\,\underset{(6.086)}{0.222}$$

Die Werte in den Klammern sind die t–Statistiken der Koeffizienten.

Konvergenzrate stochastisch unabhängig ist von den Schätzern stationärer Variablen. Daher können die so berechneten Standardfehler als die asymptotischen interpretiert werden. Es zeigt sich, daß die Cointegrationsbeziehung in der Preisgleichung höher signifikant ist als in der Wechselkursgleichung. Ein Schluß auf Grangerkausalität bzgl. des Wechselkurses liegt nahe, ist aber nicht ganz korrekt, da es sich hier um zwei verschiedene Cointegrationsvektoren handelt. Dazu müßte die Cointegrationsbeziehung der Preisgleichung in die Wechselkursgleichung eingesetzt werden. In dieser Regression ergibt sich $\gamma = 0.236$, $t = 0.260$, was die oben angeführte Vermutung bestätigt.

In der Wechselkursgleichung sind die Niveauvariablen insignifikant. Dennoch weist der Cointegrationsvektor die richtigen Vorzeichen für die Kaufkraftparität auf. Die Parameter der Niveauvariablen der Preisgleichung sind signifikant, wenn die kritischen Werte des einfachen Dickey–Fuller Tests verwendet werden. Daraus kann geschlossen werden, daß mindestens eine stationäre Linearkombination existiert. Vergleicht man die Cointegrationsparameter dieser Schätzung mit denen des Engle–Granger Ansatzes, so besteht eine große Ähnlichkeit. Der *loading* Parameter ist jedoch verschieden von dem der *error correction* Gleichung aus dem Engle–Granger Ansatz.

Der Johansen Ansatz zur Überprüfung der Kaufkraftparitätenhypothese wird hier verbunden mit der Zinsparitätenhypothese. In diesem Verfahren lassen sich die beiden Teilhypothesen auch einzeln testen (vgl. Johansen & Juselius[17], Juselius[18]).

Die Laglängenbestimmung des *error correction* Modells wurde mit den vier Kriterien FPE, Akaike, Hannan–Quinn und Schwarz durchgeführt (vgl. Lütkepohl[22]). Das Hannan–Quinn und das Schwarz Kriterium wählen die Verzögerung von 1 aus. Das FPE bestimmt die Verzögerung von 3 und das Akaike Kriterium die Laglänge von 5. Die maximale Laglänge wurde mit 6 vorgegeben. Die weiteren Berechnungen sind mit der Verzögerungsstruktur von 3 durchgeführt worden. Die Residuenkorrelation und die Normalverteilungseigenschaft der Residuen wurde mit einer größeren Anzahl von Lags durch die Tests nicht besser ausgewiesen. In Anhang A1 ist das geschätzte Modell wiedergegeben. Die Anzahl der Cointegrationsvektoren wird mit dem λ_{max} und dem λ_{trace} Test bestimmt, die beide nur einen Cointegrationsvektor ausweisen ($r = 1$) (vgl. Tabelle (4)). Es zeigte sich, daß eine höhere Lagordnung die Anzahl der Cointegrationsvektoren erhöht. Die Testverteilung für die unrestringierte Schätzung ist die für $\Gamma_\perp \nu = 0$, da diese Verteilung an den Enden eine höhere Wahrscheinlichkeitsmasse hat und a priori nicht ausgeschlossen werden kann, daß die Restriktion gilt. Die mit dem Stern versehenen Größen sind unter der Driftrestriktion $\nu = \Gamma \mathcal{A}_0$ geschätzt, die das Absolutglied nur in den Niveauvariablen berücksichtigt. Die anderen Werte sind frei geschätzt worden, d.h. $\Gamma_\perp \nu \neq 0$. Der Test auf die Driftrestriktion $H_0 : \nu = \Gamma \mathcal{A}_0$ versus $H_1 : \Gamma_\perp \nu \neq 0$ ist:

Tabelle 4: Johansen Tests der Kaufkraftparität

H_0	$\hat{\lambda}_i$	$\hat{\lambda}_{max}$	$\hat{\lambda}_{trace}$	$\hat{\lambda}_i^*$	$\hat{\lambda}_{max}^*$	$\hat{\lambda}_{trace}^*$
$r \leq 4$	0.033	2.076	2.076	0.069	4.409	4.409
$r \leq 3$	0.107	7.025	9.101	0.108	7.053	11.463
$r \leq 2$	0.173	11.805	20.906	0212	14.797	26.260
$r \leq 1$	0.259	18.547	39.453	0.270	19.516	45.776
$r = 0$	0.433	35.196	74.649	0.443	36.301	82.076

$$-2\ln[Q] = -63\left[\ln\left[\frac{1-0.270}{1-0.259}\right] + \ln\left[\frac{1-0.212}{1-0.173}\right] + \ln\left[\frac{1-0.108}{1-0.107}\right]\right.$$

$$\left. + \ln\left[\frac{1-0.0687}{1-0.0329}\right]\right] = 6.425 \sim \chi^2(4)$$

Die Statistik ist nicht signifikant, d.h. H_0 kann nicht verworfen werden. Die folgenden Angaben sind unter der Driftrestriktion berechnet. Es ergibt sich der Cointegrationsvektor $\hat{\mathcal{A}}_{1.}$ und die verbleibenden Eigenvektoren $\hat{v}_{i.}$ $(i = 2, \ldots, 5)$ (vgl. Tabelle (5)). Die Gewichte $\hat{\Gamma}_{.1}$ für den Cointegrationsvektor

Tabelle 5: Johansen Schätzung: Eigenvektoren der Kaufkraftparität

	$\hat{\mathcal{A}}_{1.}$	$\hat{v}_{2.}$	$\hat{v}_{3.}$	$\hat{v}_{4.}$	$\hat{v}_{5.}$	$\mathcal{A}_{0.}$
p_1	102.618	−72.999	18.672	−150.009	49.915	18.639
p_2	−47.721	42.031	−8.981	82.282	−24.411	−12.647
e	−4.220	4.923	1.628	14.962	2.402	1.780
i_1	0.275	−0.665	0.928	−0.534	−0.060	−0.591
i_2	−0.554	0.362	−0.423	−0.147	0.140	0.474
1	6.360	6.694	−2.144	−10.711	−1.803	−4.319

$\hat{\mathcal{A}}_{1.}$ und die verbleibenden Gewichte $\hat{w}_{.i}$ für die Eigenvektoren werden in der Tabelle (6) wiedergebenen. Wird der Cointegrationsvektor mit dem dritten Element, dem Wechselkurs normiert, stimmen die Vor-

Tabelle 6: Johansen Schätzung: Gewichte der Kaufkraftparität

	$\hat{\Gamma}_{.1}$	$\hat{w}_{.2}$	$\hat{w}_{.3}$	$\hat{w}_{.4}$	$\hat{w}_{.5}$
Δp_1	−0.002	0.000	−0.000	0.000	−0.000
Δp_2	−0.001	−0.001	−0.001	−0.001	−0.000
Δe	−0.003	0.015	0.005	−0.010	−0.009
Δi_1	0.084	0.123	−0.302	0.005	−0.036
Δi_2	0.330	0.188	−0.037	−0.049	−0.306

zeichen der Variablen mit den theoretischen überein ($\hat{\mathcal{A}}_{1.} = [-24.315, 11.307, 1, -0.065, 0.131, -1.507]$). Die Vorzeichen für die Zinsen deuten auf das monetäre bzw. keynesianische Modell hin, die mit einer Zinserhöhung eine Aufwertung der Währung verbinden. Betrachtet man die Gewichte des Cointegrationsvektors, so zeigt sich, daß der Cointegrationsvektor die Zinsgleichungen stärker beeinflußt als die anderen Gleichungen. Ein Vergleich mit den beiden vorherigen Verfahren zeigt, daß die Parameter im

Cointegrationsvektor wesentlich größer sind. Damit aber ein direkter Vergleich möglich ist, müssen die Zinsen aus dem Cointegrationsvektor ausgeschlossen werden. Dies geschieht mittels der strukturellen Hypothesen weiter unten. Ein Test auf den signifikanten Einfluß der Cointegrationsbeziehung in den Gleichungen zeigt, daß diese in der Geichung für die Preise und für den ausländischen Zins signifikant ist. Der inländische Zins und der Wechselkurs sind schwach exogene Variable in diesem System, sie sind unbeeinflußt von den Niveauvariablen (vgl. Tabelle (7)).

Tabelle 7: Johansen Test $-2\ln[Q;H_4|H_2]$ der Kaufkraftparität

$\chi^2(1)$	$\Gamma_{.1}=0$ 16.733	$\Gamma_{.2}=0$ 4.246	$\Gamma_{.3}=0$ 0.156	$\Gamma_{.4}=0$ 0.554	$\Gamma_{.5}=0$ 3.340
$\chi^2(2)$	$\Gamma_{.3}=\Gamma_{.4}=0$ 0.787				

Die Tests auf die strukturellen Hypothesen der Kaufkraftparität werden alle deutlich abgelehnt. Es werden verschiedene Varianten der Restriktionen getestet. Die erste Hypothese restringiert die Parameter der ersten drei Variablen im Sinne der Kaufkraftparität ($\mathcal{A}_{11}=\mathcal{A}_{12}+\mathcal{A}_{13}$) und läßt die verbleibenden Variablen unrestringiert im System ($\mathcal{A}_0 \neq 0, \mathcal{A}_{14} \neq 0, \mathcal{A}_{15} \neq 0$).

$$-2\ln[Q;H_3|H_2] = 19.286 \sim \chi^2(2)$$

Die zweite Hypothese restringiert wieder die ersten drei Variablen auf die Kaufkraftparität, schließt aber zusätzlich die Zinsen aus der Cointegrationsbeziehung aus ($\mathcal{A}_{14}=\mathcal{A}_{15}=0$).

$$-2\ln[Q;H_3|H_2] = 24.320 \sim \chi^2(4)$$

Die dritte Hypothese läßt den Einfluß der ersten drei Variablen frei ($\mathcal{A}_{11} \neq 0, \mathcal{A}_{12} \neq 0, \mathcal{A}_{13} \neq 0$), schließt aber weiterhin die Zinsen aus der Cointegrationsbeziehung aus.

$$-2\ln[Q;H_3|H_2] = 15.026 \sim \chi^2(2)$$

Ein Vergleich mit den geschätzten Cointegrationsvektoren der ersten beiden Verfahren erfordert eine Normierung nach dem inländischen Preisindex. Zusätzlich sollten die Zinsen mittels der Hypothese $\mathcal{A}_{14}=\mathcal{A}_{15}=0$ aus dem Cointegrationsvektor ausgeschlossen werden. Diese Hypothese wurde abgelehnt ($-2\ln[Q;H_3|H_2] = 15.026 \sim \chi^2(2)$). Der umnormierte Cointegrationsvektor lautet dann: $\mathcal{A}_{1.} = [1, -0.488, -0.062, 0, 0, 0.043]$. Es zeigt sich auch, daß der unrestringierte Cointegrationsvektor ähnliche Parameterschätzungen liefert: $\hat{\mathcal{A}}_{1.} = [1, -0.465, -0.041, 0.003, -0.005, 0.062]$. Sie stimmen in der Größenordnung und mit dem Vorzeichen mit den vorherigen Ergebnissen überein.

Für die Zinsparität werden ähnliche Hypothesen formuliert. Die erste ist die der Zinsparität, wobei die verbleibenden Variablen im Cointegrationvektor nicht restringiert werden ($\mathcal{A}_0 \neq 0, \mathcal{A}_{11} \neq 0, \mathcal{A}_{12} \neq 0, \mathcal{A}_{13} \neq 0, \mathcal{A}_{14} = -\mathcal{A}_{15}$).

$$-2\ln[Q;H_3|H_2] = 2.514 \sim \chi^2(1)$$

Diese Hypothese wird angenommen. Die zweite Hypothese schließt zusätzlich die Preise und den Wechselkurs aus dem Cointegrationsvektor aus ($\mathcal{A}_{11}=\mathcal{A}_{12}=\mathcal{A}_{13}=0$). Die Hypothese wird abgelehnt.

$$-2\ln[Q; H_3|H_2] = 21.883 \sim \chi^2(4)$$

Die dritte Hypothese über die Zinsparität ist die, den Einfluß der Zinsen nicht zu restringieren ($\mathcal{A}_{14} \neq 0, \mathcal{A}_{15} \neq 0$), aber die Preise und den Wechselkurs aus dem Cointegrationsvektor weiterhin auszuschließen. Auch diese Hypothese wird abgelehnt.

$$-2\ln[Q; H_3|H_2] = 19.591 \sim \chi^2(3)$$

Die Zinsparitätenhypothese wird bestätigt, jedoch sind die anderen Variablen im Cointegrationsvektor signifikant.

Es existiert zwischen den Variablen, die in der Kaufkraftparitätenhypothese sind, eine Cointegrationsbeziehung. Nicht jedoch der Art, daß der Wechselkurs im Sinne der Kaufkraftparität erklärt werden kann. Wohl beeinflußt der Wechselkurs das inländische Preisniveau, dieses jedoch nicht den Wechselkurs. Andere Untersuchungen kommen ebenfalls zu dem Ergebnis, daß der Wechselkurs nicht cointegriert ist mit den Preisen, wenn nach dem DM/US$ Wechselkurs normiert wird (vgl. Corbae & Ouliaris[4], Enders[8], Mecagni & Pauly[24], Ouliaris, Park & Phillips[25]). Der Johansen Ansatz kann in dem multivariaten System von Wechselkurs, Preisen und Zinsen ebenfalls nicht die Kaufkraftparitätenhypothese bestätigen. Der ermittelte Cointegrationsvektor kann das inländische Preisniveau erklären und bestätigt die Zinsparitätenhypothese.

4.2 Monetäres Modell

Der Engle–Granger Ansatz liefert für das monetäre Modell kein überzeugendes Ergebnis bzgl. des Wechselkurses (vgl. Tabelle (8)). Das Vorzeichen der Geldmengenrelation in der Wechselkursgleichung stimmt nicht mit den theoretischen Vorzeichen überein. Das Vorzeichen des ausländischen Zinses deutet auf eine keynesianische Interpretation des Modelles hin.

Die Normierung nach dem inländischen Preisniveau erzeugt zwar sinnvolle Vorzeichen, aber alle statistischen Tests weisen auf dem fünfprozentigen Signifikanzniveau nichtstationäre Residuen aus. Auf eine *error correction* Formulierung ist hier verzichtet worden, da dieser Ansatz keinen Cointegrationsvektor anzeigt. Baille & Selover[1] und McNown & Wallace[23] finden ähnliche Ergebnisse mit diesem Ansatz.

Tabelle 8: Engle–Granger Cointegrationsregression des monetären Modells

$$e_t = \underset{(0.788)}{0.364} + \underset{(11.979)}{10.208}\, p_{1,t} - \underset{(11.849)}{5.799}\, p_{2,t} - \underset{(6.854)}{1.128}\, (m_{1,t} - m_{2,t}) + \underset{(1.026)}{0.597}\, (y_{1,t} - y_{2,t}) + \underset{(6.680)}{0.031}\, i_{2,t}$$

$R^2 = 0.781,\ DW = 0.717$

$DF = -3.739,\ Z[\hat{\rho}] = -23.174,\ Z[\hat{t}_\rho] = -3.760$

$$p_{1,t} = \underset{(1.012)}{0.038} + \underset{(11.977)}{0.069}\, e_t + \underset{(109.818)}{0.569}\, p_{2,t} + \underset{(5.669)}{0.083}\, (m_{1,t} - m_{2,t}) + \underset{(0.638)}{0.031}\, (y_{1,t} - y_{2,t}) - \underset{(10.389)}{0.003}\, i_{2,t}$$

$R^2 = 0.998,\ DW = 0.733$

$DF = -3.798,\ Z[\hat{\rho}] = -23.519,\ Z[\hat{t}_\rho] = -3.802$

Die Werte in den Klammern sind die t–Statistiken der Koeffizienten.

Der Stock Ansatz auf das monetäre Modell angewendet ergab die folgenden Ergebnisse (vgl. Tabelle (9)). Bei Cointegration sollten die Niveauvariablen im *error correction* Modell einen signifikanten Einfluß haben. Die Signifikanz der Parameter wird mit dem kritischen Wert der Dickey–Fuller Statistik überprüft. Demnach sind die Niveauvariablen in der Preisgleichung signifikant. Die Koeffizienten für den Wechselkurs und das ausländische Preisniveau im Cointegrationsvektor stimmen in etwa mit denen aus der Schätzung der Kaufkraftparitätengleichung überein. Die Vorzeichen erscheinen plausibel. Die Laglänge wurde für die normierte Variable auf 2 festgesetzt, während für die Regressoren keine Verzögerungen verwendet wurden. Diese Struktur wählten alle vier Kriterien aus.

Die Niveauvariablen in der Wechselkursgleichung sind bis auf den Wechselkurs nicht signifikant. Die Verzögerungen für die Regressoren wurden auf 1 gesetzt, für die normierte Variable wurde keine Verzögerung verwendet. Der *loading* Koeffizient weist den Cointegrationsvektor signifikant aus, jedoch werden die Variablen in dem Cointegrationsvektor insignifikant ausgewiesen. Obwohl die Verteilung der t–Statistiken im Cointegrationsvektor unbekannt sind, kann dennoch davon ausgegegangen werden, daß die kritischen Werte über denen der t–Verteilung liegen werden. Es existiert kein Cointegrationsvektor für den Wechselkurs. Die angegebene Lagstruktur bestimmten das Akaike und das FPE Kriterium. Das Hannan–Quinn und das Schwarz Kriterium dagegen schlossen zusätzlich alle verzögerten Regressoren aus. In beiden Gleichungen zeigten die LM–Tests die Residuen als weißes Rauschen an.

Ein Vergleich der Koeffizienten der Preisgleichung mit denen der statischen Regression der Preisgleichung zeigt, daß hier ganz ähnliche Cointegrationskoeffizienten geschätzt werden. Daß dort die Residuentests die Einheitswurzel nicht verwerfen konnten, könnte an der geringen Güte der Tests liegen, die mit der Zahl der Regressoren abnimmt.

Tabelle 9: Stock Schätzung des monetären Modells

$$\begin{aligned}
\Delta e_t =& \underset{(1.631)}{0.610} - \underset{(1.984)}{0.203}\, e_{t-1} + \underset{(0.432)}{0.565}\, p_{1,t-1} - \underset{(0.388)}{0.283}\, p_{2,t-1} - \underset{(0.681)}{0.110}\, (m_{1,t-1} - m_{2,t-1}) \\
&+ \underset{(1.523)}{0.732}\, (y_{1,t-1} - y_{2,t-1}) + \underset{(0.853)}{0.005}\, i_{2,t-1} + \underset{(2.123)}{0.579}\, \Delta p_{1,t-1} - \underset{(2.082)}{3.638}\, \Delta p_{2,t-1} \\
&+ \underset{(0.896)}{0.368}\, \Delta(m_{1,t-1} - m_{2,t-1}) - \underset{(1.786)}{1.106}\, \Delta(y_{1,t-1} - y_{2,t-1}) + \underset{(0.142)}{0.001}\, \Delta i_{2,t-1}
\end{aligned}$$

$R^2 = 0.295,\ DW = 1.755$

$$\alpha' = [-1, \underset{(0.365)}{2.787}, -\underset{(0.332)}{1.398}, -\underset{(0.548)}{0.543}, \underset{(1.237)}{3.617}, \underset{(0.649)}{0.024}];\ \gamma = -\underset{(3.863)}{0.203}$$

$$\begin{aligned}
\Delta p_{1,t} =& \underset{(2.030)}{0.027} - \underset{(5.405)}{0.270}\, p_{1,t-1} + \underset{(3.719)}{0.015}\, e_{t-1} + \underset{(5.129)}{0.142}\, p_{2,t-1} + \underset{(2.814)}{0.018}\, (m_{1,t-1} - m_{2,t-1}) \\
&+ \underset{(0.609)}{0.036}\, (y_{1,t-1} - y_{2,t-1}) + \underset{(0.609)}{0.0001}\, i_{2,t-1} + \underset{(2.762)}{0.272}\, \Delta p_{1,t-1} - \underset{(3.318)}{0.314}\, \Delta p_{1,t-2}
\end{aligned}$$

$R^2 = 0.846,\ DW = 1.919$

$$\alpha' = [-1, \underset{(2.274)}{0.054}, \underset{(2.634)}{0.526}, \underset{(2.089)}{0.065}, \underset{(1.897)}{0.132}, \underset{(0.653)}{0.0004}];\ \gamma = -\underset{(9.277)}{0.270}$$

Die Werte in den Klammern sind die t–Statistiken der Koeffizienten.

Der Johansen Ansatz für das monetäre Modell entspricht nicht ganz dem theoretischen Modell. Zum einen weil die kritischen Werte für die Tests nur für 5 Variable berechnet sind, zum anderen ließ sich das benutzte Programm aus Speicherplatzgründen nicht auf 6 Variablen erweitern. Deshalb wurde einmal der ausländische Zins und einmal das ausländische Preisniveau herausgenommen. Die Herausnahme des ausländischen Preisniveaus und die Aufnahme des ausländischen Zinses haben ein Modell ergeben, daß wenig überzeugen konnte. Im ersten der zwei Cointegrationsvektoren, die identifiziert wurden, waren der Wechselkurs und der inländische Preis schwach exogen. In dem zweiten Cointegrationsvektor war nur der Wechselkurs schwach exogen. Weiterhin stellten sich zum Teil falsche Vorzeichen ein. Die Ergebnisse mit dem ausländischen Preisniveau sind hier wiedergeben (vgl. Tabelle (10)). Die Driftrestriktion $\nu = \Gamma\mathcal{A}_0$

Tabelle 10: Johansen Tests des montären Modells

H_0	$\hat{\lambda}_i$	$\hat{\lambda}_{max}$	$\hat{\lambda}_{trace}$	$\hat{\lambda}_i^*$	$\hat{\lambda}_{max}^*$	$\hat{\lambda}_{trace}^*$
$r \leq 4$	0.031	2.005	2.005	0.102	6.899	6.899
$r \leq 3$	0.170	11.946	13.951	0.170	11.956	18.855
$r \leq 2$	0.219	15.797	29.748	0.244	17.884	36.739
$r \leq 1$	0.392	31.865	61.612	0.428	35.704	72.443
$r = 0$	0.833	114.406	176.019	0.957	200.915	273.358

wird mit der Statistik $-2\ln[Q] = 7.210 \sim \chi^2(3)$ überprüft und nicht abgelehnt. Die Laglänge wurde auf 1 gesetzt. Die Kriterien von Schwarz und Hannan–Quinn empfehlen diese Ordnung. Die im Anhang A2 wiedergebenen Fehlspezifikationstests sind zufriedenstellend. Das FPE und das Akaike Kriterium bestimmen eine Laglänge von 3. Unter der Driftrestriktion zeigt der λ_{trace} Test 3 Cointegrationsvektoren an, der λ_{max} Test dagegen nur 2. Die λ_{trace} Statistik hat i.d.R. eine höhere Güte, r Cointegrationsvektoren zu ermitteln, wenn die geschätzten Eigenwerte dicht beieinanderliegen, während der λ_{max} Test bessere Eigenschaften aufweist, wenn die Eigenwerte weiter auseinander liegen. Der λ_{trace} Test ist dann zu bevorzugen, wenn die Eigenwerte eher gleichverteilt sind (Juselius[18, S.15]). In dem vorliegenden Fall wird das Ergebnis des λ_{max} Tests ausgewählt. Die geschätzten Eigenvektoren und Gewichte sind in den Tabellen (11) und (12) wiedergegebenen. Das geschätzte Modell ist in Anhang B2 wiedergegeben.

Tabelle 11: Johansen Schätzung: Eigenvektoren des monetären Modells

	$\hat{A}_{1.}$	$\hat{A}_{2.}$	$\hat{v}_{3.}$	$\hat{v}_{4.}$	$\hat{v}_{5.}$	$A_{0.}$
e	1.117	6.781	4.813	−2.609	3.084	0.532
p_1	−26.230	−52.871	−46.659	23.749	34.231	−27.732
p_2	13.445	30.989	20.994	−13.797	−18.302	16.405
$(m_1 - m_2)$	1.791	3.709	0.717	−16.569	2.189	−5.837
$(y_1 - y_2)$	0.377	11.741	−38.508	31.104	−14.460	−2.526
1	0.627	4.912	−34.312	15.542	−10.857	−5.783

Tabelle 12: Johansen Schätzung: Gewichte des monetären Modells

	$\hat{\Gamma}_{.1}$	$\hat{\Gamma}_{.2}$	$\hat{w}_{.3}$	$\hat{w}_{.4}$	$\hat{w}_{.5}$
Δe	−0.002	0.008	−0.011	−0.000	−0.018
Δp_1	0.010	0.001	0.000	0.000	−0.000
Δp_2	0.017	−0.003	−0.001	−0.001	0.000
$\Delta(m_1 - m_2)$	0.001	−0.005	0.004	0.006	−0.003
$\Delta(y_1 - y_2)$	0.000	0.000	0.005	−0.003	−0.001

Die Antwort auf die Frage, nach welcher Variable die Cointegrationsvektoren zu normieren sind, wird mit Hilfe des Tests auf Ausschluß der Cointegrationsvektoren in bestimmten Gleichungen gefunden. Es zeigt sich in Übereinstimmung mit der Theorie, daß $(m_{1,t} - m_{2,t})$ und $(y_{1,t} - y_{2,t})$ schwach exogen sind. Jedoch kann auch der Wechselkurs als schwach exogene Variable isoliert werden. Dies deutet sehr daraufhin, daß das theoretische Modell nicht bestätigt wird (vgl. Tabelle (13)). Eine Normierung nach den schwach exogenen Variablen scheidet aus. Es verbleiben nur noch das in- und ausländi-

Tabelle 13: Johansen Test $-2\ln[Q; H_4|H_2]$ des monetären Modells

$\chi^2(2)$	$\Gamma_{.1} = 0$ 1.031	$\Gamma_{.4} = 0$ 3.741	$\Gamma_{.5} = 0$ 0.003
$\chi^2(4)$	$\Gamma_{.4} = \Gamma_{.5} = 0$ 3.742		
$\chi^2(6)$	$\Gamma_{.1} = \Gamma_{.4} = \Gamma_{.5} = 0$ 5.012		

sche Preisniveau. Der erste Cointegrationsvektor wird für das inländische Preisniveau gewählt, da die geschätzten Koeffizienten denen aus dem Engle–Granger und dem Stock Ansatz sehr ähnlich sind ($\mathcal{A}_{1.} = [-0.043, 1, -0.513, -0.068, -0.014, -0.024]$). Der zweite Cointegrationsvektor wird nach dem ausländischen Preisniveau normiert ($\mathcal{A}_{2.} = [0.219, -1.706, 1, 0.120, 0.379, 0.159]$). Der Theorie nach ist diese Variable exogen, dem statistischen Verfahren nach endogen. Die Vorzeichen in beiden Cointegrationsvektoren sind plausibel.

Insgesamt beurteilt, kann das monetäre Modell nicht bestätigt werden, weil der Wechselkurs in keinem der Verfahren als erklärte Variable identifiziert werden kann. Jedoch existiert eine Gleichgewichtsbeziehung für das Preisniveau. Die Zustandsmatrix hat einen reduzierten Rang. Die Hypothese der Währungssubstitution kann den reduzierten Rang erklären. Es wird nicht, wie in dem Modell angenommen, die Gleichgewichtsbeziehung für das Preisniveau überflüssig, sondern die für den Wechselkurs. Insofern kann unter Vorbehalt auf einen hohen Grad von Währungssubstitution geschlossen werden. Der Vorbehalt ist, daß die ökonometrische Form des Modells nicht identifiziert ist; die semireduzierte Form des Modells könnte mit anderen strukturellen Modellen übereinstimmen.

5 Abschließende Bemerkungen

Das Ergebnis der theoretischen Betrachtungen war, daß Währungssubstitution auf das Gleichgewicht des monetären und des keynesianischen Modells in Richtung auf geringe Statbilität wirkt. Wichtig bei diesem Ergebnis ist, daß mit zunehmend instabileren Gleichgewichten aufgrund höherer Währungssubstitution die Wechselkursschwankungen abnehmen, also trendbehaftete Verläufe der endogenen Variablen entstehen. Dieser Effekt tritt nicht bei dem monetaristischen Modell auf, das keinen Gütermarkt enthält. Weiterhin stellte sich heraus, daß Währungssubstitution nicht direkt testbar ist. In der ökonometrischen Spezifizierung der Modelle, die nichtstationäre Zeitreihen berücksichtigt, zeigte sich, daß Cointegration mit einem reduzierten Rang der Zustandsmatrix verbunden ist. Ein reduzierter Rang der Zustandsmatrix der theoretischen Modelle wurde durch perfekte Währungssubstitution erzeugt. Da die Modelle nicht identifiziert sind, kann jedoch kein eindeutiger Rückschluß gemacht werden.

In der Cointegrationsanalyse erweist sich der Wechselkurs in der Kaufkraftparität als schwach exogene Variable. Das inländische Preisniveau wird durch das ausländische Preisniveau und den Wechselkurs in eine stationäre Beziehung transformiert. Es kann nicht der Wechselkurs, sondern das inländische Preisniveau mit dieser Hypothese erklärt werden. In dem monetären Modell kann ebenfalls nicht der Wechselkurs erklärt werden, sondern wieder das inländische Preisniveau und das ausländische Preisniveau. Das Ziel, den Wechselkurs langfristig durch makroökonomische Variable erklären zu können, ist mit diesen Modellansätzen nicht gelungen. Jedoch zeigt sich, daß ein instabiles Gleichgewicht für das monetäre Modell vorliegt. Dies bedeutet, daß die Erklärung, daß Währungssubstitution den reduzierten Rang der Zustandsmatrix erzeugt, zutreffen könnte.

Literatur

[1] Baille, R.T. & D.D. Selover, 1987, "COINTEGRATION AND MODELS OF EXCHANGE RATE DETERMINATION", *International Journal of Forecasting* 3, S.43–51.

[2] Bårdsen, G., 1989, "ESTIMATION OF LONG RUN COEFFICIENTS IN ERROR CORRECTION MODELS", *Oxford Bulletin of Economics and Statistics* 51(2), S.345–350.

[3] Bhandari, J.S., 1982, "EXCHANGE RATE DETERMINATION AND ADJUSTMENT", Praeger Publishers, New York.

[4] Corbae, D. & S. Ouliaris, 1988, "COINTEGRATION AND TESTS OF PURCHASING POWER PARITY", *Economics Letters* 22, S.508–511.

[5] Dickey, D.A. & W.A. Fuller, 1979, "DISTRIBUTION OF THE ESTIMATORS FOR AUTOREGRESSIVE TIME SERIES WITH A UNIT ROOT", *Journal of the American Statistical Association* 74(366), S.427–431.

[6] Dickey, D.A., W.R. Bell, R.B. Miller, 1986, "UNIT ROOTS IN TIME SERIES MODELS: TESTS AND IMPLICATIONS", *The American Statistican* 40(1), S.12–26.

[7] Dornbusch, R., 1976, "EXPECTATIONS AND EXCHANGE RATE DYNAMICS", *Journal of Political Economy* 84(4), S.1161–1176.

[8] Enders, W., 1988, "ARIMA AND COINTEGRATION TESTS OF PPP UNDER FIXED AND FLEXIBLE EXCHANGE RATES REGIMES", *Economics Letters* 22, S.504–508.

[9] Engle, R.F. & C.W.J. Granger, 1987, "CO-INTEGRATION AND ERROR CORRECTION: REPRESENTATION, ESTIMATION, AND TESTING", *Econometrica* 55(2), S.251–276.

[10] Engle, R.F. & B.S. Yoo, 1987, "FORECASTING AND TESTING IN CO-INTEGRATED SYSTEMS", *Journal of Econometrics* 35, S.143–159.

[11] Frenkel, J.A. & C.A. Rodriguez, 1982, "EXCHANGE RATE DYNAMICS AND THE OVERSHOOTING HYPOTHESIS", *International Monetary Fund Staff Papers* 29, S. 1–30.

[12] Fuller, W.A., 1976, "INTRODUCTION TO STATISTICAL TIME SERIES", John Wiley, New York.

[13] Hansen, G., 1988, "ANALYSE ÖKONOMISCHER GLEICHGEWICHTE UND COINTEGRIERTE ZEITREIHEN, *Allgemeines Statistisches Archiv* 72, S.337–358.

[14] Hylleberg, S. & G.E. Mizon, 1989, "A NOTE ON THE DISTRIBUTION OF THE LEAST SQUARES ESTIMATOR OF A RANDOM WALK WITH DRIFT", *Economics Letters* 29, S.225–230.

[15] Hylleberg, S. & G.E. Mizon, 1989, "COINTEGRATION AND ERROR CORRECTION MECHANISMS", *The Economic Journal* 99, S.113–125.

[16] Johansen, S., 1989, "LIKELIHOOD BASED INFERENCE ON COINTEGRATION. THEORY AND APPLICATIONS.", Lecture Notes, Institute of Mathematical Statistics, University of Copenhagen.

[17] Johansen, S. & K. Juselius, 1990, "SOME STRUCTURAL HYPOTHESES IN A MULTIVARIATE COINTEGRATION ANALYSIS OF THE PURCHASING POWER PARITY AND THE UNCOVERED INTEREST PARITY FOR UK", Preprint No.1, Institute of Mathematical Statistics, University of Copenhagen.

[18] Juselius, K., 1990, "LONG-RUN RELATIONS IN A WELL DEFINED STATISTICAL MODEL FOR THE DATA GENERATING PROCESS. COINTEGRATION ANALYSIS OF THE PPP AND THE UIP RELATIONS.", Discussion Paper No. 90-11, Institute of Economics, University of Copenhagen.

[19] Kmenta, J., 1986, "ELEMENTS OF ECONOMETRICS", MacMillian Publishing Co., New York.

[20] Kohn, W., 1990, "EINE ÖKONOMETRISCHE ANALYSE VON WECHSELKURSMODELLEN UNTER BERÜCKSICHTIGUNG NICHTSTATIONÄRER ZEITREIHEN", nicht publizierte Dissertation, Universiät Kiel.

[21] Kremers, J.J.K., N.R. Ericsson, J.J. Dolado, 1989, "THE POWER OF COINTEGRATION TESTS", nicht publiziertes Arbeitspapier.

[22] Lütkepohl, H., 1985, "COMPARISON OF CRITERIA FOR ESTIMATING THE ORDER OF A VECTOR AUTOREGRESSIVE PROCESS", *Journal of Time Series Analysis* 6(1), S.35–52.

[23] McNown, R. & M. Wallace, 1989, "CO-INTEGRATION TESTS FOR LONG RUN EQUILIBRIUM IN THE MONETARY EXCHANGE RATE MODEL", *Economics Letters* 31, S.263–267.

[24] Mecagni, M. & P. Pauly, 1987, "RELATIVE PRICES AND EXCHANGE RATES IN THE LONG RUN", NISER #2.

[25] Ouliaris, S., J.Y. Park, P.C.B. Phillips, 1989, "TESTING FOR A UNIT ROOT IN THE PRESENCE OF A MAINTAINED TREND", in: Advances in Econometrics and Modelling, Eds.: Baldev Raj, Kluwer Academic Publishers, Needham(Massachusetts), S.7–28.

[26] Perron, P., 1988, "TRENDS AND RANDOM WALKS IN MACROECONOMIC TIME SERIES – FURTHER EVIDENCE FROM A NEW APPROACH", *Journal of Economic Dynamics and Control* 12, S.297–332.

[27] Phillips, P.C.B., 1987, "TIME SERIES REGRESSION WITH A UNIT ROOT", *Econometrica* 55(2), S.277-301.

[28] Phillips, P.C.B. & P. Perron, 1988, "TESTING FOR A UNIT ROOT IN TIME SERIES REGRESSION", *Biometrika* 75(2), S:335–346.

[29] Said, S.E. & D.A. Dickey, 1984, "TESTING FOR UNIT ROOTS IN AUTOREGRESSIVE-MOVING AVERAGE MODELS OF UNKNOWN ORDER", *Biometrika* 17(3), S.599–607.

[30] Stock, J., 1987, "ASYMPTOTIC PROPERTIES OF LEAST SQUARES ESTIMATORS OF COINTEGRATION VECTORS", *Econometrica* 55, S.1035–1056.

[31] Yoo, B.S., 1987, "CO-INTEGRATED TIME SERIES: STRUCTURE, FORECASTING AND TESTING", nicht publizierte Dissertation, University of California, San Diego.

A Schätzergebnisse des Johansen Ansatzes

A.1 Kaufkraftparität

$$\begin{bmatrix} \Delta p_{1,t} \\ \Delta p_{2,t} \\ \Delta e_t \\ \Delta i_{1,t} \\ \Delta i_{2,t} \end{bmatrix} = \underbrace{\begin{bmatrix} 0.128 & -0.440 & 0.113 & 0.012 & 0.010 \\ -0.268 & 0.060 & 0.404 & 0.034 & 0.003 \\ 7.877 & -3.240 & -3.249 & 0.456 & -0.083 \\ 48.206 & 8.996 & -14.579 & 16.137 & -0.743 \\ 19.987 & 46.262 & -65.712 & 109.948 & 0.137 \end{bmatrix}}_{\Theta_1} \begin{bmatrix} \Delta p_{1,t-1} \\ \Delta p_{2,t-1} \\ \Delta e_{t-1} \\ \Delta i_{1,t-1} \\ \Delta i_{2,t-1} \end{bmatrix} +$$

$$\underbrace{\begin{bmatrix} 0.012 & 0.000 & -0.001 & 0.001 & 0.000 \\ -0.023 & 0.003 & 0.001 & 0.001 & -0.000 \\ -0.275 & 0.007 & -0.014 & 0.007 & 0.004 \\ -2.102 & -0.241 & -0.208 & 0.318 & 0.160 \\ -6.225 & 0.871 & 0.332 & -0.241 & -0.634 \end{bmatrix}}_{\Theta_2} \begin{bmatrix} \Delta p_{1,t-2} \\ \Delta p_{2,t-2} \\ \Delta e_{t-2} \\ \Delta i_{1,t-2} \\ \Delta i_{2,t-2} \end{bmatrix} +$$

$$\underbrace{\begin{bmatrix} -0.220 & 0.106 & 0.009 & -0.001 & 0.001 & \overbrace{-0.012}^{\Gamma\mathcal{A}_0} \\ 0.039 & -0.036 & -0.012 & 0.000 & 0.001 & 0.009 \\ -0.215 & 0.099 & -0.081 & -0.000 & 0.005 & -0.002 \\ -8.496 & 5.140 & -0.255 & -0.339 & 0.120 & 0.373 \\ 39.046 & -19.915 & -3.850 & 0.226 & -0.271 & 4.515 \end{bmatrix}}_{A(1)} \begin{bmatrix} p_{1,t-3} \\ p_{2,t-3} \\ e_{t-3} \\ i_{t-3} \\ i_{t-3} \\ 1 \end{bmatrix}$$

	JB	$Q(12)$
$\Delta p_{1,t}$	0.940	7.614
$\Delta p_{2,t}$	2.853	13.528
Δe_t	0.037	8.679
$\Delta i_{1,t}$	9.695	9.367
$\Delta i_{2,t}$	25.942	8.172

$A(1) = \Gamma\mathcal{A}$ unter $r = 1$:

$$\begin{matrix} \Delta p_{1,t} \\ \Delta p_{2,t} \\ \Delta e_t \\ \Delta i_{1,t} \\ \Delta i_{2,t} \end{matrix} \begin{bmatrix} -0.002 \\ -0.001 \\ -0.003 \\ 0.084 \\ 0.330 \end{bmatrix} \begin{bmatrix} p_1 & p_2 & e & i_1 & i_2 & 1 \\ 102.618 & -47.721 & -4.220 & 0.275 & -0.554 & 6.360 \end{bmatrix}$$

A.2 Monetäres Modell

$$\begin{bmatrix} \Delta e_t \\ \Delta p_{1,t} \\ \Delta p_{2,t} \\ \Delta m_t^* \\ \Delta y_t^* \end{bmatrix} = \underbrace{\begin{bmatrix} -0.051 & -0.523 & 0.347 & -0.014 & 0.762 & \overbrace{0.598}^{\Gamma\mathcal{A}_0} \\ 0.017 & -0.309 & 0.162 & 0.017 & 0.027 & 0.018 \\ -0.003 & -0.258 & 0.126 & 0.028 & 0.005 & 0.030 \\ -0.041 & 0.138 & -0.111 & -0.119 & 0.015 & -0.034 \\ 0.030 & -0.331 & 0.161 & 0.056 & -0.277 & -0.209 \end{bmatrix}}_{A(1)} \begin{bmatrix} e_{t-1} \\ p_{1,t-1} \\ p_{2,t-1} \\ m_{t-1}^* \\ y_{t-1}^* \\ 1 \end{bmatrix}$$

	JB	$Q(12)$
Δe_t	0.003	9.569
$\Delta p_{1,t}$	0.598	16.669
$\Delta p_{2,t}$	0.256	32.053
Δm_t^*	0.554	16.716
Δy_t^*	0.067	18.050

$A(1) = \Gamma\mathcal{A}$ unter $r = 2$ und $\alpha_1 = \alpha_4 = \alpha_5 = 0$:

$$
\begin{array}{c}
\Delta e_t \\ \Delta p_{1,t} \\ \Delta p_{2,t} \\ \Delta m^*_t \\ \Delta y^*_t
\end{array}
\begin{bmatrix}
0 & 0 \\
-0.261 & -0.052 \\
-0.447 & 0.165 \\
0 & 0 \\
0 & 0
\end{bmatrix}
\begin{bmatrix}
e & p_1 & p_2 & m^* & y^* & 1 \\
-0.043 & 1 & -0.513 & -0.069 & -0.015 & -0.025 \\
-0.229 & -1.771 & 1 & 0.023 & 0.281 & 0.013
\end{bmatrix}
$$

Die relative Stabilität der europäischen Geldnachfragefunktion

Nikolaus K.A. Läufer,
Rosgartenstr. 12
Konstanz

Abstract

Die zentrale Hypothese dieses Beitrages lautet: Die europäische Geldnachfragefunktion ist stabiler als die Geldnachfragefunktion eines einzelnen europäischen Landes. Der Beweis wird für eine einfache Marshallianische Geldnachfragefunktion geführt, wobei einfache ökonometrische und portfoliotheoretische Überlegungen zur Anwendung gelangen.

1 Zentrale Hypothese

Die zentrale Hypothese dieses Beitrages lautet: Die europäische Geldnachfragefunktion ist stabiler als die Geldnachfragefunktion eines einzelnen europäischen Landes.

2 Bedeutung der Fragestellung

Die Stabilität der Geldnachfragefunktion ist seit den ersten Untersuchungen von Milton Friedman (1956) zur Geldnachfrage ein wichtiger Aspekt für grundlegende Enstscheidungen der Stabilisierungspolitik. Die Stabilität der Geldnachfragefunktion ist von besonderer Bedeutung für die Rollenverteilung zwischen Geld- und Fiskalpolitik und für die Frage der Wahl eines geeigneten Zwischenzieles der Geldpolitik. Je stabiler die Geldnachfragefunktion, umso geeigneter erscheint die Geldpolitik zur Beeinflussung des Preisniveaus und umso mehr ist die Geldmenge im Gegensatz zum Zinssatz das geeignete Zwischenziel der Geldpolitik. Ich erinnere hier, stellvertretend für viele, an die Untersuchungen von Anderson und Jordan (1968) und an die von William Poole (1970).

Das herkömmmliche Interesse an der Stabilität der Geldnachfrage beschränkt sich jedoch auf die Geldnachfragen innerhalb einzelner Volkswirtschaften. Mit dem Interesse an der künftigen Gestaltung der europäischen Geldpolitik liegt es nahe, diese Fragestellungen auf Europa als Ganzes zu übertragen. Wenn es aufgund der Stabilität der nationalen Geldnachfragen gute Argumente zugunsten einer besonderen Ausgestaltung der Geldpolitik,

---

Wirtschaftswissenschaftliche Beiträge, Band 60
Ökonometrie und Monetärer Sektor

sprich für eine Geldmengensteuerung gab, so könnte eine Untersuchung der Stabilität der europäischen Geldnachfragefunktion ähnliche Anhaltspunkte für die künftige europäische Geldpolitik geben.

Im folgenden werden notwendige und hinreichende Bedingungen dafür präsentiert, daß die europäische Geldnachfragefunktion stabiler ist als die eines einzelnen europäischen Landes. Das Papier ist wie folgt aufgebaut: Zuerst werden nationale und europäische Geldnachfragefunktionen definiert. Danach wird ein Stabilitätsmaß eingeführt, welches anschließend zur Messung der Stabilität der nationalen und europäischen Geldnachfragefunktionen benutzt wird. Nach dieser Vorarbeit wird die zentrale Hypothese neuformuliert und anschließend ein Beweis geführt.

3 Nationale Geldnachfrage für Land i

Zur Vereinfachung des Problems wählen wir als nationale Geldnachfragefunktion eine Marshallsche Geldnachfragefunktion:

$$M_i^d = k_i Y_i^{\eta_i}(1 + \epsilon_i), \qquad i = 1, 2 \tag{1}$$

mit

$$E(\epsilon_i) = 0. \tag{2}$$

Die Symbole haben folgende Bedeutung:

- M_i^d = Geldnachfrage des Landes i,
- Y_i = GNP des Landes i (Erwartungswert bzw. deterministischer Teil),[1]
- k_i = Geldnachfrageproportion des Landes i,
- ϵ_i = multiplikativer Fehlerterm,
- η_i = Einkommenselastizität (=1).

k_i ist das Marshallsche k und für die Einkommenselastizität η_i wird ein Wert von 1 angenommen. Diese Funktion ist ein stilisiertes Faktum. Sie bringt die empirisch bestätigte lineare Homogenität der Geldnachfrage inbezug auf das nominelle Sozialprodukt und die geringe Zinselastizität der Geldnachfrage in prononcierter Weise zum Ausdruck. Der multiplikative Aufbau der Geldnachfragefunktion korrespondiert mit der ökonometrischen Praxis, logarithmisch lineare Geldnachfragefunktionen zu schätzen. Es werden im folgenden zwei Fälle behandelt. Im ersten Fall wird die Einkommenselastizität $\eta = 1$ als a priori

[1] Im Falle stochastischer Einkommensvariablen kann die Geldnachfragefunktion formuliert werden als $M_i = k_i E(Y_i)^{\eta_i}(1+\theta)^{\eta_i}(1+\overline{\epsilon_i})$. Wenn wir das Erwartungswertsymbol unterdrücken und $(1+\theta)^{\eta_i}(1+\overline{\epsilon_i}) \equiv (1+\epsilon_i)$ setzen, dann erhalten wir die Formulierung in Gleichung (1).

bekannte, d.h. als sichere Größe behandelt. Im zweiten Fall wird die Einkommenselastizität als geschätzte Größe behandelt. Der Schätzwert entspreche zwar annahmegemäß dem wahren Wert, d.h. $\eta = \widehat{\eta} = 1$, aber diese Übereinstimmung sei dem Schätzer nicht bekannt. Der Schätzwert ist im zweiten Fall also eine unsichere Größe. Durch die Einbeziehung des zweiten Falles wird gezeigt, daß die relative Stabilität der europäischen Geldnachfrage nicht von der Voraussetzung *sicherer* Einkommenselastizitäten gleich 1 abhängt.

4 Ableitung der europäischen Geldnachfrage

Die europäische Geldnachfrage ist die Summe der länderspezifischen Geldnachfragen. Wir vereinfachen den formalen Apparat, indem wir von zwei Ländern ausgehen.

$$M_1^d + M_2^d = k_1Y_1 + k_2Y_2 + k_1Y_1\epsilon_1 + k_2Y_2\epsilon_2 \tag{3}$$

$$= (k_1Y_1 + k_2Y_2)(1 + \frac{k_1Y_1\epsilon_1 + k_2Y_2\epsilon_2}{k_1Y_1 + k_2Y_2}). \tag{4}$$

Unter Verwendung folgender Definitionen

$$\alpha_i = \frac{k_iY_i}{k_1Y_1 + k_2Y_2}, \tag{5}$$

$$\epsilon = \epsilon_1\alpha_1 + \epsilon_2\alpha_2, \tag{6}$$

$$M^d = M_1^d + M_2^d, \tag{7}$$

$$Y = Y_1 + Y_2, \tag{8}$$

$$k = \frac{k_1Y_1 + k_2Y_2}{Y}, \tag{9}$$

$$kY = k_1Y_1 + k_2Y_2, \tag{10}$$

erhält man eine zu den nationalen Funktionen symmetrische multiplikative Neuormulierung der europäischen Geldnachfrage[2]:

$$M^d = kY(1 + \epsilon) \tag{11}$$

$$mit\ \epsilon = \alpha_1\epsilon_1 + \alpha_2\epsilon_2. \tag{12}$$

- ϵ = gewogener Durchschnitt der ϵ_i.

[2]Die Annahme konstanter nationaler k_i führt nur dann zu einem konstanten europäischen k, wenn die Einkommen der beiden Länder sich in gleicher Proportion verändern (gleicher Variationskoeffizient). Wenn diese Voraussetzung nicht erfüllt ist, dann bedeutet die gleichzeitige Annahme konstanter k_i und k einen Spezifikationsfehler entweder auf dem Niveau der einzelnen Länder oder aber auf dem europäischen Niveau. Es erleichtert die formale Seite unserer Argumentation, wenn wir nicht an der Konstanz des europäischen k rütteln und den Spezifikationsfehler auf der nationalen Ebene ansiedeln. Wenn wir später die nationalen k_i regressionsanalytisch als Konstante behandeln, dann enthalten die nationalen Störterme ϵ_i auch einen Spezifikationsfehler.

5 Einführung eines Stabilitätsmaßes

Als Stabilitätsmaß dient die Varianz des relativen Prognosefehlers. In einem multiplikativen ökonometrischen Modell ist der relative und nicht der absolute Prognosefehler die relevante Größe. Das Stabilitätsmaß ist so normiert, daß eine größere Stabilität der Geldnachfragefunktion mit einem kleineren Wert des Stabilitätsmaßes einhergeht und umgekehrt.

Die formale Darstellung des Stabilitäsmaßes lautet:

$$sm_i = E\left(\frac{M_i^d - E(M_i^d \mid I_i)}{E(M_i^d \mid I_i)}\right)^2 \tag{13}$$

$$\tag{14}$$

- sm_i = Varianz[3] des relativen Progosefehlers bzw. der relativen Geldnachfrageüberraschung,
- $E(M_i^d \mid I_i)$ = Prognose (Schätzung) der Geldnachfrage unter Verwendung der verfügbaren Information I_i.

Läßt man den Index i weg, dann hat man die Form des Stabilitätsmaßes für die europäische Geldnachfragefunktion.

6 Messung der Stabilität der nationalen Geldnachfrage

Zur Messung der Stabilität der nationalen Geldnachfrage sind einige wenige vorbereitende Schritte nötig. Zuerst formulieren wir eine Beziehung zwischen Schätzwert und wahrem Wert des Marshallschen k_i. Dann wird mit Hilfe der Störterme und Schätzfehler eine neue Variable definiert und ein einfacher Ausdruck für das Stabilitätsmaß gewonnen.

Zwischen Schätzwert und wahrem Wert des Koeffizienten k besteht folgende Beziehung[4]:

$$k_i = \overline{k_i}(1 + e_i), \tag{16}$$

- k_i = wahrer Koeffizient,

---

[3]Druch Verwendung des Ausdrucks Varianz setzen wir implizit voraus, daß der relative Prognosefehler einen Erwartungswert von null hat, d.h. daß die Prognose unverzerrt ist.

[4]In einer etwas allgemeineren Formulierung, die auch den Fall eines geschätzten η einschließt, ist e_i der Fehler der Schätzung von $k_i Y_i^\eta$ und (16) ist durch

$$k_i Y^\eta = \overline{k_i} Y_i^{\widehat{\eta}}(1 + e_i) \tag{15}$$

zu ersetzen. Wegen der Voraussetzung $\eta = \widehat{\eta} = 1$ ist dies aber äquivalent mit (16). D.h. die Formulierungen (16) ff. decken beide Fälle unserer Behandlung von η ab.

- $\overline{k_i}$ = Schätzwert des Koeffizienten,
- e_i = multiplikativer Fehler der Schätzung von k_i.

Die nationale Geldnachfragefunktion kann daher auch wie folgt geschrieben werden:

$$\begin{aligned} M_i^d &= k_i Y_i(1+\epsilon_i) && (17)\\ &= \overline{k_i} Y_i(1+e_i)(1+\epsilon_i) && (18)\\ &= \overline{k_i} Y_i(1+u_i). && (19) \end{aligned}$$

In der letzten Zeile taucht u_i als neue Variable auf. Ihre explizite Definition lautet:

$$\begin{aligned} u_i &= (1+e_i)(1+\epsilon_i)-1 && (20)\\ &= \frac{M_i^d - \overline{k_i} Y_i}{\overline{k_i} Y_i}. && (21) \end{aligned}$$

Die Variable u_i ist der relative Prognosefehler der Geldnachfrage des Landes i, wenn $\overline{k_i} Y_i$ als Prognose $E(M_i^d \mid I_i)$ interpretiert werden kann. Wir werden zeigen, daß dies möglich ist.

Dazu treffen wir weitere Annahmen über die Störterme:

- Der Störterm ϵ_i tritt zeitlich nach der Schätzung von k_i auf.[5]
- Die Störterme der Geldnachfragefunktion sind unkorreliert. Folglich gilt:

$$E(e_i \epsilon_i) = 0. \tag{22}$$

- Die Störterme der Geldnachfragefunktion seien homoskedastisch.
- Die Schätzung des Koeffizienten k_i sei unverzerrt

$$E(e_i) = 0. \tag{23}$$

Für:

$$E(u_i) = E(e_i) + E(\epsilon_i) + E(e_i \epsilon_i) \tag{24}$$

erhält man daher

$$E(u_i) = 0. \tag{25}$$

Die Informationsmenge I_i können wir jetzt für unsere Zwecke durch

$$I_i = \{M_i^d = \overline{k_i} Y_i(1+u_i), \overline{k_i} Y_i = const., E(u_i) = 0\} \tag{26}$$

[5] Hier liegt die Vorstellung zugrunde, daß eine Geldnachfragefunktion mit Hilfe der Beobachtungen für einen bestimmten Zeitraum geschätzt wurde und dann zur Schätzung der Geldnachfrage für eine Periode außerhalb des Schätzzeitraums verwendet wird. Der Schätzfehler e bezieht sich auf den Schätzzeitraum und hat mit Störtermen des Schätzzeitraumes zu tun, der Störterm ϵ_i bezieht sich auf die Periode außerhalb des Schätzzeitraumes.

beschreiben. Für den Prognosewert der Geldnachfrage erhält man dann

$$E(M_i^d \mid I_i) = E\left[\overline{k_i}Y_i(1+u_i) \mid \overline{k_i}Y_i = const., E(u_i) = 0\right] = \overline{k_i}Y_i. \tag{27}$$

Folglich is u_i als relativer Prognosefehler interpretierbar. Für das Stabilitätsmaß resultiert:

$$sm_i = var(u_i). \tag{28}$$

Analoge Definitionen und Annahmen für die europäische Geldnachfragefunktion lauten

$$M^d = kY(1+\epsilon) = \overline{k}(1+e)Y(1+\epsilon) \tag{29}$$

$$= \overline{k}Y(1+e)(1+\epsilon) \tag{30}$$

$$= \overline{k}Y(1+u), \tag{31}$$

$$I = \{M^d = \overline{k}Y(1+u), \overline{k}Y = const., E(u) = 0\}, \tag{32}$$

$$E(M^d \mid I) = \overline{k}Y. \tag{33}$$

Sie ergeben für das Stabilitätsmaß der europäischen Geldnachfragefunktion

$$sm = var(u). \tag{34}$$

7 Neuformulierung der zentralen Hypothese

Die zentrale Hypothese dieses Beitrages lautet: Die europäische Geldnachfragefunktion ist stabiler als die eines einzelnen europäischen Landes. Mit Hilfe der eingeführten Stabilitätsmaße läßt sich diese Hypothese wie folgt formulieren:

Stabilitätstheorem

$$sm_i > sm. \tag{35}$$

Eine äquivalente Formulierung lautet:

$$var(u_i) > var(u). \tag{36}$$

8 Beweis

Der Beweis folgt in zwei Schritten. Im ersten Schritt wird gezeigt, daß die Bedingung

$$var(\epsilon_i) > var(\epsilon) \tag{37}$$

notwendig und hinreichend ist. Im zweiten Schritt wird die Gültigkeit dieser Bedingung untersucht.

8.1 1. Schritt

Im ersten Schritt wird gezeigt, daß $var(\epsilon_i) > var(\epsilon)$ notwendig und hinreichend ist für $var(u_i) > var(u)$ bzw. für $sm_i > sm$. Der formalen Einfachheit halber setzen wir bei der europäischen Geldnachfragefunktion an. Sie lautet:

$$M^d = kY^\eta(1+\epsilon). \tag{38}$$

Durch beidseitige natürliche Logarithmierung erhält man

$$lnM^d = lnk + \eta lnY + ln(1+\epsilon). \tag{39}$$

Sei $\widehat{lnk}$ die OLS-Schätzung von lnk und sei $var\left(\widehat{lnk}\right)$ die Varianz dieser Schätzung. $\overline{k}$ ist die Lösung von

$$ln\overline{k} = \widehat{lnk}, \tag{40}$$

d.h.

$$\overline{k} = \exp(\widehat{lnk}). \tag{41}$$

Zunächst setzen wir η als sicher gleich 1 voraus. Unter dieser Voraussetzung ist

$$\widehat{lnk} = \overline{M^d} - \overline{lnY} \tag{42}$$

und

$$var\left(\widehat{lnk}\right) = \frac{1}{n} var\left[ln(1+\epsilon)\right], \tag{43}$$

wobei n die Zahl der Beobachtungen darstellt. Hierin stehen $\overline{lnM^d}$ und $\overline{lnY}$ für das arithmetische Mittel des natürlichen Logarithmus der Variablen M^d und Y. Als beste lineare Schätzung oder Prognose der logarithmierten Geldnachfrage gilt:

$$\widehat{lnM^d} = \widehat{lnk} + lnY. \tag{44}$$

Der Prognosefehler lautet:

$$lnM^d - \widehat{lnM^d} = lnk - \widehat{lnk} + ln(1+\epsilon). \tag{45}$$

Die Varianz des Prognosefehlers[6] ist:

$$E(lnM^d - \widehat{lnM^d})^2 = E(lnM^d - \widehat{lnk} - lnY)^2 \tag{46}$$

$$= \left(1 + \frac{1}{n}\right) var\left[ln(1+\epsilon)\right]. \tag{47}$$

[6]Die Formel für die Varianz des Prognosefehlers kann man jedem Standard-Ökonometrielehrbuch entnehmen. Diese Formel muß jedoch noch an die hier gegebene Voraussetzung eines sicheren Koeffizienten $\eta = 1$ angepaßt werden. Diese Anpassung bedeutet eine Vereinfachung. Vergleiche dazu (47) mit (55) bzw. (53) mit (56).

Für die Varianz gilt aber auch folgende Darstellung:

$$\begin{aligned} E(lnM^d - \widehat{lnM^d})^2 &= E(lnM^d - \widehat{lnk} - lnY)^2 & (48)\\ &= E(lnM^d - ln\overline{k} - lnY)^2 & (49)\\ &= var\,[ln(1+u)]\,. & (50) \end{aligned}$$

Das bedeutet:

$$\begin{aligned} E(lnM^d - \widehat{lnM^d})^2 &= \left(1+\frac{1}{n}\right) var\,[ln(1+\epsilon)] & (51)\\ &= var\,[ln(1+u)]\,. & (52) \end{aligned}$$

Völlig analog erhalten wir mit der nationalen Geldnachfragefunktion des Landes i für die Varianz des relativen Prognosefehlers:

$$E(lnM_i^d - \widehat{lnM_i^d})^2 = (1+\frac{1}{n})var\,[ln(1+\epsilon_i)] = var\,[ln(1+u_i)]\,. \quad (53)$$

Aus (52) und (53) folgt unmittelbar[7]:

$$var(u_i) - var(u) > 0 \Longleftrightarrow var(\epsilon_i) - var(\epsilon) > 0. \quad (54)$$

Wenn wir η und η_i nicht als sicher gleich 1 voraussetzen, sondern unterstellen, daß sie mit Unsicherheit behaftet gleich 1 geschätzt werden, die Schätzwerte der Elastizitäten also stochastische Größen sind, dann lauten die entsprechenden Formeln für die Varianz des Prognosefehlers:

$$\begin{aligned} E(lnM^d - \widehat{lnM^d})^2 &= \left(1+\frac{1}{n}+\frac{(lnY-\overline{lnY})^2}{n\;var\,(lnY)}\right) var\,[ln(1+\epsilon)]\\ &= var\,[ln(1+u)]\,. & (55) \end{aligned}$$

$$\begin{aligned} E(lnM_i^d - \widehat{lnM_i^d})^2 &= \left(1+\frac{1}{n}+\frac{(lnY_i-\overline{lnY_i})^2}{n\;var\,(lnY_i)}\right) var\,[ln(1+\epsilon_i)]\\ &= var\,[ln(1+u_i)]\,. & (56) \end{aligned}$$

Y ist das Einkommensniveau, für das die Geldnachfrage prognostiziert wird. Aus den Formeln (55) und (56) erkennt man, daß die Varianz des relativen Prognosefehlers offensichtlich auch von der standardisierten Höhe des (logarithmierten) Einkommens abhängt, für die die Geldnachfrageprognose erstellt wird. Die standardisierte Höhe des Einkommens hat aber nichts mit der Stabilität der Geldnachfragefunktion als solcher zu tun. Deshalb sollte man den Einfluß dieses Faktors bei einem Stabilitätsvergleich ausschließen. Das kann dadurch geschehen, daß man den Vergleich der Stabiltitätsmaße unter normierten Bedingungen durchführt, d.h. unter der Voraussetzung gleicher standardisierter Höhe der erklärenden Einkommensvariablen:

[7]Wir benutzen hier die Eigenschaft $\frac{d\;var(x)}{d\;var(ln(1+x))} > 0$.

$$\frac{(lnY - \overline{lnY})}{\sqrt{var(lnY)}} = \frac{(lnY_i - \overline{lnY_i})}{\sqrt{var(lnY_i)}}. \tag{57}$$

Unter der Voraussetzung (57) gilt (54) und damit das Stabilitätstheorem offensichtlich nicht nur für den Fall einer a priori bekannten und damit sicheren Einkommenselastizität von 1, sondern auch für den Fall einer mit 1 geschätzten und damit unsicheren Einkommenselastizität von 1. Die Voraussetzung (57) ist dabei nicht als Einschränkung zu werten, sondern als eine Festlegung der Bedingungen, unter denen die Varianz des Prognosefehlers überhaupt einen eindeutigen Maßstab für die Stabilität der Geldnachfragefunktion bilden kann. Wenn die Voraussetzung (57) nicht erfüllt ist, dann mißt die Varianz des Prognosefehlers ein Konglomerat aus Instabilität der Geldnachfragefunktion und Variabilität der erklärenden Einkommensvariablen.

8.2 2. Schritt: Anwendung der Portfoliotheorie

Im zweiten Schritt unseres Beweises sollen Gründe dafür genannt werden, daß

$$var(\epsilon_i) - var(\epsilon) > 0. \tag{58}$$

Dazu verwenden wir ein portfoliotheoretisches Argument.[8] Die europäische Geldnachfrage ist ein diversifiziertes Portfolio von nationalen Geldnachfragen. Siehe dazu die Gleichungen (10) und (11). Der Störterm der europäischen Geldnachfrage ist ein gewogenes arithmetisches Mittel der nationalen Störterme. Es besteht hier eine portfoliotheoretische Analogie zwischen $kY(1 + \epsilon)$ und $W(1 + r)$. kY entspricht dem Anfangsvermögen W und ϵ entspricht dem durchschnittlichen Ertragssatz r in der Portfoliotheorie. Aus der Portfoliotheorie wissen wir, daß unter gewissen Voraussetzungen bezüglich der Korrelation der Ertragssätze und bei geeigneter Zusammensetzung des Portfolios die Varianz des durchschnittlichen Ertragssatzes kleiner ist als die kleinste der Varianzen der einzelnen Ertragssätze. Hier kommt das bekannte portfoliotheoretische Prizip der Varianzreduktion durch Diversifikation zum Tragen.

Der Störterm der europäischen Geldnachfragefunktion kann bei geeigneter Zusammensetzung der europäischen Geldnachfrage eine Varianz besitzen, die geringer ist als die Varianz der Störterme der Geldnachfragefunktionen in den einzelnen Ländern. Ob dies wirklich der Fall ist oder nicht, ist eine empirische Frage. Die Antwort hängt von zwei Faktoren ab:

- von der stochastischen Struktur der Ertragssätze bzw. der länderspezifischen Störterme in den nationalen Geldnachafragefuntionen und

[8]Dieses Argument wurde eingeführt in Läufer (1990a). Es findet sich wieder in Läufer (1990b).

- von der tatsächlichen Zusammensetzung des Portfolios bzw. der europäischen Geldnachfrage.

Zum ersten Faktor (stochastische Struktur): Eine hinreichende Voraussetzung ist die stochastische Unabhängigkeit der länderspezifischen Störterme. Stochastische Unabhängigkeit ist jedoch nicht notwendig. Notwendig ist, daß die Korrelationen der Ertragssätze unterhalb einer positiven Schranke liegen. Zum zweiten Faktor (Zusammenseztung): Es reicht hin, daß die tatsächliche länderweise Komposition der europäischen Geldnachfrage nicht allzu sehr von der varianzminimierenden Komposition abweicht. Es ist jedoch nicht nötig, daß die beiden übereinstimmen.

Unter der nichtnotwendigen Voraussetzung der stochastischen Unabhängigkeit der länderspezifischen Störterme konnten wir an anderer Stelle zeigen[9], daß die europäische Geldnachfrage nicht allzusehr von der varianzminimierenden Komposition abweicht und daß daher die hinreichende Voraussetzung

$$var(\epsilon_i) - var(\epsilon) > 0 \tag{59}$$

erfüllt ist.

9 Schlußbemerkung

Der Inhalt dieses Papiers soll die Erwartungen beeinflussen, mit denen an empirische Untersuchungen zur Stabilität der europäischen Geldnachfrage herangegangen wird. Ein Interesse an solchen Untersuchungen ist durch die Bedeutung der Fragestellung für die künftige Geldpolitik in Europa gegeben.[10] Es besteht Anlaß zu der Auffassung, daß eine Europäisierung der Geldpolitik zu Stabilitätsgewinnen führt. Dies ist jedoch nicht der Ort, diese Vermutung näher zu begründen.[11]

[9]Siehe Läufer (1990a)

[10]Siehe dazu Kremers und Lane (1990) und Russo und Tullio (1988).

[11]Ich verweise statt dessen auf Läufer (1990c).

References

[1] **Andersen, L.C. und J. Jordan**, Monetary and Fiscal Actions: A Test of Their Relative Importance in Economic Stabilization, Review, Federal Reserve Bank of St. Louis, Vol. 50, November 1968.

[2] **Friedman, M.**, The Quantity Theory of Money: A Restatement, in: Friedman (Ed.), Studies in the Quantity Theory of Money, Chicago 1956.

[3] **Kremers, J.M. and T.D. Lane**, Economic and Monetary Integration and the Aggregate Demand for Money in the EMS, Washington, March 1990.

[4] **Läufer, N.K.A.**, Mehr Stabilität für Gesamtdeutschland durch europäisierte Geldpolitik, Die Bank, Zeitschrift für Bankpolitik und Bankpraxis, September 1990a, S. 484-487.

[5] ———, A Monetary Policy for Unified Germany: Europeanization of Money Supply Targetting, Paper presented to the Second Konstanz Symposium on International Economics and Institutions, 1990b.

[6] ———, The inefficiency of the D-Mark standard, Working paper, Konstanz, 1990c.

[7] **Poole, W.**, Optimal Choice of Monetary Policy Instruments in a Simple Stochastic Macro Model, Quarterly Journal of Economics, Vol. 84, Mai 1970, S. 1-20.

[8] **Russo, M. and G. Tullio**, Monetary Coordination within the European Monetary System: Is There a Rule? in: Policy Coordination in the European Monetary System, Occasional Paper 61, International Monetary Fund, Washington, September 1988.

Einsatz des maschinellen Lernens zur Prognose der Entwicklung von Finanzmarktdaten

ANDREAS MERKEL
DAIMLER-BENZ AG, FORSCHUNG UND TECHNIK
EBERHARD-FINCKH-STR. 11, 7900 ULM

1 Einleitung

1.1 Maschinelles Lernen

Als Lernen kann man allgemein die Methoden bezeichnen, mit denen Menschen und Computer ihr Wissen erweitern und ihre Fähigkeiten verbessern [3]. Seit Beginn der Künstlichen Intelligenz (KI) Forschung wurde versucht, den Vorgang des Lernens zu verstehen, und Computerprogramme zu entwickeln, die lernen können. Dabei gibt es zwei grundlegende Untersuchungen, die man zum Lernen durchführt: Einmal soll der Vorgang des Lernens selbst verstanden werden; dies kann erreicht werden durch Computer, die den Vorgang simulieren. Zum anderen möchte man den Computer befähigen, selbsttätig Wissen aufzunehmen. Als langfristiges Ziel schwebte den Entwicklern vor, Computer zu entwickeln, die man unterrichten kann und nicht mehr programmieren muß.

Maschinelles Lernen (ML) ist eine Teildisziplin der Künstlichen Intelligenz und befaßt sich mit Methoden, durch die Systeme selbständig Wissen aufbauen bzw. das Wissen über ihren Anwendungsbereich erweitern. Zu den ML-Verfahren gehören unter anderem die symbolischen Induktionsverfahren. Diese Arbeit beschäftigt sich mit den Induktionsverfahren, die aus Beispielen lernen und ihr Wissen in Entscheidungsbäumen abbilden. Diese Verfahren können die Wissensakquisition in Expertensystemen unterstützen, sie eigenen sich jedoch auch zur Lösung von Klassifikations- und Prognoseproblemen. Eine große Perspektive dieser Verfahren kann jedoch nach Meinung des Verfassers in der Kombination mit Expertenwissen gesehen werden: *Induzierte Regeln werden in ein Expertensystem eingebunden und durch Expertenwissen ergänzt.*

Im Rahmen dieser Untersuchung wurde jedoch nur die eigenständige Prognosefähigkeit dieser Verfahren überprüft, d.h. diese Ergebnisse sind durch die oben angesprochene Variante noch verbesserungsfähig. Um eine Aussage über die Güte der Prognoseergebnisse mit den ML-Verfahren machen zu können, wurde ein Vergleich mit den klassischen statistischen Verfahren durchgeführt.

1.2 Maschinelles Lernen und Expertensysteme

Soll ein Expertensystem zur Prognose von Finanzmarktdaten entwickelt werden, dann drängt sich zunächst folgendes Vorgehen (es ist das Vorgehen, das bis jetzt in allen sich im Einsatz befindenden Expertensystemen angewandt wird) auf: Durch Befragung eines oder mehrerer Experten für die Prognose von Finanzmarktdaten bekommt man Regeln, die in ein Expertensystem integriert werden. Die Entwicklung dieser Regelmenge ist jedoch ein sehr langwieriger Prozeß, da Experten meist nicht in der Lage sind ihr Wissen

Wirtschaftswissenschaftliche Beiträge, Band 60
Ökonometrie und Monetärer Sektor

als Regelmenge zu formulieren; wäre dies einfach, gäbe es bestimmt viel mehr Experten auf den verschiedensten Gebieten. Weiter kann es vorkommen, daß ein Experte sein Vorgehen überhaupt nicht in Regeln formulieren kann oder vergißt Regeln zu formulieren, d.h. die Wahrscheinlichkeit auf diese Art leicht eine vollständige Regelmenge zu bekommen, mit der man Entscheidungen des Experten nachvollziehen kann, ist nicht sehr hoch. Dieses Problem wird in der Literatur als das sogenannte Bottle-Neck-Problem der Wissensakquisition beschrieben. Mit einem anderen Vorgehen kann man dieses Problem verringern: Der Experte wird gebeten in der Vergangenheit gelöste Fälle zur Verfügung zu stellen, am besten alle, aus denen dann mit einem induktiven Tool automatisch Regeln erzeugt werden. Diese Regeln haben dann per Definition des Tools die Eigenschaft, alle Fälle, die zu deren Entwicklung verwendet wurden, richtig zu klassifizieren. Die weiteren Vorteile liegen auf der Hand. Dies Vorgehen ist sehr schnell und beansprucht wenig Zeit des Experten. Dieser kann, wenn er dies für nötig hält, die induzierte Regelmenge manuell verändern oder ergänzen. Die im Rahmen dieser Arbeit durchgeführten Versuche beschränken sich jedoch darauf, die induzierten Regeln ohne jede Veränderung auf Eignung zur Prognose zu untersuchen. Es soll aber an dieser Stelle erwähnt werden, daß man diese Regelmenge auch in vom Experten veränderter Form zur Prognose einsetzen kann.

In dieser Arbeit wird zunächst in Kapitel 2 ein Verfahren vorgestellt mit dem Regeln aus einer Beispielmenge, die sich aus Objekten, die durch qualitative Attribute und Klassen beschrieben werden, zusammensetzt. Dann wird in Kapitel 3 ein Algorithmus beschrieben, der das in Kapitel 2 beschriebene Problem für stetige Klassen, d.h. Prognoseprobleme behandelt. Dabei sind in Kapitel 3, wenn von Objekten gesprochen wird, Beobachtungen oder Beispiele gemeint. In Kapitel 4 wird die Verwendung künstlich erzeugter Attribute motiviert und in Kapitel 5 wird eine Fallstudie behandelt, die sich mit der Anwendung der ML-Verfahren zur Prognose der Entwicklung des Zinssatzes beschäftigt.

2 Entscheidungsbaumklassifikation

2.1 Einleitung - Über die Entwicklung von Klassifikatoren

Bei der Entwicklung eines Klassifikators verfolgt man das Ziel, mit Hilfe von leicht zu bestimmenden Attributen eines Objektes auf dessen Klasse zu schließen, die im allgemeinen schwerer zu bestimmen ist. Dabei sollten die Attribute so geschaffen sein, daß eine eindeutige Zuordnung eines Objektes in eine Klasse mit deren Hilfe durchgeführt werden kann. In dieser Arbeit werden Verfahren vorgestellt, die aus einer Beispielmenge einen Klassifikator entwickeln.

Zur Einführung in die Problematik soll ein Entscheidungsproblem betrachtet werden, das aus [4] entnommen wurde. In diesem Beispiel wurde die Entscheidung getroffen, ob an einem bestimmten Tag etwas besonderes unternommen werden soll (P) oder nicht (N), d.h. es handelt sich um ein Zweiklassenproblem. Um diese Entscheidung zu treffen, werden Informationen über den Tag herangezogen. Dies sind Informationen über die Wetteraussichten, die Temperatur, die Luftfeuchtigkeit und der Aussage ob es windig ist. Der Tag ist in diesem Beispiel das zu klassifizierende Objekt, die zusätzlichen Informationen sind die Attribute des Objektes. Es werden dann für verschiedene Tage die Attributwerte und die Klassen bestimmt; damit soll ein Klassifikator hergeleitet werden, der für Tage, deren Attributkonstellation bekannt ist, die Klasse bestimmt. Jeder Tag wird durch seine Attributwerte und seine Klasse beschrieben. Tabelle 1 zeigt Attributwerte und Klassen für 14 Tage.

Nummer	Wetteraussicht	Temperatur	Luftfeucht.	Windig	Klasse
1	sonnig	heiß	hoch	falsch	N
2	sonnig	heiß	hoch	wahr	N
3	bewölkt	heiß	hoch	falsch	P
4	regnerisch	heiß	hoch	falsch	P
5	regnerisch	kalt	normal	falsch	P
6	regnerisch	kalt	normal	wahr	N
7	bewölkt	kalt	normal	wahr	P
8	sonnig	mild	hoch	falsch	N
9	sonnig	kalt	normal	falsch	P
10	regnerisch	mild	normal	falsch	P
11	sonnig	mild	normal	wahr	P
12	bewölkt	mild	hoch	wahr	P
13	bewölkt	heiß	normal	falsch	P
14	regnerisch	mild	hoch	wahr	N

Tabelle 1 : Entscheidungsproblem

Allgemein wird ein Objekt durch einen Meßvektor x beschrieben, wobei x aus $x_1, x_2, \ldots$ besteht. Bei dem Entscheidungsproblem war $x = (x_1, x_2, x_3, x_4)$ und x hatte Werte aus dem Meßraum X angenommen, wobei $X = X_1 \mathrm{x} X_2 \mathrm{x} X_3 \mathrm{x} X_4$ ist mit
X_1={sonnig, bewölkt, regnerisch}
X_2={heiß, kalt, mild}
X_3={hoch, normal}
X_4={falsch, wahr}
Das hier angegebene X ist der kleinste Meßraum, der alle betrachteten Meßwerte enthält. Es kann auch jede Obermenge davon gewählt werden, jedoch wird dadurch in den meisten Fällen das Problem nur unnötig verkompliziert. Die Klassen, die ein Objekt annehmen kann, seien in der Menge $C = \{C_1, C_2, \ldots, C_J\}$ gegeben. Für jedes Objekt besteht per Annahme eine Klasse C_j, die man diesem zuordnet. J ist hier die Anzahl der verschiedenen Klassen. Im obigen Beispiel ist $J = 2$ und C={P,N}.

Das Klassifikationsproblem kann damit wie folgt definiert werden:

Gesucht ist eine Zuordnungsvorschrift

$$d : X \longrightarrow C$$

mit $d(x) = C_j$, wobei es für alle $x \in X$ eine solche Zuordnungsvorschrift mit $C_j \in C$ geben muß.

Das Problem kann auch mengentheoretisch formuliert werden. Statt eine Zuordnungsvorschrift d zu suchen, kann eine Zerlegung von X in disjunkte Mengen A_i durchgeführt werden, die alle genau einer Klassifikation zugeordnet sind.

Dies läßt sich formal wie folgt ausdrücken:
$X = A_1 \cup A_2 \cup \ldots \cup A_J$ mit $A_i \cap A_j = \emptyset$ für alle $i \neq j$ und $i, j = 1, \ldots, J$. Weiter müssen

alle Meßvektoren $x \in A_j$ die gleiche Klasse C_j haben.

Klassifikatoren, die auf einem Entscheidungsbaum aufbauen, gehen wie oben beschrieben vor, d.h. es wird eine Zerlegung gesucht, die die obigen Eigenschaften besitzt. Damit ist ein Entscheidungsbaum wie folgt zu lesen (in Bild 1 ist der zu dem oben beschriebenen Beispiel gehörende Entscheidungsbaum angegeben):

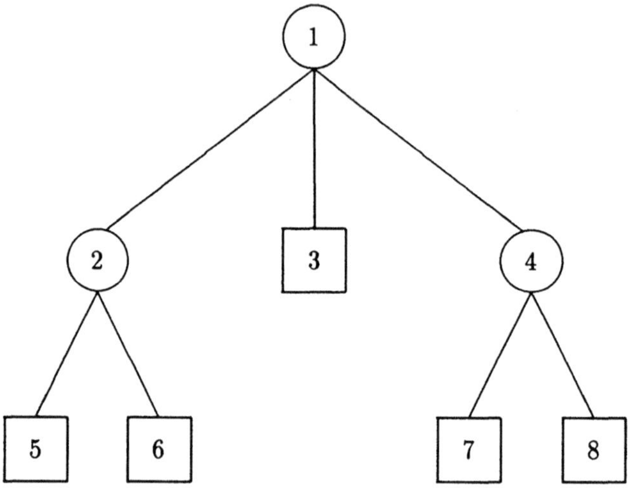

Bild 1: Entscheidungsbaum

An einem Knoten, der durch einen Kreis dargestellt wird, soll weiter verzweigt werden. Ist ein Knoten durch ein Quadrat dargestellt, so ist dieser Endknoten.

Die Knoten des Entscheidungsbaumes enthalten die Elemente:

Knoten 1: 1, 2, 3, 4, 5, 6, 7, 8, 9, 10, 11, 12, 13, 14
Knoten 2: 1, 2, 8, 9, 11
Knoten 3: 3, 7, 12, 13
Knoten 4: 4, 5, 6, 10, 14
Knoten 5: 1, 2, 8
Knoten 6: 9, 11
Knoten 7: 6, 14
Knoten 8: 4, 5, 10

Dabei werden die Knoten des Entscheidungsbaumes durch die unten aufgeführten Teilmengen beschrieben (zu Knoten j gehört die Menge Z_j als Wertebereich für die Objekte):

$Z_1 = X = X_1 \times X_2 \times X_3 \times X_4$
$Z_2 = \{\text{sonnig}\} \times X_2 \times X_3 \times X_4$
$Z_3 = \{\text{bewölkt}\} \times X_2 \times X_3 \times X_4$

$Z_4 = \{\text{regnerisch}\} \times X_2 \times X_3 \times X_4$
$Z_5 = \{\text{sonnig}\} \times X_2 \times \{\text{hoch}\} \times X_4$
$Z_6 = \{\text{sonnig}\} \times X_2 \times \{\text{normal}\} \times X_4$
$Z_7 = \{\text{regnerisch}\} \times X_2 \times X_3 \times \{\text{wahr}\}$
$Z_8 = \{\text{regnerisch}\} \times X_2 \times X_3 \times \{\text{falsch}\}$

Unter den oben angegebenen Mengen besteht der folgende Zusammenhang:

$Z_2 = Z_5 \cup Z_6$
$Z_4 = Z_7 \cup Z_8$
$Z_1 = Z_2 \cup Z_3 \cup Z_4$
$Z_5 \cap Z_6 = \emptyset$
$Z_7 \cap Z_8 = \emptyset$
$Z_2 \cap Z_3 \cap Z_4 = \emptyset$

Mit diesen Mengen ergibt sich der Klassifikator:

$A_1 = Z_5 \cup Z_7$
$A_2 = Z_3 \cup Z_6 \cup Z_8$

Dabei ist $X = A_1 \cup A_2$. Falls ein Attributwertvektor eines Objektes Element der Menge A_1 ist, dann gehört es zur Klasse 1 (N) und falls ein Attributwertvektor eines Objektes Element der Menge A_2 ist, dann gehört es zur Klasse 2 (P).

Die Wurzel (Knoten 1), für die als einziger Knoten noch keine Einschränkung des Wertebereiches vorgenommen ($Z_1 = X$) wurde, enthält alle Objekte. Für die direkten Nachfolger der Wurzel wurde eine disjunkte Aufteilung des Wertebereiches vorgenommen. Dann werden jedem Knoten die Objekte zugeordnet, die zu seinem Wertebereich gehören. Für alle Nachfolger der Wurzel wurde eine Aufteilung des Wertebereiches vorgenommen und zwar je feiner desto tiefer sich der Knoten im Entscheidungsbaum befindet. Die Wurzel wird in drei Knoten aufgeteilt, die durch drei disjunkte Wertebereiche beschrieben werden. Die Knoten, die sich ganz unten im Entscheidungsbaum befinden, die sogenannten Endknoten, haben einen so spezifizierten Wertebereich, daß sie nur noch Objekte gleicher Klasse enthalten, d.h. durch wiederholte Aufteilung des Wertebereiches gelangt man irgendwann zu Teilmengen, die nur noch Objekte gleicher Klasse enthalten. Mit diesem Vorgehen kann man beliebig feine Trennungen durchführen. Diese Tatsache wird ausgenutzt um einen Klassifikator zu entwickeln. Im folgenden ist zu klären, wie eine solche Aufteilung am geeignetsten durchgeführt werden kann.

2.2 Der ID3-Algorithmus

Der ID3-Algorithmus, der sehr ausführlich in [4] beschrieben ist, löst das im vorangegangenen Kapitel beschriebene Problem für qualitative Attribute und den Fall, daß die Datenmenge widerspruchsfrei und ohne jeden Fehler ist. Der in Bild 1 dargestellte Entscheidungsbaum wurde mit dem ID3-Algorithmus entwickelt. Die Aufteilung des Wertebereiches in verschiedene Teilmengen wurde dabei wie folgt durchgeführt: Ausgehend von der gesamten Menge X und allen zur Verfügung stehenden Attributen wird ein Attribut ausgewählt, mit dem die Menge X aufgespalten wird. Die Anzahl der

Aufteilungen der Menge X hängt dabei von der Anzahl der verschiedenen Ausprägungen des Attributes, das für die Verzweigung ausgewählt wurde, ab. Die Objekte werden dann in disjunkte Teilmengen nach ihren Ausprägungen aufgeteilt, d.h. die Objekte mit gleicher Ausprägung werden bezüglich des ausgewählten Attributes in einer Untermenge zusammengefaßt. Durch wiederholte Aufteilung der so entstandenen Untermengen bekommt man dann, egal welche Attribute zur Verzweigung zuerst herangezogen werden, irgendwann Untermengen, die nur noch Objekte gleicher Klassifikation enthalten. Solche Mengen zu erhalten ist ein wesentliches Ziel des ID3-Algorithmus. Der ID3-Algorithmus führt nun eine gerichtete Suche nach den Attributen durch, d.h. es wird nach den Attributen gesucht, mit deren Verzweigung der oben beschriebene Zustand möglichst schnell erreicht wird.

Damit steht das iterative Vorgehen fest:

- Falls alle Objekte einer Teilmenge die gleiche Klasse haben, dann benötigt man für diese Menge keine weiteren Verzweigungen. Der Menge mit diesem Wertebereich wird die gemeinsame Klasse zugeordnet.
- Sonst
  1. Wähle das meist informative Attribut aus.
  2. Teile mit Hilfe dieses Attributes die untersuchte Objektmenge in Untermengen auf, wobei in jeder dieser Untermengen nur Objekte mit gleichem Wert bezüglich des oben ausgewählten Attributes vorkommen dürfen.
  3. Wiederhole dies für alle Untermengen.

Im folgenden ist zu klären wie eine solche Attributauswahl stattfinden muß, damit möglichst wenig Verzweigungen benötigt werden.

Dazu soll die folgende Schreibweise verwendet werden. Sie wurde aus [4] und [1] entnommen:

1. Mit $x_j \in X$ wird ein Attributwertvektor, und mit $c_j \in C$ die Klasse eines Objektes j angegeben, d.h. der Vektor (x_j, c_j) beschreibt das Objekt j.
2. Die Anzahl der Objekte, für die ein Klassifikator entwickelt werden soll, sei N.
3. Der Attributwertbereichsraum X sei definiert durch das Kreuzprodukt X_1 x ... x X_p (jedes Objekt werde durch p verschiedene Attribute beschrieben), dabei ist X_j der Wertebereich des j-ten Attributes (vgl. Bsp. in der Einführung: Attribut 1: Wetteraussichten mit $X_1 = \{$sonnig, bewölkt, regnerisch$\}$). Der Wertebereich eines Attributes j wird als $X_j = \{x_{j1}, x_{j2}, \ldots, x_{jt_j}\}$ definiert.
4. Es sei J die Anzahl der verschiedenen Klassen. Weiter sei $p = (p_1, \ldots, p_J)$ die Verteilung über den Klassen, die über der gesamten Objektmenge liegt und $p_l = (p_{l1}, \ldots, p_{lJ})$ sei die Verteilung über den Klassen der Objekte in der l-ten Untermenge.

Damit können folgende Überlegungen angestellt werden: In der Objektmenge, die alle Beispiele enthält, haben die Objekte die Verteilung p. Teilt man diese Menge in Teilmengen auf, so haben diese in der Regel eine andere Verteilung. Wie bereits angedeutet, verzweigt der ID3-Algorithmus gerichtet. Dabei wird eine Aufteilung angestrebt, die die oben beschriebene Verteilung p in den Untermengen zugunsten einer Klasse stark verändert, d.h. die Verteilung p_l in Untermenge l mit $p_l = (1,0,\ldots,0)$ wäre für die Untermenge optimal und $p_l = (\frac{1}{J},\ldots,\frac{1}{J})$ wäre für die Untermenge am schlechtesten.

Um das oben geschriebene mathematisch zu erfassen, d.h. um subjektive Beurteilungen zu vermeiden, wird eine Funktion I eingeführt, die eine Bewertung der Verteilung in einem Knoten l erlaubt. Die Funktion I ordnet jeder Wahrscheinlichkeitsverteilung p_l, die über einem Knoten l liegt, einen Wert zwischen 0 und 1 zu.

Die Funktion ist also eine Abbildung

$$I : p_l \longrightarrow [0,1].$$

Diese Funktion soll einem Knoten den Wert 0 zuordnen, falls alle Objekte dieses Knotens die gleiche Klasse haben und sie soll den Wert 1 liefern, falls von jeder Klasse gleich viele Objekte in der Menge vorkommen.

Gesucht ist die Funktion mit $I(1,0,0,\ldots,0) = 0$, $I(0,1,0,\ldots,0) = 0$, $\ldots$ und $I(\frac{1}{J},\ldots,\frac{1}{J}) = 1$.

Eine Funktion mit den oben beschriebenen Eigenschaften ist das Entropie-Maß

$$I(p) = -\sum_{i=1}^{J} p_i log_2 p_i$$

bzw.

$$I(p_l) = -\sum_{i=1}^{J} p_{li} log_2 p_{li}.$$

Diese Funktion wird in der Literatur oft als ein Informationskriterium verwendet. Wird diese Funktion über alle entstehenden Teilmengen minimiert, dann erreicht man das oben angesprochene Ziel am schnellsten.

Beim ID3-Algorithmus werden die errechneten Entropie-Maße in den jeweils untersuchten Knoten gewichtet zu einer zu minimierenden Testgröße T zusammengefaßt.

$$T(x_j) = \sum_{l=1}^{t_j} \frac{n_{lj}}{n_j} I(p_l)$$

Die Gewichtung des jeweiligen Entropie-Maßes in der Summe berechnet sich aus dem Quotienten aus der Anzahl der Elemente im zum Entropie-Maß gehörenden Knoten (n_{lj}), und der Anzahl der Elemente des aufzuspaltenden Knotens (n_j). Es gilt $n_j = \sum_{l=1}^{t_j} n_{lj}$ mit t_j ist die Anzahl der verschiedenen Attributausprägungen des Attributes x_j.

3 Der Regressionsbaumalgorithmus

3.1 Einleitung

Ähnlich wie bei der Entwicklung eines Klassifikators wird bei der Prognose davon ausgegangen, daß es einen Zusammenhang zwischen dem zu prognostizierenden Wert und den exogenen Variablen gibt. Der Unterschied liegt in der Art des zu prognostizierenden Wertes - dieser ist hier stetig, was eine andere Vorgehensweise des ML-Verfahrens erfordert. Im folgenden soll das Verfahren, mit dem man diese Probleme lösen kann, vorgestellt werden.

Sei T die Anzahl der Objekte, die man zum Aufbau eines Regressionsbaumes zur Verfügung hat. Ein Objekt werde beschrieben durch die Attribute $x_1, \ldots, x_p$ (exogene Variablen) und seinen Wert y (endogene Variable). Damit hat man eine Menge von Beispielen gegeben:

$$X_{11}, X_{21}, \ldots, X_{p1}, Y_1$$

$$X_{12}, X_{22}, \ldots, X_{p2}, Y_2$$

$$X_{1T}, X_{2T}, \ldots, X_{pT}, Y_T$$

Bei der linearen Regression schätzt man damit mit der Methode der kleinsten Quadrate die Parameter der Gleichung $y = \alpha_0 + \alpha_1 * x_1 + \ldots + \alpha_p * x_p + u$, wobei u eine Störvariable ist und kann dann mit der Gleichung $\hat{y} = \hat{\alpha_0} + \hat{\alpha_1} * x_1 + \ldots + \hat{\alpha_p} * x_p$ für unbekannte Objekte, bei bekannten $x_1, \ldots, x_p$, y schätzen (Schätzer: $\hat{y}$).

Der Regressionsbaumalgorithmus geht anders vor. Ausgehend von der gesamten Trainingsmenge, werden binäre Aufteilungen in disjunkten Untermengen gesucht. Wie man diese Aufteilung festlegt, soll später erläutert werden. Für jede solche Untermenge, für die ein noch zu spezifizierendes Abbruchkriterium nicht erfüllt ist, sucht man nach weiteren binären Aufteilungen. Ist das Abbruchkriterium für eine Untermenge erfüllt, dann wird den Objekten dieser Untermenge ein gemeinsamer Prognosewert zugeordnet. Bild 1 zeigt einen möglichen Prognosebaum.

Im folgenden sollen die einzelnen oben angesprochenen Punkte im Detail behandelt werden.

3.2 Wertzuweisung eines Endknotens

Gegeben sei eine Menge M_k von Objekten $(x_1^k, y_1^k), \ldots, (x_{N_k}^k, y_{N_k}^k)$ in einem Endknoten. Wie man zu dieser Menge kommt wird in einem späteren Kapitel geklärt. Dann ist der für diese Menge gemeinsame Prognosewert $\hat{y}_k$, den es zu bestimmen gilt. Dazu führt man ein Fehlermaß F^k dieser Menge M_k ein:

$$F^k = \sum_{i=1}^{N_k} (y_i^k - \hat{y}_k)^2$$

Gesucht ist der Wert $\hat{y}_k$, der diesen Fehler minimiert. Löst man dieses Minimierungsproblem, dann ergibt sich $\hat{y}_k$ als der Mittelwert aller $y_1^k, \ldots, y_{N_k}^k$:

$$\hat{y}_k = \sum_{i=1}^{N_k} y_i^k$$

Den Beweis dafür findet man in [1].

Bemerkungen:

- Andere Fehlermaße, die man neben dem oben beschriebenen auch wählen kann, führen selbstverständlich zu einem anderen $\hat{y}_k$, falls man weiterhin von einem Minimierungsproblem ausgeht. So führt zum Beispiel ein Fehlermaß

$$F_1^k = \sum_{i=1}^{N_k} |y_i^k - \hat{y}_i|$$

zu $\hat{y}_k$ als Median über alle y-Werte des Endknotens.

- Weiter kann man davon abgehen einem Endknoten einen festen Wert $\hat{y}_k$ zuzuordnen; so könnte man diesen abhängig von den Attributwerten und den y-Werten der Objekte der Endknoten machen. Eine Realisation dieser Idee kann die Durchführung einer linearen Regression in einem Endknoten sein, d.h. man schätzt die Parameter der Regressionsgleichung $y = \alpha_0 + \alpha_1 * x_1 + \ldots + \alpha_p * x_p + u$ und berechnet den Prognosewert eines unbekannten Objektes (Zeitpunkt) als $\hat{y} = \hat{\alpha}_0 + \hat{\alpha}_1 * x_1 + \ldots + \hat{\alpha}_p * x_p$. Eine Beschreibung solcher Ansätze findet man in [2] .

3.3 Wahl einer optimalen Aufteilung bei stetigen Attributen

Sei M die Menge der Objekte, die in eine linke und eine rechte Untermenge aufzuteilen ist. Seien $(x_1, y_1), \ldots, (x_{N_M}, y_{N_M})$ die Objekte in M, dann gilt es eine Aufteilung s zu finden, die M in zwei disjunkte Teilmengen aufteilt.

Angenommen man habe bereits eine Menge S von möglichen Aufteilungen gefunden, dann beschränkt sich die Suche nach der optimalen Aufteilung auf die Auswahl einer Aufteilung s^* aus S, die den Anspruch hat optimal zu sein. Das folgende Vorgehen bietet sich an: Für jedes $s \in S$ berechnet man für die damit resultierende Untermengen M_s^R (R steht für rechte Untermenge) den Fehler F_s^R, wobei F_s^R entsprechend F, wie im letzten Abschnitt definiert ist. Das entsprechende tut man für die Menge M_s^L und bekommt F_s^L. Man wählt dann die Aufteilung s aus S, für die $F_s^R + F_s^L$ minimal wird, d.h. man löst das folgende Minimierungsproblem:

$$F_{s^*}^L + F_{s^*}^R = \min_{s \in S}(F_s^L + F_s^R)$$

Damit ist klar wie man bei gegebener Menge S zu s^* kommt. Im folgenden soll dargestellt werden wie man zur Menge S kommt.

Sei x^j ein beliebiges Attribut, für das die Objekte der Menge M die Attributwerte $X_{j1}, \ldots, X_{jN_M}$ annehmen. Um die Menge der Schranken S zu bestimmen, ordnet man die

Attributwerte aufsteigend nach ihrer Größe und bekommt so die geordnete Attributwertreihe $X_{(j1)}, \ldots, X_{(jN_M)}$ mit $X_{(j1)}$ als kleinstem und $X_{(jN_M)}$ als größtem Wert der Reihe. Als Schranke s_i bekommt man dann

$$s_i = \frac{X_{(ji)} + X_{(j(i+1))}}{2} (i = 1 \ldots (N_M - 1)).$$

Damit teilt man die Menge M in eine Menge $M^L_{s_i}$ mit Objekten auf, die für das Attribut x^j Attributwerte, die kleiner oder gleich s_i sind und in eine Menge $M^R_{s_i}$ mit Objekten, die Attributwerte die größer als s_i sind, annehmen. Mit dem Attribut x^j bekommt man $(N_M - 1)$ verschiedene Aufteilungen. Hat man p verschiedene Attribute für die Aufteilung zur Verfügung, so bekommt man $(N_M - 1) * p$ mögliche Aufteilungen für die Menge M.

Bemerkungen:

- Möchte man prüfen, ob mit einem qualitativen Attribut verzweigt werden soll, dann untersucht man anders als beim ID3-Algorithmus nur binäre Aufteilungen mit diesem Attribut. Die Menge aller möglichen binären Aufteilungen mit einem qualitativen Attribut x^j bekommt man wie folgt: Seien $X_{(j1)}, \ldots, X_{(jl)}$ die Werte, die das Attribut x^j annehmen kann, dann bildet man die Potenzmenge $\mathcal{P}$ über $X_{(j1)}, \ldots, X_{(jl)}$:

  $$\mathcal{P}(X_{(j1)}, \ldots, X_{(jl)}) = \{\emptyset, \{X_{j1}\}, \ldots, \{X_{jl}\}, \{X_{j1} \ldots X_{jl}\}\}$$

  Dann teilt man mit jeder Attributwertmenge A dieser Potenzmenge die Objektmenge in zwei Untermengen ein, indem man Objekte, deren Attribut x^j einen Wert aus A annimmt in die rechte Untermenge und Objekte, deren Attribut x^j keinen Wert aus A annimmt in die linke Untermenge einordnet. Für diese so entstandenen Mengen kann man wieder den Fehler berechnen und wie mit stetigen Attributen weiterverfahren.

- Bei Attributen, die Boolean-Werte annehmen ist das ganze Vorgehen noch viel leichter. Hier liegen nur zwei Werte vor, aus denen die einzige Aufteilung resultiert.

3.4 Abbruchkriterium

Im folgenden ist noch zu klären, wann ein Knoten Endknoten ist, d.h. ab wann man an einem Knoten nicht mehr weiter verzweigen will. Im allgemeinen führen zwei Kriterien, die unabhängig voneinander erfüllt sein können, zum Abbruch.

Man kann einmal eine bestimmte Menge von Objekten in einem Knoten, mit dem man verzweigen will fordern und bricht ab, wenn weniger Objekte in diesem Knoten sind, als gefordert. Oder man erlaubt in einem Endknoten eine bestimmte Streuung und bricht ab, falls man diese unterschritten hat. Für die Schranken des Abbruchkriteriums gibt es keine Werte, mit denen man auf jeden Fall zu einer optimalen Lösung kommt. Oft werden von induktiven Tools, die mit Algorithmen dieser Art implementiert sind, sogenannte Default-Werte gesetzt, die vom Benutzer jedoch verändert werden können. Solche Default-Werte liefern jedoch oft unbefriedigende Lösungen, obwohl sie meist in Abhängigkeit der

Anwendungsbeispiele vom System errechnet werden. Um dem Leser eine Idee zu geben wie solche Werte aussehen können, sollen hier oft verwendete Default-Werte angegeben werden: Als Anzahl der Objekte eines Endknotens, die nicht unterschritten werden sollen, verwenden die CART-Methoden (CART ist eine Abkürzung für *Classification and Regression Trees*, und ist ein Algorithmus, der im Rahmen der theoretischen Arbeit in [1] entwickelt wurde) $0.1 * N$, mit N gleich der Anzahl aller Trainingsdaten. Für die Streuung wird oft $0.1 * var(y)$ verwendet. Diese zwei Werte können als Steuergrößen gesehen werden, mit denen die Entwicklung tiefer bzw. flacher Regressionsbäume gesteuert werden kann.

4 Verwendung künstlicher Attribute zum Lernen

Die in Kapitel 3 dargestellte Theorie enthält die gesamte Methodik, wie die Verfahren lernen. In diesem Kapitel sollen Überlegungen angestellt werden, wie der Input für den Algorithmus aufbereitet werden muß, damit Zeitreihen möglichst exakt mit einer Regelmenge, die so klein wie nur möglich ist, modelliert werden können. Dazu dient das einfache Beispiel der Modellierung einer Geraden, welche in Bild 2 dargestellt ist. Die Beschreibung einer solchen Geraden bereitet den maschinellen Lernverfahren bereits große Schwierigkeiten, falls nur binäre Aufteilungen mit einem Attribut erlaubt sind.

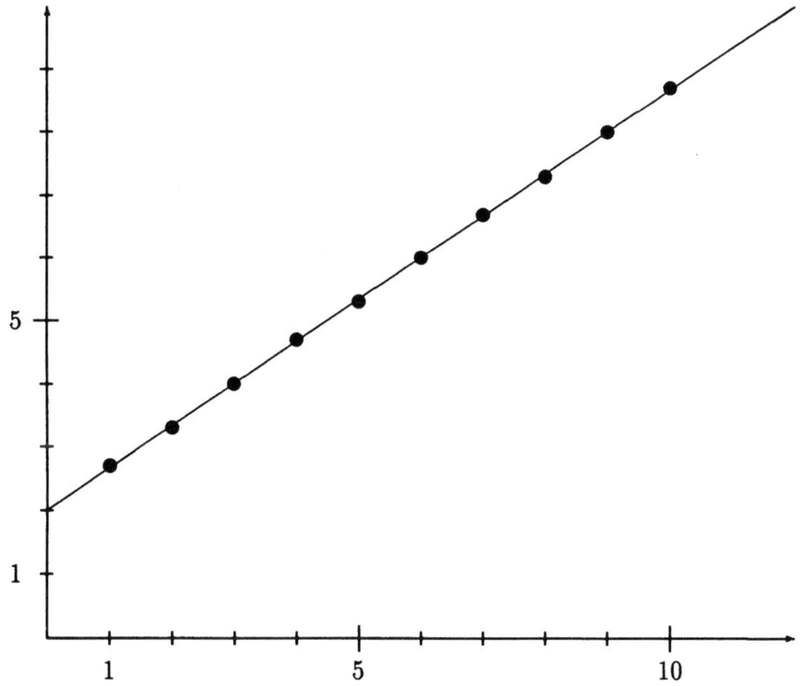

Bild 2 : Einfache Gerade

Falls mit den unveränderten Attributen gearbeitet wird benötigt man für eine so einfache funktionale Form eine Regelmenge, die, abhängig von der geforderten Genauigkeit und vom Umfang der Daten, sehr komplex sein kann. Die Ursachen dafür liegen auf der Hand:

- Die Wertzuweisung eines Endknotens erfolgt über die Mittelwertbildung über alle im Endknoten vorhandenen tatsächlichen Werte. Wird eine hohe Genauigkeit gefordert, dann reduziert sich notwendigerweise die Anzahl der Elemente in einem Endknoten und die Anzahl der Endknoten vergrößert sich.
- Viele Meßwerte auf der Geraden vergrößern natürlich auch den Umfang der Regelmenge.

An dem bereits oben angesprochenen Beispiel sollen diese Probleme erläutert werden. Die im Bild 2 dargestellte Gerade hat die funktionale Form $y = 0.7x + 2$. Die für das maschinelle Lernen gemessenen 10 Punkte sind oben eingezeichnet.

Damit ergibt sich bei gegebener Genauigkeitsforderung unter Verwendung des Regressionsbaumalgorithmus die Regelmenge:

rule1
if ($x \leq 5.50$ *and* $x \leq 3.50$) *then* (y = *3.4*);

rule2
if ($x \leq 5.50$ *and* $x > 3.50$) *then* (y = *5.2*);

rule3
if ($x > 5.50$ *and* $x \leq 8.50$) *then* (y = *6.9*);

rule4
if ($x > 5.50$ *and* $x > 8.50$) *then* (y = *8.6*);

Ein großes Problem beim Arbeiten mit dieser Regelmenge ist die Prognose von y-Werten für x-Werte, die größer als 10 sind. Funktional betrachtet müßte gelten, je größer das x desto größer der zugehörende y-Wert. Mit dieser Regelmenge ergibt sich jedoch $y = 8.6$ als maximal möglicher Prognosewert. Diese Tatsache ist sehr unbefriedigend. Deshalb bietet sich die Verwendung von künstlichen Profilen an.

Beim Arbeiten mit künstlich erzeugten Attributen, die man durch Bildung der ersten Differenz generiert, verändert sich die Datenmenge total. Im Fall ohne Rauschen wie im obigen Beispiel bekommt man 10 identische Meßwerte. Der Algorithmus lernt dann genau eine Regel und kann dann damit jede Gerade exakt modellieren. Dazu ist jedoch eine Berechnung der neuen Attribute und eine spätere Rückrechnung der Ergebnisse nötig.

rule1
if ( ) then (y = *0.7*);

Die obige Regelmenge (die eine Regel) arbeitet korrekt, falls beim zu prognostizierenden Wert x um genau eins hochgezählt wurde. Falls Sprünge auftreten, wie zum Beispiel falls $x = 1, 2, 4, 7, 8, 10, \ldots$ gewählt wird und in die Lerndatenmenge eingebunden wird, ergibt sich eine Regelmenge, die diese auch richtig verarbeiten kann:

rule1
if $(x \leq 2.50$ *and* $x \leq 1.50)$ *then* $(y = 0.7)$;

rule2
if $(x \leq 2.50$ *and* $x > 1.50)$ *then* $(y = 1.4)$;

rule3
if $(x > 2.50)$ *then* $(y = 2.1)$;

Mit der obigen Regelmenge können Sprünge von 1, 2 und 3 unterschieden werden. Sollen auch Sprünge von der Schrittweite 0.5 unterschieden werden, dann muß die Lerndatenmenge solche enthalten.

Liegt keine Gerade als Funktion vor, dann reicht die erste Differenz nicht aus, um die Regelmenge einfach und vollständig zu generieren. Diese Überlegungen sollen im Rahmen dieser Arbeit jedoch nicht durchgeführt werden. In diesem Abschnitt sollte die Verwendung künstlicher Attribute als sinnvolle Unterstützung bei der Entwicklung eines Prognosesystemes motiviert werden. Dafür soll das oben geschriebene genügen. Im nächsten Abschnitt wird nun das in den vorangegangenen Abschnitten Vorgestellte auf ein Beispiel angewendet.

5 Fallstudie; Anwendung des Maschinellen Lernens zur Prognose der Entwicklung des Zinssatzes

5.1 Zinsdaten

Anhand einer Fallstudie soll die Eignung der Anwendung des oben dargestellten Regressionsbaumalgorithmus auf Zeitreihendaten untersucht werden. Bei der Studie sollen Entwicklung der Zinsen in der BR Deutschland mit Hilfe von Vergangenheitswerten und volkswirtschaftlichen Attributen vorhergesagt werden. Dafür standen 60 Beobachtungszeitpunkte zur Verfügung, wovon 5 wegen dem späteren Arbeiten mit Zeitverzögerten und Differenzen wegfielen. Diese Datengesamtheit von 55 Objekten wurde dann, um Güteaussagen machen zu können, in Lern- und Testgesamtheiten aufgeteilt. Es wurden insgesamt 9 Aufteilungen vorgenommen, wobei den Lerngesamtheiten immer 46 aufeinanderfolgende Zeitpunkte zugeteilt wurden, und den Testgesamtheiten jeweils 3, der der entsprechenden Lerngesamtheit direkt nachfolgenden Zeitpunkte. Numeriert man die Zeitpunkte von 1 bis 55, dann kommen in die Lerngesamtheit 1 die Objekte 1 bis 46 und in die Testgesamtheit 1 die Objekte 47 bis 49. In die Lerngesamtheit 2 werden Objekte 2 bis 47 und in die Testgesamtheit 2 die Objekte 48 bis 50 eingeordnet. Dies wird entsprechend für alle Mengen getan. Zu beachten ist dabei, daß so die 8. Testgesamtheit nur 2 und die 9. nur 1 Element enthält.

Mit den so entstandenen Datensätzen wurden verschiedene Modelle überprüft. Dabei beschränkte sich die Untersuchung auf künstliche Profile, deren Verwendung im vorangegangenen Abschnitt motiviert wurde. Hierbei wurden zum Lernen die ersten zwei Differenzen mit Zeitverzögerung der exogenen Variablen herangezogen. Geschätzt wurde die erste Differenz der endogenen Variable, die einer Aussage entspricht, ob und wie stark die

Zinsen steigen bzw. fallen. Eine erste Differenz von 0.4 bedeutet, daß die Zinsen in dieser Periode um 0.4 Prozent ansteigen. Der von Kritikern dieses Verfahrens an dieser Stelle oft gemachte Vorwurf, daß dieses Vorgehen mit sehr viel Aufwand verbunden ist, kann man widerlegen durch die Tatsache, daß die Differenzbildung und die anschließende Rückrechnung automatisch vom System durchgeführt werden kann, d.h. daß der Benutzer mit Differenzen nicht konfrontiert werden muß.

Die exogenen und endogene Variablen sind wie folgt definiert:

Exogene Variablen:

```
lag 1 der ersten Differenzen der Zinsen (r1_d11)
lag 2 der ersten Differenzen der Zinsen (r1_d12)
lag 1 der zweiten Differenzen der Zinsen (r1_d21)
lag 2 der zweiten Differenzen der Zinsen (r1_d22)
lag 3 der zweiten Differenzen der Zinsen (r1_d23)
lag 1 der ersten Differenzen der Preisindizes (prei_d1)
lag 1 der ersten Differenzen der US-Bonds (usbl_d1)
```

Endogene Variable:

```
erste Differenzen der Zinsen
```

Die Daten wurden aus den statistischen Monatsberichten der Bundesbank übernommen. Dabei wurde als Zins der kurzfristige Zins (einjährig Laufzeit) gewählt.

Für dieses Modell werden hier die Ergebnisse mit den folgenden Kriterien diskutiert:

- Trendvorhersagefähigkeit
- Root Mean Square Error (RMSE)

Außerdem werden die Ergebnisse sowohl im Trainings- als auch im Prognosezeitraum graphisch dargestellt.

Durch Anwendung des Regressionsbaumalgorithmus werden für jeden Trainingsdatensatz Regeln erzeugt, die Informationen über die Beispielmenge enthalten. Je nach Datensatz und Genauigkeitsforderung auf der Trainingmenge variiert die Anzahl der Regeln zwischen etwa 10 und 30 Regeln. Unten wird eine typische Regelauswahl gegeben:

rule1
if (
prei_d1 $\leq$ *0.75 and*
r1_d21 $\leq$ *0.65 and*
r1_d22 $\leq$ *-0.93*
)
then (r1_d1 = 0.5);

rule2
if (
prei_d1 $\leq$ *0.75 and*

r1_d21 ≤ 0.65 and
r1_d22 > -0.93 and
r1_d12 ≤ 0.76 and
r1_d12 ≤ 0.67)
then (r1_d1 = 0.1);

In Tabelle 2 sind die tatsächlichen Differenzen den Prognosewerten gegenübergestellt. Die Spalte *Trend* gibt an, ob der Trend richtig vorhergesagt wurde.

Sample	Schritt	Differenz	Prognose	Trend
1	1	+0.10	−0.20	falsch
	2	−0.17	+0.10	falsch
	3	−0.08	−0.20	richtig
2	1	−0.17	−0.10	richtig
	2	−0.08	−0.20	richtig
	3	−0.13	−0.10	richtig
3	1	−0.08	−0.50	richtig
	2	−0.13	−0.10	richtig
	3	+0.28	−0.20	falsch
4	1	−0.13	−0.10	richtig
	2	+0.28	+0.10	richtig
	3	+0.10	+0.20	richtig
5	1	+0.28	+0.10	richtig
	2	+0.10	+0.30	richtig
	3	−0.16	+0.10	falsch
6	1	+0.10	+0.30	richtig
	2	−0.16	+0.10	falsch
	3	−0.02	−0.10	richtig
7	1	−0.16	+0.40	falsch
	2	−0.02	−0.10	richtig
	3	+0.00	−0.10	
8	1	−0.02	−0.10	richtig
	2	+0.00	−0.20	
9	1	+0.00	−0.10	

Tabelle 2: Trendentwicklung auf den 9 Testsamples

5.2 Analyse der Ergebnisse und Schlußbemerkungen

Tabelle 2 zeigt, daß in 6 von 9 Fällen der Trend in der 1-Schrittprognose richtig vorhergesagt wurde. Von den verbleibenden 3 Fällen wurden 2 Trendentwicklungen falsch vorhergesagt, und in einem Fall wurde eine Trendänderung vorhergesagt, tatsächlich hat jedoch keine stattgefunden; dieser Fall kann mit der gegebenen Regelmenge nicht vorhergesagt werden, jedoch könnte man ihn leicht erfassen, wenn man das Problem anders definiert. Weiter wurden 5 von 8 bzw. 4 von 7 Fälle in der 2- bzw. 3-Schrittprognose richtig im Trend vorhergesagt. Auch in der 2- bzw. 3-Schrittprognose gab es 1 Fall ohne Trendveränderung. Klammert man diese Fälle aus der Betrachtung aus, so wurde mit diesem einfachen Modell eine Trefferquote von 75% in der 1-Schrittprognose, 71.4% in der 2-Schrittprognose und 66.6% in der 3-Schrittprognose erzielt.

Zum Vergleich seien hier die Ergebnisse mit der linearen Regression angeführt, wo Trefferquoten bei der Trendbewertung von 55% in der 1- und 2-Schrittprognose und 45% in der 3-Schrittprognose erzielt wurden, welche schlechter sind als bei den ML-Verfahren.

Auf der nachfolgenden Seite sind für die ersten vier Datensätze die tatsächlichen Kurven gegen die prognostizierten Kurven aufgeplottet. Links von der vertikal gestrichelt eingezeichneten Linie sind die Kurven für die Lerngesamtheit aufgetragen. Man stellt in allen vier Bildern eine sehr gute Anpassung fest. Rechts der vertikalen Trennungslinie ist jeweils eine echte 3-Schrittprognose eingezeichnet. Bedenkt man, daß ein sehr einfaches Modell zur Zinsprognose gewählt wurde, dann ist die in den Bildern dargestellte Anpassung sehr gut. Zum Vergleich sind auf der darauffolgenden Seite die Kurven der Ergebnisse der 4 Datensätze mit der linearen Regression aufgetragen. Man erkennt eine schlechtere Anpassung auf den Lerngesamtheiten und eine oft verzögerte Erfassung der Trends der prognostizierten Kurve.

Zum Schluß der Ergebnisdiskussion sollen noch die RMSEs der Ergebnisse mit beiden Verfahren verglichen werden. Tabelle 3 zeigt die Abweichungen der Prognosewerte von den tatsächlichen Werten in den einzelnen Testgesamtheiten. In der zweiten Zeile der Tabelle sind die Abweichungen der 1-Schrittprognose dargestellt. Jeweils in der letzten Spalte werden diese Abweichungen zum RMSE zusammengefaßt. Die 3. bzw. 4. Zeile enthält die Ergebnisse der 2- bzw. 3-Schrittprognose.

Schritt	1	2	3	4	5	6	7	8	9	RMSE
1.	0.3	0.07	0.42	0.03	0.18	0.2	0.56	0.08	0.1	0.2737
2.	0.03	0.05	0.39	0.15	0.02	0.46	0.48	0.18	-	0.2856
3.	0.15	0.02	0.87	0.05	0.28	0.38	0.38	-	-	0.4052

Tabelle 3: Abweichungen und RMSEs in den einzelnen Testgesamtheiten

Ergebnisse mit der linearen Regression hatten einen RMSE von 0.1996 in der 1-Schrittprognose, 0.3137 in der 2-Schrittprognose und 0.3500 in der 3-Schrittprognose.

Betrachtet man die oben diskutierten Ergebnisse, dann stellt man fest, daß die ML-Verfahren als echte Alternative zu den statistischen Verfahren gesehen werden können. In vielen Bereichen liefern sie gleichwertige, manchmal sogar bessere Ergebnisse. Zieht man in Betracht, daß die zur Prognose verwendete Regelmenge als Grundlage für ein Expertensystem mit Expertenwissen verwendet werden kann, in dem diese Regelmenge durch Expertenwissen ergänzt ist, dann kann man sich noch stark verbesserte Ergebnisse vorstellen.

------ ZINSPROGNOSE R1 MIT ML-VERFAHREN ------

Zeitreihe fuer R1 : durchgezogenen Linie
angepasste Regressionskurve : gestrichelte Linie

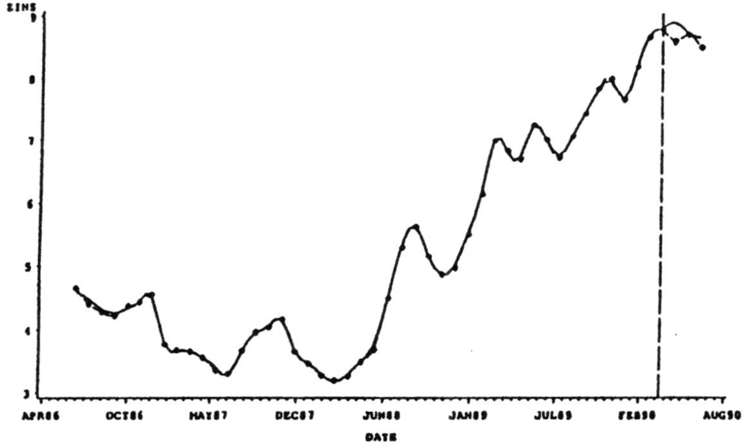

Datensatz1

------ ZINSPROGNOSE R1 MIT ML-VERFAHREN ------

Zeitreihe fuer R1 : durchgezogenen Linie
angepasste Regressionskurve : gestrichelte Linie

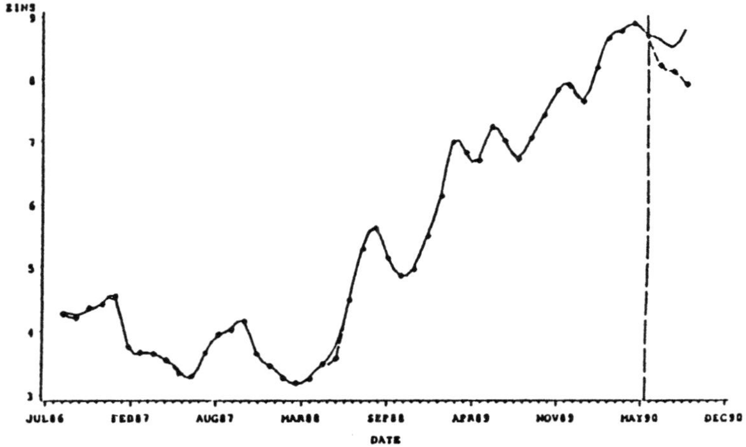

Datensatz3

------ ZINSPROGNOSE R1 MIT ML-VERFAHREN ------

Zeitreihe fuer R1 : durchgezogenen Linie
angepasste Regressionskurve : gestrichelte Linie

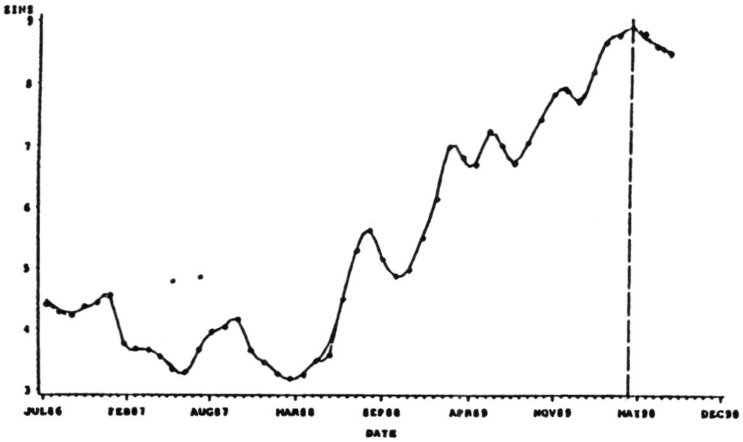

-- ------ ZINSPROGNOSE R1 MIT ML-VERFAHREN ------

Zeitreihe fuer R1 : durchgezogenen Linie
angepasste Regressionskurve : gestrichelte Linie

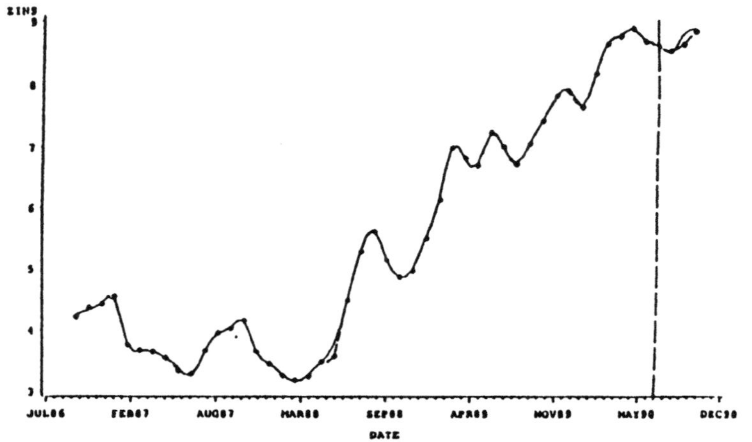

------ ZINSPROGNOSE R1 MIT LINEARER REGRESSION ------

Zeitreihe fuer R1 : durchgezogenen Linie
angepasste Regressionskurve : gestrichelte Linie

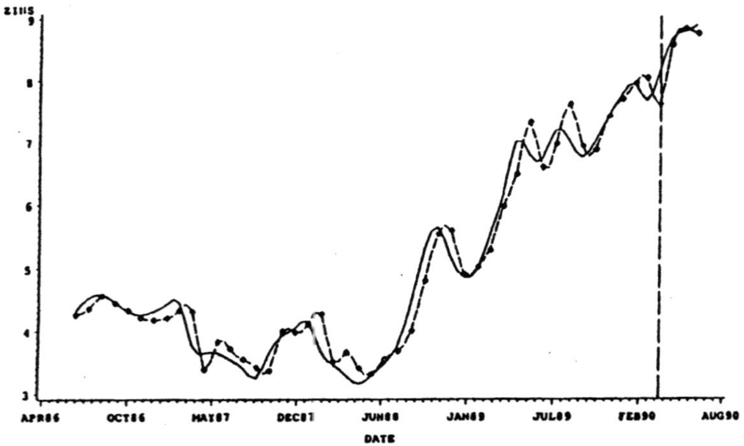

Datensatz1

Zeitreihe fuer R1 : durchgezogenen Linie
angepasste Regressionskurve : gestrichelte Linie

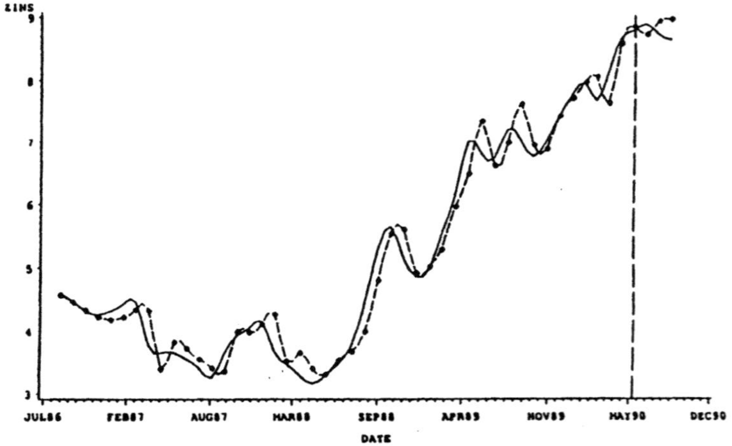

Datensatz3

------ ZINSPROGNOSE R1 MIT LINEARER REGRESSION ------

Zeitreihe fuer R1 : durchgezogenen Linie
angepasste Regressionskurve : gestrichelte Linie

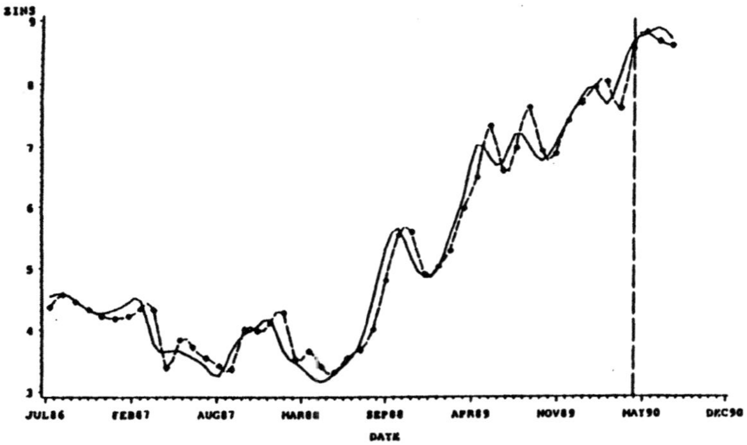

------ ZINSPROGNOSE R1 MIT LINEARER REGRESSION ------

Zeitreihe fuer R1 : durchgezogenen Linie
angepasste Regressionskurve : gestrichelte Linie

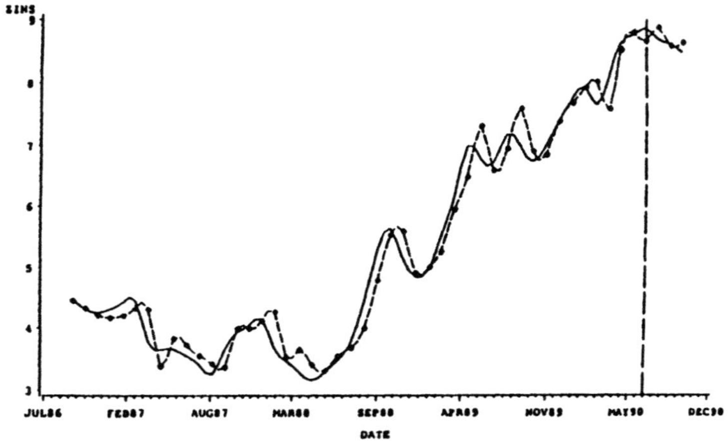

Literatur

[1] L. Breiman, J.H. Friedman, R.A.Olshen, and C.J. Stone. *Classification and Regression Trees.* The Wadsworth & Brooks/Cole Statistics/Probability Series, 1984.

[2] J.H. Friedman. A tree-structured approach to nonparametric multiple regression. In M. Rosenblatt T. Glasser, editor, *Smoothing techniques for curve estimation.* Springer-Verlag, 1979.

[3] Edward A. Feigenbaum Paul R. Cohen. *The Handbook of Artificial Intelligence,* volume 3. Pitman, 1982.

[4] J.R Quinlan. Induction of decision trees. *Machine Learning,* pages 81–106, 1986.

Detecting Structural Change with the Kalman Smoother

Alan Pitts

Forschungsstelle für empirische Wirtschaftsforschung
Hochschule St. Gallen
Varnbüelstr. 14,
9000 St. Gallen
Switzerland

ABSTRACT

A graphical procedure using the Kalman smoother is proposed for the detection and characterization of structural change. Like the Kalman filter, the Kalman smoother is a Bayesian time-varying coefficients estimation method, but whereas the filter conditions on only the current set of observations, the smoother conditions on the entire sample of past, current, and future observations. The procedure exploits the fact that many specifications of structural change, including some not easily parametrized, can be framed as different magnitudes of the prior variances in the time-varying model.

Both recursive and non-recursive formulae for the smoother are presented. Examples of the graphical procedure are given for bivariate regression using daily price data from the Swiss stock market during the 1987 crash. The graphical procedure easily distinguishes the different kinds of shifts that occur among the various stock betas. For some stocks, the graphs indicate that prior specification is critical to assessing structural change: the data are "weak" and do not lead to similar posterior opinions regarding the pre- and post- crash behavior of the stock beta.

Wirtschaftswissenschaftliche Beiträge, Band 60
Ökonometrie und Monetärer Sektor

Detecting Structural Change with the Kalman Smoother

The detection and measurement of structural change in regression functions is typically carried out by first specifying an a priori form of the change and then estimating the timing and magnitude of the change. The structural change may be specified as a single abrupt shift or smooth transition of the slopes or intercept, with the change point either known or unknown. In this paper, a graphical procedure using the Kalman smoother is proposed for the detection and characterization of structural change. Like the Kalman filter, the Kalman smoother is a Bayesian time-varying coefficients estimation method, but whereas the filter conditions on only the current set of observations, the smoother conditions on the entire sample of past, current, and future observations. The procedure exploits the fact that notions of stable or unstable parameters are conveniently framed as different magnitudes of the prior variances in the time-varying model.

Comparing graphs of the smoothed estimates derived from different prior distributions, the user can assess the data's "strength," i.e., its ability to bring about a convergence of "post-data" belief over a range of different priors. This assessment of data strength is critical when the user lacks a priori information about the timing and nature of the shifts in the regression function or when he is unwilling to limit the impact of his report by ignoring the prior beliefs held by others. The comparison of the graphs permits an informal description of the relationship between prior structural change specifications and posterior estimates. Reporting this prior-posterior mapping over a broad range contains more information about the data than simply reporting the mapping at one point (the usual procedure), and is the preferred means to communicate empirical research.

The paper is organized as follows. After introducing the time-varying coefficients model used in both the Kalman smoother and filter, Section 1 contains a discussion of the estimation problem and how the notion of structural change relates to the prior distributions of the signal and state disturbances. In Section 2 we derive two sets of non-recursive equations for the posterior mean and covariance. The first set of equations express the posterior mean as a matrix weighted average of the prior mean and a data-based estimate. This representation is a primary Bayesian result for normal linear regression. The second set shows how the posterior mean results from "correcting" the prior mean for forecast errors. The two derivations help the user to understand how the smoother blends prior beliefs and data evidence. An easy-to-program recursive algorithm for computing the posterior mean and covariances is given in Appendix B. Some examples of the graphical procedure for bivariate regression using daily price data from the Swiss stock market during 1987 are given in Section 3. The sample period includes the October stock market crash and the various stock "betas" shift during the crash. The graphical procedure easily distinguishes the different kinds of shifts that occur among the various stocks; some of these patterns would be difficult to detect with other methods. The graphs also reveal when prior specification is critical to assessing structural change: for some stocks, the graphs tell "different stories" according to the prior specification, while for others all the priors map into the same posterior "story." An extension of the basic results and some final remarks are given in Section 4, and a technical result is contained in Appendix A.

1. Time-varying coefficients and structural change

Briefly stated, the Kalman smoother refers to the mean and covariance of the posterior distribution of time-varying parameters conditional on the entire sample of observations. The time-varying model has the same structure for both the Kalman smoother and Kalman filter, but the conditioning is different. For the filter, the conditioning is with respect to only the current and past observations, so that estimation proceeds sequentially through time with an expanding information set. For the smoother, conditioning is with respect to the entire dataset. The filtered estimates are of interest for forecasting and on-line control; for statistical inference the smoothed estimates are desirable since these incorporate information from the entire sample.

The time-varying parameter model consists of the observation and system (or state) equations for t=1, ..., T

$$
\begin{aligned}
y_t &= \mathbf{x}_t \boldsymbol{\beta}_t + \varepsilon_t, \\
\boldsymbol{\beta}_t &= \boldsymbol{\Phi} \boldsymbol{\beta}_{t-1} + \mathbf{v}_t ,
\end{aligned}
\tag{1}
$$

and the distributional assumptions

$$
\begin{gathered}
\varepsilon_t \in N(0, \sigma_\varepsilon^2(t)), \ \mathbf{v}_t \in N(\mathbf{0}, \boldsymbol{\Sigma}_\mathbf{v}(t)), \\
cov(\varepsilon_s, \varepsilon_t) = 0, \ cov(\mathbf{v}_s, \mathbf{v}_t) = \mathbf{0}, \ \ all\ s \neq t, \\
cov(\varepsilon_s, \mathbf{v}_t) = \mathbf{0}, \ all\ s,\ t.
\end{gathered}
\tag{2}
$$

where

ε_t = random variable (scalar),

$\mathbf{v}_t$ = $n \times 1$ random vector,

y_t = observed signal (scalar),

$\mathbf{x}_t$ = $1 \times n$ row vector of observed independent variables,

$\boldsymbol{\beta}_t$ = $n \times 1$ vector of unobserved state variables,

$\sigma_\varepsilon^2(t)$= variance of ε_t, $\sigma_\varepsilon^2(t)>0$ all t,

$\boldsymbol{\Sigma}_\mathbf{v}(t)$= $n \times n$ covariance matrix of v_t (can be singular),

$\boldsymbol{\Phi}$ = $n \times n$ transition matrix, full rank.

The following assumptions about the process initialization (t=0) complete the model:

$$\boldsymbol{\beta}_0 = \boldsymbol{\mu}_0 + \mathbf{v}_0, \ \mathbf{v}_t \in N(\mathbf{0}, \boldsymbol{\Sigma}_v(t)), \qquad (3)$$
$$cov(\mathbf{v}_0, \mathbf{v}_t) = \mathbf{0}, \ cov(\varepsilon_t, \mathbf{v}_0) = 0, \ all \ t>0.$$

The $n\times1$ mean vector $\boldsymbol{\mu}_0$ is constant.

The estimation problem is to find the "best" estimate of the conditional mean and covariance of the state variables $\{\boldsymbol{\beta}_t\}$ using the entire sample of T observations $\{y_i, \mathbf{x}_i\}_{i=1}^{T}$. Under squared error loss, the posterior mean is the Bayes estimate. For Kalman filtering, the estimation problem consists in finding the conditional mean and covariance of $\boldsymbol{\beta}_t$ using $\{y_i, \mathbf{x}_i\}_{i=1}^{t}$, the data accumulated up to time t; this is done for each t from 1 to T. The user supplies a set of means and covariances which determine the prior distributions: $\boldsymbol{\mu}_0$ and $\boldsymbol{\Sigma}_v(0)$, the T variances $\sigma_\varepsilon^2(t)$, and the T covariance matrices $\boldsymbol{\Sigma}_v(t)$. For most applications the signal errors and state variable covariances are assumed to be i.i.d. so that $\sigma_\varepsilon^2(t)=\sigma_\varepsilon^2$ and $\boldsymbol{\Sigma}_v(t)=\boldsymbol{\Sigma}_v$ t=1, ..., T. The user must also specify the transition matrix $\boldsymbol{\Phi}$. The prior distribution parameters reflect the user's beliefs and degree of uncertainty about the distribution of the state vectors $\boldsymbol{\beta}_t$, t=1, ..., T. The specification of the transition matrix $\boldsymbol{\Phi}$ reflects the user's knowledge about the deterministic process driving the $\{\boldsymbol{\beta}_t\}$ process. We give here some interpretation of the prior distribution parameters and the matrix $\boldsymbol{\Phi}$.

The mean vector $\boldsymbol{\mu}_0$ is the user's best estimate of the pre-sample start up point of the state process. The covariance matrix $\boldsymbol{\Sigma}_v(0)$ measures the uncertainty of the user's estimate $\boldsymbol{\mu}_0$. If the user has precise knowledge of where the process starts, then $\boldsymbol{\beta}_0$ is degenerate at the point $\boldsymbol{\mu}_0$ and $\boldsymbol{\Sigma}_v(0)=\mathbf{0}$. As the degree of uncertainty increases, $\boldsymbol{\Sigma}_v(0)$ gets larger in the matrix sense. With non-degenerate prior distributions, the data observations rapidly influence the posterior estimates, partially "correcting" for a bad choice of prior mean $\boldsymbol{\mu}_0$.

The form of the transition matrix $\boldsymbol{\Phi}$ determines the underlying structure of the state process and hence the distribution of the $\{\boldsymbol{\beta}_t\}$ process. A random walk corresponds to $\boldsymbol{\Phi} = \mathbf{I}$; ARIMA and growth models can also be specified. A Bayesian decision analysis about different choices of $\boldsymbol{\Phi}$ can be easily implemented once prior probability to each choice is assigned, e.g. Harrison and Stevens (1976). We ignore uncertainty about the transition matrix and assume a prior "agreement" about $\boldsymbol{\Phi}$.

The relative magnitudes of the signal variances $\sigma_\varepsilon^2(t)$ and the state noise covariances $\boldsymbol{\Sigma}_v(t)$ (t=1, ..., T) indicate the user's prior beliefs about the nature and incidence of "structural change." (The comparison is informal because $\sigma_\varepsilon^2(t)$ is a positive scalar and $\boldsymbol{\Sigma}_v(t)$ is a non-negative definite matrix.) A user who believes that the underlying $\{\boldsymbol{\beta}_t\}$ process is stable (evolving according to $\boldsymbol{\Phi}$) with small random deviations maintains that $\sigma_\varepsilon^2(t)$ is large relative to $\boldsymbol{\Sigma}_v(t)$. This view attributes irregularities in the observed signals y_t primarily to noise and not to random jumps of the state variables $\{\boldsymbol{\beta}_t\}$. For $\boldsymbol{\Phi} = \mathbf{I}$, the extreme case of no structural change, a constant regression function, corresponds to $\boldsymbol{\Sigma}_v(t)=\mathbf{0}$ all t, i.e., a degenerate distribution of $\{\boldsymbol{\beta}_t\}$. In contrast, the belief that the underlying $\{\boldsymbol{\beta}_t\}$ process is "unstable" corresponds to $\sigma_\varepsilon^2(t)$ small relative to $\boldsymbol{\Sigma}_v(t)$. This view attributes random jumps in y_t away from the path suggested by the transition function to jumps in $\{\boldsymbol{\beta}_t\}$.

A common notion of structural change is the idea of stable but shifting "regimes:" regression coefficients are stable within a regime but shift abruptly between regimes. For the time-varying coefficients model used here, stable regimes correspond to small $\boldsymbol{\Sigma}_v(t)$ relative to $\sigma_\varepsilon^2(t)$; large shifts can occur with small probability in one period, but can accumulate quickly. This smoothness feature is usually "realistic" for high frequency data, but might be undesirable when using yearly data. Priors which posit "slowly" varying parameters are also consistent with small $\boldsymbol{\Sigma}_v(t)$. The time-varying model "lets the data choose" the timing of parameter shifts, freeing the user from having to specify the number of regime changes. This is particularly desirable when omitted variables are suspected as the source of coefficient change.

A notion of structural change which is difficult to model by conventional methods is change in the frequency of parameter shifts: there is reason to believe that the regression function has periods where there are frequent changes and periods of relative stability. There may be spells of "saw tooth" variation in the regression function. This kind of regime change cannot be modeled by conventional methods, but can be specified in the time-varying model by specifying large covariances of the state variables relative to the signal variances. The smoother will then apportion runs of large "errors" as jumps in the state process $\{ \boldsymbol{\beta}_t \}$ instead of heteroskedastic errors of the observations $\{y_t\}$. Some examples of posterior estimates which exhibit this pattern are shown below.

Finally, it is important to point out the use of varying the prior for assessing the "strength" of the data set. As the user varies his priors or users with different opinions confront the data, how do the posterior estimates change? If the posterior estimates vary little over a range of values for the sequences of $\{ \sigma_\varepsilon^2(t) \}$ and $\{ \boldsymbol{\Sigma}_v(t) \}$, then one may conclude that the data dominate the priors: the data are able to bring about convergence in opinion between persons with different prior beliefs. If instead small variation of the priors lead to substantially different posterior estimates, the data are "weak" and cannot change opinions. The terminology is imprecise, but loosely describes what Leamer (1978) has summarized by "the mapping [between priors and posteriors] is the message." This evaluation of data strength is perhaps the most important information that a researcher can report. Unfortunately, this point is completely ignored by those who complain that Bayesian analysis is of little use in empirical work because it requires one to "believe" in a specific prior.

2. Non-recursive formulae for the Kalman smoother estimates

Both recursive and non-recursive formulae are available to compute the posterior means and covariances. The recursive Kalman smoother formulae compute the sequence of posterior means of the state variables $\{\mathbf{b}_{t|T}\}$ and the "within-period" covariance matrices $\{\mathbf{P}_{t|T}\}$. The recursive equations are relatively easy to program and do not entail the inversion of large matrices (the largest matrix to be inverted is of order n). One drawback with these equations is that the posterior "between-period" covariances $cov(\boldsymbol{\beta}_s, \boldsymbol{\beta}_t|\{y_i, \mathbf{x}_i\}_{i=1}^T)$, $s \neq t$ are not computed. These covariances indicate the influence of earlier or future periods on the current period estimates. Another drawback is that these equations do not provide much insight into how the smoother "works." The recursive filter equations, on the other hand, do have a useful interpretation; see for example Meinhold and Singpurwalla (1983). The recursive formulae are presented in Appendix B.

The non-recursive formulae compute the posterior means as well as the entire $nT \times nT$ covariance matrix, and provide insight into how prior beliefs are combined with the data to form the posterior estimates. These formulae are discussed below. The non-recursive formulae are usually inconvenient for computations because they require inversion of matrices of order T and nT. For the numerical examples the recursive smoother formulae were used.

We present two equivalent sets of expressions for the posterior mean and covariance matrix. The first set gives the posterior mean as a matrix weighted average of the prior mean and a "data-based" generalized least squares estimate. This representation summarizes the Bayesian approach to the normal linear regression problem when the prior variances are known; for a full discussion see Leamer (1978). The second set of expressions are a standard representation of the moments of a conditional distribution in terms of the mean and covariance of the joint distribution of two normal random variables. These expressions resemble the recursive equations of the Kalman filter.

The derivation of non-recursive formulae the posterior estimates are readily obtained by using results established for the "three-stage hierarchical" model where each stage is a normal linear regression. The distribution of the vector of observables **y** is expressed in terms of first level "parameters" $\boldsymbol{\theta}_1$ (a vector) and covariance matrix C_1, $y \in N(A_1\theta_1, C_1)$. Conditional on the second level hyper-parameters $\boldsymbol{\theta}_2$ and C_2, the vector $\boldsymbol{\theta}_1$ is in turn distributed as $N(A_2\theta_2, C_2)$, and finally, conditional on the third level hyper-parameters $\boldsymbol{\theta}_3$ and C_3, the vector $\boldsymbol{\theta}_2$ is distributed as $N(A_3\theta_3, C_3)$. The matrices $\{A_i\}$ and $\{C_i\}$ are assumed known. We present here some of the results contained in the illuminating paper by Lindley and Smith (1972). By substitution, the hyper-parameter $\boldsymbol{\theta}_2$ can be removed from the prior distribution for $\boldsymbol{\theta}_1$: $\theta_1 \in N(A_2A_3\theta_3, C_2 + A_2C_3A_2')$. Using this prior, the posterior distribution of $\boldsymbol{\theta}_1$ given $\{A_i\}$, $\{C_i\}$, $\boldsymbol{\theta}_3$, and **y** is N(**Dd**, **D**) with

$$D^{-1} := A_1' C_1^{-1} A_1 + (C_2 + A_2 C_3 A_2')^{-1} ,$$

$$d := A_1' C_1^{-1} A_1 b_{gls} + (C_2 + A_2 C_3 A_2')^{-1} b_{pr} ,$$

where

$$b_{gls} := (A_1' C_1^{-1} A_1)^{-1} A_1' C_1^{-1} y ,$$

$$b_{pr} := A_2 A_3 \theta_3 .$$

In words: the posterior mean of $\boldsymbol{\theta}_1$ is a matrix weighted average of the generalized least squares estimate $\mathbf{b}_{gls}$ and the prior mean $\mathbf{b}_{pr}$, where the weights are the corresponding precision matrices (the inverses of the covariance matrices): $A_1' C_1^{-1} A_1$ for the GLS estimate and $(C_2 + A_2C_3A_2')^{-1}$ for the prior distribution.

It is straight forward to identify the three level hierarchy in the time-varying coefficients model. With some rearranging the time varying model decribed in (1)-(3) can be rewritten using vectors and matrices as follows:

$$\mathbf{y} = \mathbf{X}\boldsymbol{\beta} + \boldsymbol{\varepsilon},$$

$$\boldsymbol{\beta} = \boldsymbol{\Xi}\boldsymbol{\beta}_0^0 + \boldsymbol{\Psi}\boldsymbol{\omega},$$

$$\boldsymbol{\beta}_0^0 = \boldsymbol{\mu}_0^0 + \mathbf{v}_0^0,$$

with the distributional assumptions

$$\boldsymbol{\varepsilon} \in N(\mathbf{0}, \boldsymbol{\Sigma}_\varepsilon),\ \boldsymbol{\omega} \in N(\mathbf{0}, \boldsymbol{\Sigma}_\omega),\ \mathbf{v}_0^0 \in N(\mathbf{0}, \mathbf{1}_T\mathbf{1}_T' \otimes \boldsymbol{\Sigma}_v(0)),$$

$$\boldsymbol{\Sigma}_\varepsilon := \begin{bmatrix} \sigma_\varepsilon^2(1) & 0 & . & . \\ 0 & \sigma_\varepsilon^2(2) & 0 & . \\ . & . & . & . \\ . & . & 0 & \sigma_\varepsilon^2(T) \end{bmatrix},\ \boldsymbol{\Sigma}_\omega := \begin{bmatrix} \boldsymbol{\Sigma}_v(1) & \mathbf{0} & . & . \\ \mathbf{0} & \boldsymbol{\Sigma}_v(2) & \mathbf{0} & . \\ . & . & . & . \\ . & . & \mathbf{0} & \boldsymbol{\Sigma}_v(T) \end{bmatrix},$$

$$\sigma_\varepsilon^2(s) > 0 \ \textit{all}\ s,\ E(\boldsymbol{\varepsilon}\boldsymbol{\omega}') = \mathbf{0},$$

$$E(\mathbf{v}_0^0\boldsymbol{\varepsilon}') = \mathbf{0},\ E(\mathbf{v}_0^0\boldsymbol{\omega}') = \mathbf{0}\ .$$

The notation is as follows:

$$\mathbf{y} := (y_1, y_2, \ldots, y_T)',\ \boldsymbol{\beta} := vec(\boldsymbol{\beta}_1, \boldsymbol{\beta}_2, \ldots, \boldsymbol{\beta}_T),$$

$$\boldsymbol{\omega} := vec(\mathbf{v}_1, \mathbf{v}_2, \ldots, \mathbf{v}_T),\ \boldsymbol{\varepsilon} := (\varepsilon_1, \varepsilon_2, \ldots, \varepsilon_T)',$$

$$\boldsymbol{\beta}_0^0 := \mathbf{1}_T \otimes \boldsymbol{\beta}_0,\ \boldsymbol{\mu}_0^0 := \mathbf{1}_T \otimes \boldsymbol{\mu}_0,\ \mathbf{v}_0^0 := \mathbf{1}_T \otimes \mathbf{v}_0,$$

$$\mathbf{X} := \begin{bmatrix} \mathrm{x}_1 & \mathbf{0} & . \\ \mathbf{0} & \mathrm{x}_2 & . \\ . & . & . \\ . & \mathbf{0} & \mathrm{x}_T \end{bmatrix}, \quad \boldsymbol{\Xi} := \begin{bmatrix} \boldsymbol{\Phi} & \mathbf{0} & . \\ \mathbf{0} & \boldsymbol{\Phi}^2 & . \\ . & . & . \\ . & \mathbf{0} & \boldsymbol{\Phi}^T \end{bmatrix}, \quad \boldsymbol{\Psi} := \begin{bmatrix} \mathrm{I}_n & \mathbf{0} & . & . & \mathbf{0} \\ \boldsymbol{\Phi} & \mathrm{I}_n & \mathbf{0} & . & \mathbf{0} \\ \boldsymbol{\Phi}^2 & \boldsymbol{\Phi} & \mathrm{I}_n & \mathbf{0} & . \\ . & . & . & . & . \\ \boldsymbol{\Phi}^{T-1} & . & . & \boldsymbol{\Phi} & \mathrm{I}_n \end{bmatrix}.$$

To make the correspondence between the time-varying and three-stage hierarchical models even clearer, we have rewritten the initial condition equation (3) with re-dimensioned $nT\times 1$ versions $\boldsymbol{\beta}_0^0$, $\boldsymbol{\mu}_0^0$, and $\mathbf{v}_0^0$ of the $n\times 1$ vectors $\boldsymbol{\beta}_0$, $\boldsymbol{\mu}_0$, and $\mathbf{v}_0$. (Note: $\mathbf{1}_T$ is the column vector $(1, 1, ..., 1)'$ of T ones; the vectors $\boldsymbol{\beta}$ and $\boldsymbol{\omega}$ are $nT\times 1$; the matrices $\boldsymbol{\Psi}$, $\boldsymbol{\Xi}$, and $\boldsymbol{\Sigma}_\omega$ are $nT\times nT$, and $\mathbf{X}$ is $T\times nT$.) The first level specifies a relationship between the data (y, $\mathbf{X}$) and $\boldsymbol{\beta}$. The second level specifies the distribution of the first level variable $\boldsymbol{\beta}$ as a function of $\boldsymbol{\beta}_0^0$. The last stage specifies the distribution of $\boldsymbol{\beta}_0^0$. We seek to integrate out $\boldsymbol{\beta}_0^0$ from the posterior distribution of the first level $\boldsymbol{\beta}$. Here is the correspondence between the two notations:

$$\begin{aligned} &A_1 \leftrightarrow \mathbf{X} \quad &&\theta_1 \leftrightarrow \boldsymbol{\beta} \quad &&C_1 \leftrightarrow \boldsymbol{\Sigma}_\varepsilon, \\ &A_2 \leftrightarrow \boldsymbol{\Xi} \quad &&\theta_2 \leftrightarrow \boldsymbol{\beta}_0^0 \quad &&C_2 \leftrightarrow \boldsymbol{\Psi}\boldsymbol{\Sigma}_\omega\boldsymbol{\Psi}', \\ &A_3 \leftrightarrow \mathrm{I}_{NT} \quad &&\theta_3 \leftrightarrow \boldsymbol{\mu}_0^0 \quad &&C_3 \leftrightarrow (\mathbf{1}_T\mathbf{1}_T') \otimes \boldsymbol{\Sigma}_v(0). \end{aligned}$$

The prior distribution of $\boldsymbol{\beta}$ with $\boldsymbol{\beta}_0^0$ integrated out is

$$\boldsymbol{\beta} \in N(\boldsymbol{\Xi}\boldsymbol{\mu}_0^0, \; \boldsymbol{\Psi}\boldsymbol{\Sigma}_\omega\boldsymbol{\Psi}' + \boldsymbol{\Xi}(\mathbf{1}_T\mathbf{1}_T' \otimes \boldsymbol{\Sigma}_v(0))\boldsymbol{\Xi}'). \tag{5}$$

The prior and data "estimates" $\mathbf{b}_{pr}$ and $\mathbf{b}_{gls}$ are

$$\begin{aligned} \mathbf{b}_{pr} &= \boldsymbol{\Xi}\boldsymbol{\mu}_0^0 \,, \\ \mathbf{b}_{gls} &= (\mathbf{X}'\boldsymbol{\Sigma}_\varepsilon^{-1}\mathbf{X})^+\mathbf{X}'\boldsymbol{\Sigma}_\varepsilon^{-1}\mathbf{y} \,. \end{aligned} \tag{6}$$

($\mathbf{X}'\boldsymbol{\Sigma}_\varepsilon^{-1}\mathbf{X}$ has less than full rank; $(\cdot)^+$ is the generalized inverse). The complete set of smoothed estimates $\mathbf{b}$, the $(nT\times 1)$ posterior mean vector, and $\mathbf{P}$, the $nT\times nT$ posterior covariance matrix with the "within-period" $n\times n$ covariance matrices $\{\mathbf{P}_{t|T}\}$ along the diagonal) are then

$$\begin{aligned} \mathbf{P}^{-1} &= \mathbf{X}'\boldsymbol{\Sigma}_\varepsilon^{-1}\mathbf{X} + [\,\boldsymbol{\Psi}\boldsymbol{\Sigma}_\omega\boldsymbol{\Psi}' + \boldsymbol{\Xi}(1_T 1_T' \otimes \boldsymbol{\Sigma}_v(0))\boldsymbol{\Xi}'\,]^{-1} , \\ \mathbf{b} &= \mathbf{P}\{\mathbf{X}'\boldsymbol{\Sigma}_\varepsilon^{-1}\mathbf{X}\mathbf{b}_{gls} + [\,\boldsymbol{\Psi}\boldsymbol{\Sigma}_\omega\boldsymbol{\Psi}' + \boldsymbol{\Xi}(1_T 1_T' \otimes \boldsymbol{\Sigma}_v(0))\boldsymbol{\Xi}'\,]^{-1}\mathbf{b}_{pr}\} . \end{aligned} \tag{7}$$

1) For the time-varying coefficients model, $\mathbf{X}'\boldsymbol{\Sigma}_\varepsilon^{-1}\mathbf{X}$ has less than full rank and $\boldsymbol{\beta}$ is not estimable using least squares, and interest in the generalized least squares estimator $\mathbf{b}_{gls}$ is purely formal. The additional information contained in the prior distribution is necessary for identifying the entire set of nT state variables. For many designs of interest to economists, all the state variables will be stochastic so that $\boldsymbol{\Sigma}_\omega$ will have full rank; this implies that $\mathbf{P}$ has full rank and assures identification of the vector $\boldsymbol{\beta}$.

2) Similar expressions for the posterior mean and covariance can also be found in Sarris (1973), equations (56) and (57). In that paper, the fact that $\mathbf{b}$ is a matrix weighted average between an underidentified GLS estimate and the prior mean is disguised by writing $\mathbf{X}'\boldsymbol{\Sigma}_\varepsilon^{-1}\mathbf{y}$ instead of $\mathbf{X}'\boldsymbol{\Sigma}_\varepsilon^{-1}\mathbf{X}\mathbf{b}_{gls}$. The equivalence would be immediate if $\mathbf{X}'\boldsymbol{\Sigma}_\varepsilon^{-1}\mathbf{X}$ were invertible, but requires some work to establish when generalized inverses are used. In Appendix A we use a result from Eaton (1983) to verify the equality

$$\mathbf{X}'\boldsymbol{\Sigma}_\varepsilon^{-1}\mathbf{X}(\mathbf{X}'\boldsymbol{\Sigma}_\varepsilon^{-1}\mathbf{X})^+\mathbf{X}'\boldsymbol{\Sigma}_\varepsilon^{-1}\mathbf{y} = \mathbf{X}'\boldsymbol{\Sigma}_\varepsilon^{-1}\mathbf{y} \,. \tag{8}$$

3) Sarris assumes that the startup state $\boldsymbol{\beta}_0$ of the $\{\boldsymbol{\beta}_t\}$ process is known, so that his prior covariance corresponds to (5) with $\boldsymbol{\Sigma}_v(0) = \mathbf{0}$ ($\boldsymbol{\Xi}(\mathbf{1}_T\mathbf{1}_T' \otimes \boldsymbol{\Sigma}_v(0))\boldsymbol{\Xi}'$ vanishes) and $\boldsymbol{\beta}_0 := \boldsymbol{\mu}_0$ (and $\boldsymbol{\beta}_0^0 := \boldsymbol{\mu}_0^0$). With $\boldsymbol{\beta}_0$ unknown, uncertainty about the initial state affects the prior covariance of the of the entire set of state variables $\boldsymbol{\beta}_t$, t=1, 2, ..., T.

A simpler and more familiar derivation of the posterior distribution of $\boldsymbol{\beta}$ exploits the normality of the joint distribution of $\boldsymbol{\beta}$ and $\mathbf{y}$, using the prior distribution (5) for $\boldsymbol{\beta}$. Recall that for two normal random vectors $\mathbf{Z}_1$ and $\mathbf{Z}_2$ with joint distribution

$$\begin{bmatrix} \mathbf{Z}_1 \\ \mathbf{Z}_2 \end{bmatrix} \in N\left(\begin{bmatrix} \boldsymbol{\mu}_1 \\ \boldsymbol{\mu}_2 \end{bmatrix}, \begin{bmatrix} \boldsymbol{\Sigma}_{11} & \boldsymbol{\Sigma}_{12} \\ \boldsymbol{\Sigma}_{12}' & \boldsymbol{\Sigma}_{22} \end{bmatrix} \right),$$

the conditional distribution of $\mathbf{Z}_1$ given $\mathbf{Z}_2 = \mathbf{z}_2$ is

$$N(\boldsymbol{\mu}_1 + \boldsymbol{\Sigma}_{12}\boldsymbol{\Sigma}_{22}^{+}(\mathbf{z}_2 - \boldsymbol{\mu}_2),\ \boldsymbol{\Sigma}_{11} - \boldsymbol{\Sigma}_{12}\boldsymbol{\Sigma}_{22}^{+}\boldsymbol{\Sigma}_{12}') \tag{9}$$

(e.g. Eaton 1983). We apply this result as follows. As before $\mathbf{b}_{\mathrm{pr}}$ denotes the mean of the prior distribution (5), and let $\mathbf{P}_{\mathrm{pr}}$ denote the prior covariance. The joint distribution of $\boldsymbol{\beta}$ and $\mathbf{y}$ is

$$\begin{bmatrix} \boldsymbol{\beta} \\ \mathbf{y} \end{bmatrix} \in N\left(\begin{bmatrix} \mathbf{b}_{\mathrm{pr}} \\ \mathbf{X}\mathbf{b}_{\mathrm{pr}} \end{bmatrix}, \begin{bmatrix} \mathbf{P}_{\mathrm{pr}} & \mathbf{P}_{\mathrm{pr}}\mathbf{X}' \\ \mathbf{X}\mathbf{P}_{\mathrm{pr}} & \mathbf{X}\mathbf{P}_{\mathrm{pr}}\mathbf{X}' + \boldsymbol{\Sigma}_{\varepsilon} \end{bmatrix} \right),$$

and the conditional distribution of $\boldsymbol{\beta}$ given $\mathbf{y}$ (the posterior distribution) is normal with mean $\mathbf{b}$ and covariance $\mathbf{P}$

$$\begin{aligned} \mathbf{b} &= \mathbf{b}_{\mathrm{pr}} + \mathbf{P}_{\mathrm{pr}}\mathbf{X}'(\mathbf{X}\mathbf{P}_{\mathrm{pr}}\mathbf{X}' + \boldsymbol{\Sigma}_{\varepsilon})^{-1}(\mathbf{y} - \mathbf{X}\mathbf{b}_{\mathrm{pr}}), \\ \mathbf{P} &= \mathbf{P}_{\mathrm{pr}} - \mathbf{P}_{\mathrm{pr}}\mathbf{X}'(\mathbf{X}\mathbf{P}_{\mathrm{pr}}\mathbf{X}' + \boldsymbol{\Sigma}_{\varepsilon})^{-1}\mathbf{X}\mathbf{P}_{\mathrm{pr}}. \end{aligned} \tag{10}$$

Note that because $\boldsymbol{\Sigma}_\varepsilon$ has full rank, $\mathbf{XP}_{\mathrm{pr}}\mathbf{X}' + \boldsymbol{\Sigma}_\varepsilon$ is invertible.

1) Although the expressions for the posterior mean and covariance in (10) are equivalent to those in (6) and (7), the interpretation of the prior mean is different. Instead of a matrix weighted average of the prior mean and a GLS estimate, the posterior mean is viewed here as a correction to the prior mean $\mathbf{b}_{\mathrm{pr}}$ using a least squares regression of $\boldsymbol{\beta}$ on the error $\mathbf{y} - \mathbf{Xb}_{\mathrm{pr}}$. Meinhold and Singpurwalla (1983) give a similar interpretation of the Kalman filter, but with T correcting regressions and sequential prior-posterior updating.

2) The alternative expressions in (10) for the posterior mean and covariance are also given in Sarris (1973), equations (60) and (61). However, Sarris derives these expressions by applying a well-known but uninformative matrix inversion lemma to the matrix weighted average formulae (7).

3) The alternative formulae have the advantage of requiring inversion of smaller matrices. The matrix $\mathbf{XP}_{\mathrm{pr}}\mathbf{X}' + \boldsymbol{\Sigma}_\varepsilon$ is $T \times T$, which is substantially easier to invert than the $nT \times nT$ matrices encountered earlier.

3. Bivariate regression: daily stock beta's

We illustrate the prior-posterior mapping and the time-varying approach to structural change with a simple bivariate regression. The economic model underlying this regression is the well known capital asset pricing model (CAPM) for the return of a stock. According to this model, the return of an individual stock y is related to the return of the market as a whole (a diversified stock portfolio) x by the stochastic relation $y = \alpha + \beta\, x + \varepsilon$. The slope coefficient β (actually called the "stock beta" in the literature) represents the degree of undiversifiable ("systematic") risk relative to the diversified portfolio.

For the Swiss stock data, the stock return is the first difference in the daily log price of a bearer share, and the market return is the first difference of the log of the Swiss Performance Index. Daily stock prices and SPI values for 1987 were supplied by J. Schultz and H. Zimmermann, who studied the predictive performance of different estimators for stock betas (Schultz and Zimmermann, 1989a,b). As with their study, we examine only bearer shares and exclude registered shares and participation shares. In addition, the stock return has not been corrected for dividend payouts. (Their study compared sequences of estimates using a fixed non-overlapping window and did not use time-varying statistical models.) Ninety observations (August 17 through December 12, 1987) centered around the October crash are the sample period.

For the time-varying coefficients version of this regression we use a the following specification. Let y_t be the return of a stock at t and the row vector $\mathbf{x}_t := (1, x_t)$, where x_t is the market return at t. The transition matrix is the identity ($\mathbf{\Phi} = \mathbf{I}_2$), which corresponds to a random walk. Let the signal and state variable disturbances be i.i.d., $\varepsilon_t \in N(0, \sigma_\varepsilon^2)$ and $\mathbf{v}_t \in N(\mathbf{0}, \mathbf{\Sigma}_\mathrm{v})$. We assume no correlation between the intercept and slope so that $\mathbf{\Sigma}_\mathrm{v}$ is diagonal. An ad hoc analysis of ninety pre-sample observations (April 6 through August 14, 1987) is used to form a "reference" prior distribution of the vector $\boldsymbol{\beta}_0$ and of the sequence $\{\boldsymbol{\beta}_t\}_{t=1}^T$ (i.e., to determine $\boldsymbol{\mu}_0$, $\mathbf{\Sigma}_\mathrm{v}(0)$, σ_ε^2, and $\mathbf{\Sigma}_\mathrm{v}$). Two additional sets of prior distributions are obtained by multiplying σ_ε^2 and $\mathbf{\Sigma}_\mathrm{v}$ by constants. The same prior distribution for $\boldsymbol{\beta}_0$ is used throughout. The ad hoc analysis is as follows.

For each stock a sequence of OLS regressions are run over the pre-sample period, with a window width of fifteen observations. Each successive regression's window starts five observations later than the preceding regression (there is an overlap of ten observations and five new observations are added). The variances of the entire set of OLS coefficients form the diagonal of $\mathbf{\Sigma}_\mathrm{v}$; all other entries are set to zero (we assume no correlation between state variables). The signal variance σ_ε^2 is set equal to the mean of the residual variances from these regressions. The covariance of the initial vector $\boldsymbol{\beta}_0$ is set to $2\,\mathbf{\Sigma}_\mathrm{v}$; its mean $\boldsymbol{\mu}_0$

is set equal to the last moving window regression coefficients. The moving window regressions provide the prior for the greatest incidence of structural change, and the other two priors have greater signal noise and smaller state variable variation.

The three sets of prior distributions are distinguished by the scaling of the reference covariance matrix σ_ε^2 and variance $\mathbf{\Sigma}_v$:

(1) "unstable" betas: reference prior σ_ε^2 and $\mathbf{\Sigma}_v$;

(2) "moderately stable" betas: $1.2\,\sigma_\varepsilon^2$ and $0.2\,\mathbf{\Sigma}_v$;

(3) "stable" betas: $1.5\,\sigma_\varepsilon^2$ and $0.04\,\mathbf{\Sigma}_v$.

Setup (1) represents beliefs in a state process with the greatest degree of structural change and setup (3) represents beliefs in a relatively stable process.

Beta coefficients were estimated for 22 stocks. While the evolution of the beta varies for each stock, one can discern a frequently occurring sequence of stages: an initial, pre-crash period with either no swings or with a few large fluctuations; a "turbulent" interlude of high frequency swings starting during the week of October 19-23; and finally, a post-crash dampening with a return to the pre-crash pattern. The posterior estimates from the different prior specifications tend to show agreement during the "turbulent" crash phase, with different amplitudes for the swings. For stocks where different interpretations of the data arise, the "disagreement" between the posterior estimates usually concerns the pattern of the beta before and after the turbulent crash period. The betas for seven different stocks are graphed in Figures 1-7. The dotted line gives the value of the posterior betas derived from the "unstable" prior with the greatest beta variance (the reference prior σ_ε^2 and $\mathbf{\Sigma}_v$). The dashed line shows the path of the posterior estimates derived from the "stable" prior with the smallest beta variance ($1.5\,\sigma_\varepsilon^2$ and $0.04\,\mathbf{\Sigma}_v$), while the solid line is the path of the posterior estimates from the "moderate" prior ($1.2\,\sigma_\varepsilon^2$ and $0.2\,\mathbf{\Sigma}_v$).

Two examples of general agreement among the posterior estimates are the shown in the graphs for Nestlé and Ciba-Geigy (Figs. 1 and 2).

For Nestlé, after an initial surge in the beta (peaking on the 16th observation, September 7), a phase of gradual decline continues until the middle of October. A sharp decline in the beta occurs on the 47th observation, October 20. After some gyrations (October 20 through november 5, observations 47-59), the beta begins to climb slowly until a peak at December 10 (observation 84).

The stock beta for Ciba-Geigy is generally stable around the value 1.0, with a dip during October 27-November 6 (observations 52-60). This dip is preceded and followed by brief three day long surges in the beta.

Notice that the estimates from the "unstable" prior (dotted line) for both stocks fluctuate around the more stable estimates during the pre- and post-crash periods. The more stable estimates average out the day-to-day price variation attributed to the stock beta by the "unstable" estimate.

Some examples of disagreement between posterior estimates are shown in Figs. 3-5 for BBC (Brown, Boveri, and Co.), Rentenanstalt, and HHW (Hypothekar- und Handelsbank Winterthur). For all three stocks, the "stable" prior leads to posterior estimates (dashed line) which exhibit a different trend for either the pre-crash (BBC and HHW) or the post-crash period (Rentenanstalt).

For BBC, the estimates based on the "stable" prior report a more risky stock for an entire month: from September 7 through October 8 (observations 17-38) the beta for this prior is greater than unity and ranges from 1.18 to 1.30, while the other two posterior estimates are always less than unity.

The "stable" and "moderate" estimates also imply uniformly greater risk for the period November 20-December 11 (observations 70-90) for Rentenanstalt.

For HHW, the posterior estimates derived from the "moderate" and "unstable" priors are negative during the period September 9 through October 7 (October 9 for the "unstable" posteriors) while the estimates derived from the "stable" priors are uniformly positive, ranging from .19

to .50. The differences should induce the user to carefully assess his prior beliefs if he does not accept the implications of a long run of negative correlation between the market and individual stock returns. Ruling out negative correlation would imply a belief in stable betas.

These relatively long periods of disagreement between the posterior estimates can be traced to a dampening effect on fluctuations in the betas as the $\{\boldsymbol{\beta}_t\}$ process variance $\boldsymbol{\Sigma}_v$ is reduced relative to the variance σ_ε^2 of the errors of the observations $\{y_t\}$. For the three stocks Rentenanstalt, BBC and HHW, this dampening takes the form of averaging towards the high beta levels of the crash period. However, for other stocks the averaging induced by the "stable prior" does not lead to substantial disagreement between the posterior estimates:

> For the period August 8-October 19, all three posterior estimates for Pirelli (Fig. 6) are less than unity, with a uniformly higher "stable" posterior estimate. However, the differences between the high and low estimates are usually less than 0.2 and the overall picture of this period is "less risk than the market."

Averaging can so dramatically dampen fluctuations that the user may doubt the stability implied by his prior:

> While all three estimates confirm the impression of a turbulent period of high frequency and large amplitude fluctuations from mid October-mid November for Globus (Fig. 7), the estimates from the "stable" prior contrast starkly with the estimates using the other two priors for the first 45 observations, and to a lesser degree for the last 20 observations.

4. Conclusion

The Kalman smoother is not difficult to compute, and one goal of this paper has been to show that the derivation of the posterior estimates is neither mechanical nor mysterious. The primary resistance to using this estimation method most likely arises from a frequentist desire for a "best" estimator which is somehow independent of prior beliefs. Our numerical examples show that the degree of sensitivity of posterior estimates to the prior distribution is in itself an important piece of information which should be communicated, and the opportunity to improve research reporting by describing this sensitivity may induce some potential users to overcome their resistance to Bayesian methods.

Another application of the Kalman smoother is the study of structural change in multivariate regressions. The principle difficulty here is the specification of the covariances $\{\boldsymbol{\Sigma}_{\mathrm{v}}(t)\}$ of the state variables $\{\boldsymbol{\beta}_t\}$. In particular, the user must elicit prior beliefs as to which set of state variables vary over time (prior information may indicate only a small subset) and the "within-period" covariance between the varying coefficients. The sensitivity analysis can become quite complicated as the set of "interesting" covariance structures grows rapidly if prior opinion is weak.

It should also be pointed out that estimation can be adjusted to accommodate different forms of prior information. We give one example where a priori information is available for the rth state variable $\boldsymbol{\beta}_r$ instead of a hypothetical "startup" value $\boldsymbol{\beta}_0$. The information takes the form $\boldsymbol{\beta}_r = \boldsymbol{\mu}_r + \mathbf{v}_r$ and $\mathbf{v}_r \in N(\mathbf{0}, \boldsymbol{\Sigma}_{\mathrm{v}}(r))$ with $\boldsymbol{\mu}_r$ and $\boldsymbol{\Sigma}_{\mathrm{v}}(r)$ known. Presumably our idea about the location of $\boldsymbol{\beta}_r$ is more precise than for $\boldsymbol{\beta}_0$, so that we feel more confident describing the evolution of the $\{\boldsymbol{\beta}_t\}$ process relative to $\boldsymbol{\beta}_r$. We assume the same signal equations and rewrite the state equations for t=1,...,r-1:

$$
\begin{aligned}
y_t &= \mathbf{x}_t \boldsymbol{\beta}_t + \varepsilon_t, \; t = 1, \ldots, T, \\
\boldsymbol{\beta}_t &= \boldsymbol{\Phi}^{-1} \boldsymbol{\beta}_{t+1} - \boldsymbol{\Phi}^{-1} \mathbf{v}_{t+1}, \; t = 1, \ldots, r-1, \qquad (1') \\
\boldsymbol{\beta}_t &= \boldsymbol{\Phi} \boldsymbol{\beta}_{t-1} + \mathbf{v}_t, \; t = r+1, \ldots, T.
\end{aligned}
$$

For $\boldsymbol{\beta}_{r-1}$ this reduces to $\boldsymbol{\beta}_{r-1} = \boldsymbol{\Phi}^{-1} \boldsymbol{\mu}_r$: the extra information determines exactly $\boldsymbol{\beta}_{r-1}$ and the disturbance $\mathbf{v}_1$ no longer plays a role. For estimation, we write the system as a two level hierarchical model:

$$\mathbf{y} = \mathbf{X}\boldsymbol{\beta} + \boldsymbol{\varepsilon},$$

$$\boldsymbol{\beta} = \boldsymbol{\Xi}\boldsymbol{\mu}_r^r + \boldsymbol{\Psi}\boldsymbol{\omega},$$

where all the notation is the same as before except for

$$\boldsymbol{\omega} := vec(\mathbf{v}_2, \mathbf{v}_3, \ldots, \mathbf{v}_T), \; \boldsymbol{\mu}_r^r := \mathbf{1}_T \otimes \boldsymbol{\mu}_r,$$

and the matrices $\boldsymbol{\Xi}$ and $\boldsymbol{\Psi}$ are now

$$\boldsymbol{\Xi} := \begin{bmatrix} \boldsymbol{\Phi}^{-(r-1)} & \mathbf{0} & . & . & . & . & . \\ . & . & . & . & . & . & . \\ . & \mathbf{0} & \boldsymbol{\Phi}^{-1} & \mathbf{0} & . & . & . \\ . & . & \mathbf{0} & I_n & \mathbf{0} & . & . \\ . & . & . & \mathbf{0} & \boldsymbol{\Phi} & \mathbf{0} & . \\ . & . & . & . & . & . & . \\ . & . & . & . & . & \mathbf{0} & \boldsymbol{\Phi}^{T-r} \end{bmatrix}, \; \boldsymbol{\Psi} := \begin{bmatrix} \boldsymbol{\Psi}_{11} & & \mathbf{0}_{12} \\ & \mathbf{0} & \\ \mathbf{0}_{21} & & \boldsymbol{\Psi}_{22} \end{bmatrix},$$

with

$$\boldsymbol{\Psi}_{11} := \begin{bmatrix} -\boldsymbol{\Phi}^{-1} & -\boldsymbol{\Phi}^{-2} & . & -\boldsymbol{\Phi}^{-(r-2)} \\ \mathbf{0} & -\boldsymbol{\Phi}^{-1} & . & -\boldsymbol{\Phi}^{-(r-3)} \\ . & . & . & . \\ . & \mathbf{0} & -\boldsymbol{\Phi}^{-1} & \boldsymbol{\Phi}^{-2} \\ . & . & \mathbf{0} & -\boldsymbol{\Phi}^{-1} \end{bmatrix},$$

$$\boldsymbol{\Psi}_{22} := \begin{bmatrix} \mathbf{I}_n & \mathbf{0} & . & . & . \\ \boldsymbol{\Phi} & \mathbf{I}_n & \mathbf{0} & . & . \\ \boldsymbol{\Phi}^2 & \boldsymbol{\Phi} & \mathbf{I}_n & \mathbf{0} & . \\ . & . & . & . & . \\ \boldsymbol{\Phi}^{T-r} & \boldsymbol{\Phi}^{T-(r+1)} & . & \boldsymbol{\Phi} & \mathbf{I}_n \end{bmatrix}.$$

The rth block of n rows of $\boldsymbol{\Psi}$ is zero ($n \times nT$), the matrices $\boldsymbol{\Psi}_{11}$ and $\boldsymbol{\Psi}_{22}$ are $n(r-2) \times n(r-2)$ and $n(T-r+1) \times n(T-r+1)$, and $\mathbf{0}_{12}$ and $\mathbf{0}_{21}$ are $n(r-2) \times n(T-r+1)$ and $n(T-r+1) \times n(r-2)$ zero matrices. The prior distribution $\mathrm{N}(\mathbf{b}_{\mathrm{pr}}, \mathbf{P}_{\mathrm{pr}})$ of $\boldsymbol{\beta}$ is simply

$$\boldsymbol{\beta} \in N(\boldsymbol{\Xi}\boldsymbol{\mu}_r^{r}, \boldsymbol{\Psi}\boldsymbol{\Sigma}_{\omega}\boldsymbol{\Psi}'), \qquad (5')$$

and the matrix weighted average expressions for the posterior mean and covariance are

$$\begin{aligned} \mathbf{P}^{-1} &= \mathbf{X}'\boldsymbol{\Sigma}_{\varepsilon}^{-1}\mathbf{X} + (\boldsymbol{\Psi}\boldsymbol{\Sigma}_{\omega}\boldsymbol{\Psi}')^{-1} \\ \mathbf{b} &= \mathbf{P}\{\mathbf{X}'\boldsymbol{\Sigma}_{\varepsilon}^{-1}\mathbf{X}\mathbf{b}_{\mathrm{gls}} + (\boldsymbol{\Psi}\boldsymbol{\Sigma}_{\omega}\boldsymbol{\Psi}')^{-1}\mathbf{b}_{\mathrm{pr}}\}. \end{aligned} \qquad (7')$$

To obtain the alternative expressions based on the conditional distribution formula, use (10) with the prior moments $\mathbf{b}_{\mathrm{pr}}$ and $\mathbf{P}_{\mathrm{pr}}$ of (5') above.

Appendix A. Proof of equation (8).

The proof given here is a simple application of Proposition 2.16 from Eaton (1983). Eaton's proposition is stated for covariance matrices, but the results apply to arbitrary non-negative definite matrices as well. We first give a paraphrase of the proposition and proof, and then apply it to a suitably chosen non-negative matrix.

We use the Moore-Penrose generalized inverse, defined as follows. Let **A** be an $n \times n$ symmetric matrix of rank k. By the spectral theorem, $\mathbf{A} = \Sigma_1^k \lambda_i \mathbf{x}_i \mathbf{x}_i'$ where $\lambda_i \neq 0$, $i = 1, \ldots, k$, and $\{\mathbf{x}_1, \ldots, \mathbf{x}_k\}$ is an orthonormal basis for $R(\mathbf{A})$, the range of **A**. The generalized inverse of **A** is defined as $\mathbf{A}^+ := \Sigma_1^k \lambda_i^{-1} \mathbf{x}_i \mathbf{x}_i'$. If $k=n$, so that **A** has full rank, then $\mathbf{A}^+$ is the inverse of **A**. The following fact is used in the proof: $\mathbf{A}\mathbf{A}^+ = \mathbf{A}^+\mathbf{A} = \Sigma_1^k \mathbf{x}_i \mathbf{x}_i'$, the orthogonal projection onto $R(\mathbf{A})$. When $k<n$, $\mathbf{A}^+\mathbf{A}$ (= $\mathbf{A}\mathbf{A}^+$) is a matrix with k ones along the diagonal and $n\text{-}k$ rows and corresponding columns of zeros. Let

$$\mathbf{B} := \begin{bmatrix} \mathbf{B}_{11} & \mathbf{B}_{12} \\ \mathbf{B}_{12}' & \mathbf{B}_{22} \end{bmatrix}$$

be a non-negative definite matrix with $\mathbf{B}_{11}$ and $\mathbf{B}_{22}$ non-negative definite $m \times m$ and $n \times n$ matrices.

Proposition. (a) The null space of $\mathbf{B}_{22}$ is contained in the null space of $\mathbf{B}_{12}$ i.e., $\ker(\mathbf{B}_{22}) \subseteq \ker(\mathbf{B}_{12})$, and (b) $\mathbf{B}_{12} = \mathbf{B}_{12}\mathbf{B}_{22}^+\mathbf{B}_{22}$.

Proof (Eaton (1983) Prop 2.16). (a) For $\mathbf{x}_2 \in \ker(\mathbf{B}_{22})$, we want to show $\mathbf{B}_{12}\mathbf{x}_2 = \mathbf{0}$. Let $\mathbf{x}_1 \in \mathbf{R}^m$ and $\alpha \in \mathbf{R}$, and evaluate the quadratic form $\mathbf{x}'\mathbf{B}\mathbf{x}$ where $\mathbf{x} := \text{vec}(\mathbf{x}_1, \alpha\mathbf{x}_2)$, an $(m+n) \times 1$ vector:

$$\mathbf{x}'\mathbf{B}\mathbf{x} = (\mathbf{x}_1', \alpha\mathbf{x}_2')\begin{bmatrix}\mathbf{B}_{11}\mathbf{x}_1 + \alpha\mathbf{B}_{12}\mathbf{x}_2 \\ \mathbf{B}_{12}'\mathbf{x}_1\end{bmatrix}$$

$$= \mathbf{x}_1'\mathbf{B}_{11}\mathbf{x}_1 + \alpha\mathbf{x}_1'\mathbf{B}_{12}\mathbf{x}_2 + \alpha\mathbf{x}_2'\mathbf{B}_{12}\mathbf{x}_1$$

$$= \mathbf{x}_1'\mathbf{B}_{11}\mathbf{x}_1 + 2\alpha(\mathbf{x}_1'\mathbf{B}_{12}\mathbf{x}_2)$$

$$\geq 0.$$

The first equality holds because $\mathbf{B}_{22}\mathbf{x}_2=0$. The quadratic form is non-negative because $\mathbf{B}$ is non-negative definite. Furthermore, as it is non-negative for all α, for each $\mathbf{x}_1 \in \mathbf{R}^m$ we must have $\mathbf{x}_1'\mathbf{B}_{12}\mathbf{x}_2=\mathbf{0}$. Hence $\mathbf{B}_{12}\mathbf{x}_2=\mathbf{0}$ and (a) is proved. (b) The statement is equivalent to $\mathbf{B}_{12}(\mathbf{I} - \mathbf{B}_{22}^{+}\mathbf{B}_{22}) = \mathbf{0}$. Because $\mathbf{B}_{22}^{+}\mathbf{B}_{22}$ is the orthogonal projection onto $R(\mathbf{B}_{22})$, $\mathbf{I} - \mathbf{B}_{22}^{+}\mathbf{B}_{22}$ is the orthogonal projection onto $\ker(\mathbf{B}_{22})$. This and $\ker(\mathbf{B}_{22}) \subseteq \ker(\mathbf{B}_{12})$ establish $\mathbf{B}_{12}(\mathbf{I} - \mathbf{B}_{22}^{+}\mathbf{B}_{22}) = \mathbf{0}$. ///

By taking the transpose of both sides of $\mathbf{B}_{12} = \mathbf{B}_{12}\mathbf{B}_{22}^{+}\mathbf{B}_{22}$, one also establishes the result $\mathbf{B}_{12}' = \mathbf{B}_{22}\mathbf{B}_{22}^{+}\mathbf{B}_{12}'$.

We apply the proposition to the non-negative definite matrix

$$\begin{bmatrix}\mathbf{y}'\boldsymbol{\Sigma}_\varepsilon^{-1}\mathbf{y} & \mathbf{y}'\boldsymbol{\Sigma}_\varepsilon^{-1}\mathbf{X} \\ \mathbf{X}'\boldsymbol{\Sigma}_\varepsilon^{-1}\mathbf{y} & \mathbf{X}'\boldsymbol{\Sigma}_\varepsilon^{-1}\mathbf{X}\end{bmatrix}$$

to obtain $\mathbf{y}'\boldsymbol{\Sigma}_\varepsilon^{-1}\mathbf{X} = \mathbf{y}'\boldsymbol{\Sigma}_\varepsilon^{-1}\mathbf{X}(\mathbf{X}'\boldsymbol{\Sigma}_\varepsilon^{-1}\mathbf{X})^{+}\mathbf{X}'\boldsymbol{\Sigma}_\varepsilon^{-1}\mathbf{X}$. Transposing each side we have equation (8).

Appendix B: Recursive formulae for the Kalman smoother

This Appendix gives the recursive formulae for computing the smoothed estimates. These formulae can be found in Rauch, Tung, and Striebel (1965) and Caitlin (1989). The procedure consists in computing the Kalman filter estimates during a forward pass through the data (starting with t=1) and using these to compute the smoothed estimates during a backward pass (starting at t=T). The recursive computations require repeated inversion of n×n matrices, where n is the number of state variables. This is easily done with standard packages, unlike the non-recursive formulae which require inversion of nT×nT and T×T matrix, where T is the number of observations.

The time-varying model is the one described in equations (1)-(3). Let

$$\mathbf{b}_{s|t} := E(\boldsymbol{\beta}_s|\{y_i, \mathbf{x}_i\}_{i=1}^t),$$

$$\mathbf{P}_{s|t} := cov(\boldsymbol{\beta}_s|\{y_i, \mathbf{x}_i\}_{i=1}^t) .$$

In words, $\mathbf{b}_{s|t}$ and $\mathbf{P}_{s|t}$ are the mean and covariance of the n×1 vector $\boldsymbol{\beta}_s$ conditional on the sample up to time t, $\{y_i, \mathbf{x}_i\}_{i=1}^t$. The filtered estimates refer to $\mathbf{b}_{t|t}$ and $\mathbf{P}_{t|t}$ (i.e., s=t), whereas the smoothed estimates $\mathbf{b}_{s|T}$ and $\mathbf{P}_{s|T}$ condition on the entire sample. Note that the n×n covariance matrix $\mathbf{P}_{s|T}$ is the "within-period" posterior covariance of the state variables $\boldsymbol{\beta}_s$, the sth diagonal block of the complete nT×nT covariance matrix $\mathbf{P}$ of equation (7) or (10).

The filter recursion is initialized with the user supplied prior distribution of $\boldsymbol{\beta}_0$ by setting $\mathbf{b}_{0|0} = \boldsymbol{\mu}_0$ and $\mathbf{P}_{0|0} = \boldsymbol{\Sigma}_v(0)$. For t=1 to T compute the following:

$$\mathbf{P}_{t|t-1} = \boldsymbol{\Phi}\mathbf{P}_{t-1|t-1}\boldsymbol{\Phi}' + \boldsymbol{\Sigma}_v(t),$$

$$\mathbf{b}_{t|t-1} = \boldsymbol{\Phi}\mathbf{b}_{t-1|t-1},$$

$$\mathbf{B}_t = \mathbf{P}_{t|t-1}\mathbf{x}_t'(\mathbf{x}_t\mathbf{P}_{t|t-1}\mathbf{x}_t' + \sigma_\varepsilon^2(t))^{-1},$$

$$\mathbf{b}_{t|t} = \mathbf{b}_{t|t-1} + \mathbf{B}_t(y_t - \mathbf{x}_t\mathbf{b}_{t|t-1}),$$

$$\mathbf{P}_{t|t} = \mathbf{P}_{t|t-1} - \mathbf{B}_t\mathbf{x}_t\mathbf{P}_{t|t-1}.$$

(Note that $\mathbf{x}_t$ is a row vector.) The expressions for $\mathbf{b}_{t|t}$ and $\mathbf{P}_{t|t}$ are the result of applying the conditional distribution formula (9) to the following joint distribution of $\boldsymbol{\beta}_t$ and y_t:

$$\begin{bmatrix}\boldsymbol{\beta}_t \\ y_t\end{bmatrix} \in N\left(\begin{bmatrix}\mathbf{b}_{t|t-1} \\ \mathbf{x}_t\mathbf{b}_{t|t-1}\end{bmatrix}, \begin{bmatrix}\mathbf{P}_{t|t-1} & \mathbf{P}_{t|t-1}\mathbf{x}_t' \\ \mathbf{x}_t\mathbf{P}_{t|t-1}' & \mathbf{x}_t\mathbf{P}_{t|t-1}\mathbf{x}_t' + \sigma_\varepsilon^2(t)\end{bmatrix}\right).$$

This joint distribution is derived by using the "prior" distribution for $\boldsymbol{\beta}_t$ based on the previous t-1 observations. The smoothed estimates $\{\mathbf{b}_{t|T}\}$ are computed during a second pass starting with the last observation $t=T$ and proceeding backwards to t=1. Initialize at $t=T$ with filtered estimates $\mathbf{b}_{T|T}$ and $\mathbf{P}_{T|T}$; for $t=T$-1 to 1 compute as follows:

$$\mathbf{C}_t = \mathbf{P}_{t|t}\boldsymbol{\Phi}_t'\mathbf{P}_{t+1|t}^{+},$$

$$\mathbf{b}_{t|T} = \mathbf{b}_{t|t} + \mathbf{C}_t(\mathbf{b}_{t+1|T} - \boldsymbol{\Phi}_t\mathbf{b}_{t|t}),$$

$$\mathbf{P}_{t|T} = \mathbf{P}_{t|t} + \mathbf{C}_t(\mathbf{P}_{t+1|T} - \mathbf{P}_{t+1|t})\mathbf{C}_t'.$$

(Since the covariance matrix $\mathbf{P}_{t|t-1}$ need not have full rank, we use the generalized inverse.) The filter equations can be interpreted in terms of prior-posterior updating (see Meinhold and Singpurwalla 1983) with a regression correction of the prior mean. This is the role of the $\{\mathbf{B}_t\}$ matrices, also called the "gain" matrices in the engineering literature; see the first comment following equation (10) above. However, the recursive smoother equations to not appear to have an intuitive interpretation. Instead, the equations are derived by recursive relationships between the filtered and smoothed estimates (see Rauch, Tung, and Striebel 1965).

The computing costs of carrying out the forward and backward recursions are primarily storage rather than computation. The backward recursion requires the entire sequence of the filtered estimates $\{\mathbf{b}_{t|t}\}$ and $\{\mathbf{P}_{t|t}\}$, as well as the "prior" estimates $\{\mathbf{P}_{t|t-1}\}$. As each covariance matrix is $n \times n$, storage or IO (if written to disk) can become important. If only the smoothed estimates are desired, the user may wish to save storage or IO by not saving these matrices during the first pass and instead re-computing during the smoothing pass using the following recursions from Rauch, Tung, and Striebel (1965, equations (3.32)-(3.34)). For $\{\mathbf{P}_{t|t-1}\}$, we have

$$\mathbf{P}_{t|t-1} = (\mathbf{P}_{t|t}^{+} - \sigma_{\varepsilon}^{2\,-1}\mathbf{x}_t'\mathbf{x}_t)^{-1}$$

$$= \mathbf{P}_{t|t} - \mathbf{P}_{t|t}\mathbf{x}_t'(\mathbf{x}_t\mathbf{P}_{t|t}\mathbf{x}_t' - \sigma_{\varepsilon}^2)^{-1}\mathbf{x}_t\mathbf{P}_{t|t}.$$

The equivalence of these two right hand side expressions obtains from the matrix inversion lemma extended for generalized inverses. The second expression has the advantage of requiring only scalar inversion (the first expression inverts an $n \times n$ matrix). For $\{\mathbf{P}_{t-1|t-1}\}$, we have

$$\mathbf{P}_{t-1|t-1} = \mathbf{\Phi}_{t-1}^{-1}(\mathbf{P}_{t|t-1} - \mathbf{\Sigma}_v(t-1))\mathbf{\Phi}_{t-1}'^{-1}.$$

However, experience using this recursion shows that it is numerically unstable. Small errors in computation accumulate and can lead to explosive growth in the covariance matrices; this actually occurred after thirty iterations in some test runs. To avoid this instability (at the cost of greater IO), the filtered estimates $\{\mathbf{P}_{t|t}\}$ were stored and used to generate the $\{\mathbf{P}_{t|t-1}\}$ matrices using the second expression above for $\mathbf{P}_{t|t-1}$.

References

Caitlin, D. E. *Estimation, control, and the discrete Kalman filter*. 1989. Springer Verlag.

Eaton, M. L. 1983. *Multivariate statistics: a vector space approach*. John Wiley.

Harrison, P. J. and C. F. Stevens, 1976. Bayesian forecasting (with discussion). *Journal of the Royal Stat. Soc.* **B** 38: 205-47.

Leamer, E. E. 1978. *Specification searches*. John Wiley.

Lindley, D. V., and A. F. M. Smith. 1972. Bayes estimates for the linear model (with discussion). *J. Roy. Stat. Soc.* 30: 1-41.

Meinhold, R. J. and N. D. Singpurwalla. 1983. Understanding the Kalman filter. *Amer. Statistician*. 37: 123-127.

Rauch, H. E., F. Tung, and C. T. Striebel. 1965. Maximum likelihood estimates of linear systems. *AIAA Journal*. **3**: 1445-50.

Sarris, A. H. 1973. Kalman filter models: a Bayesian approach to estimation of time-varying regression coefficients. *Ann. Econ. and Soc. Measurement*. **2/4**: 501-22.

Schultz, J., and H. Zimmermann. 1989a. The predictability of individual stock betas: the case of Switzerland. *Journal of International Securities Markets*: Winter 1989: 391-99.

Schultz, J., and H. Zimmermann. 1989b. Risikoanalyse schweizerische Aktien: Stabilität und Prognose von Betas. *Finanzmarkt und Portfolio Management* **3**: 196-72.

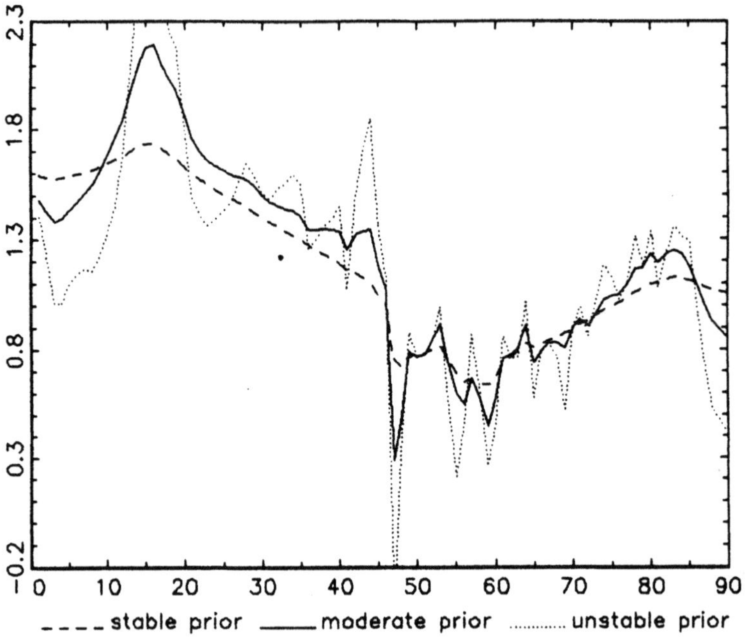

Figure 1. Estimated betas for Nestlé

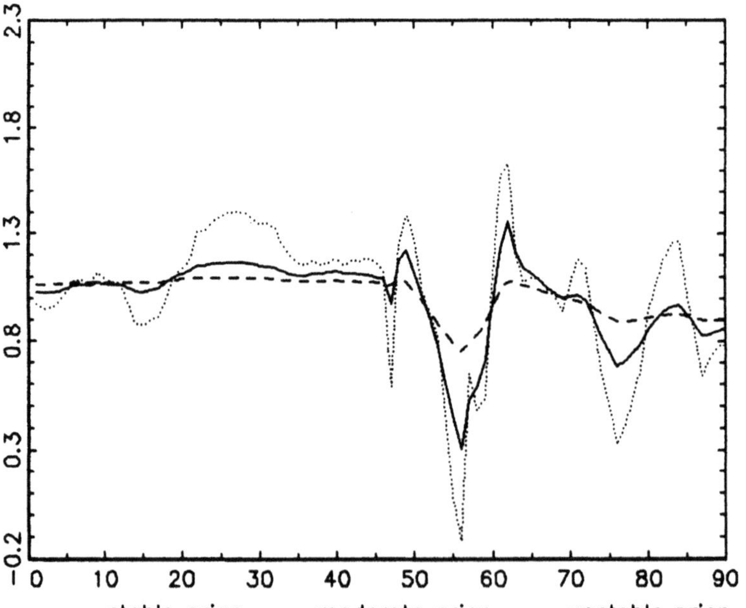

Figure 2. Estimated betas for Ciba-Geigy

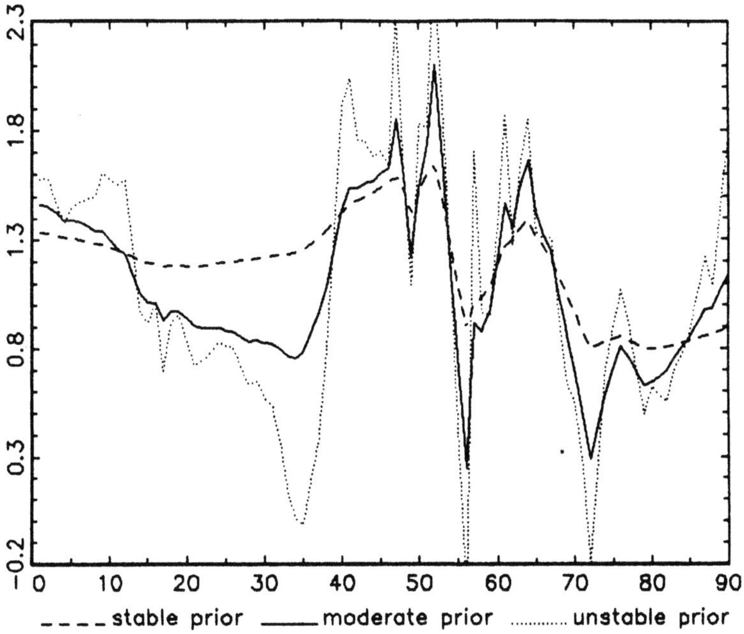

Figure 3. Estimated betas for Brown, Boveri, and Co. (BBC)

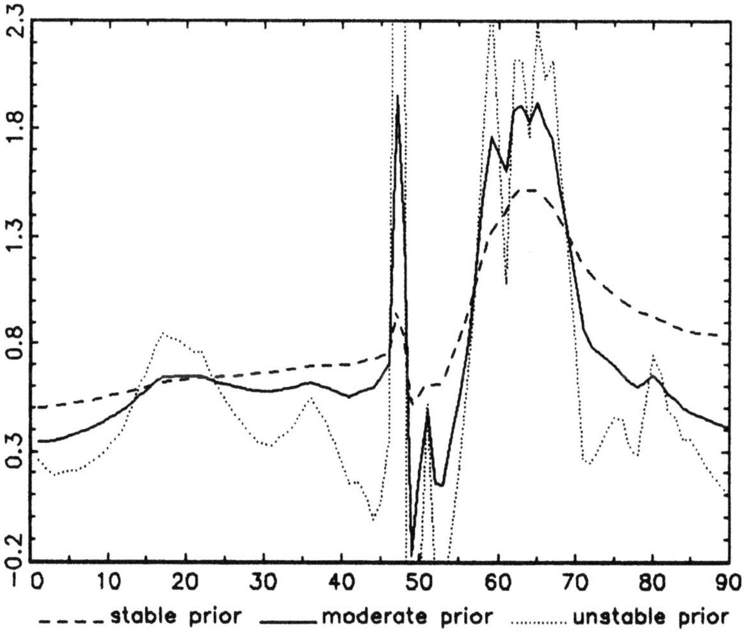

Figure 4. Estimated betas for Rentenanstalt

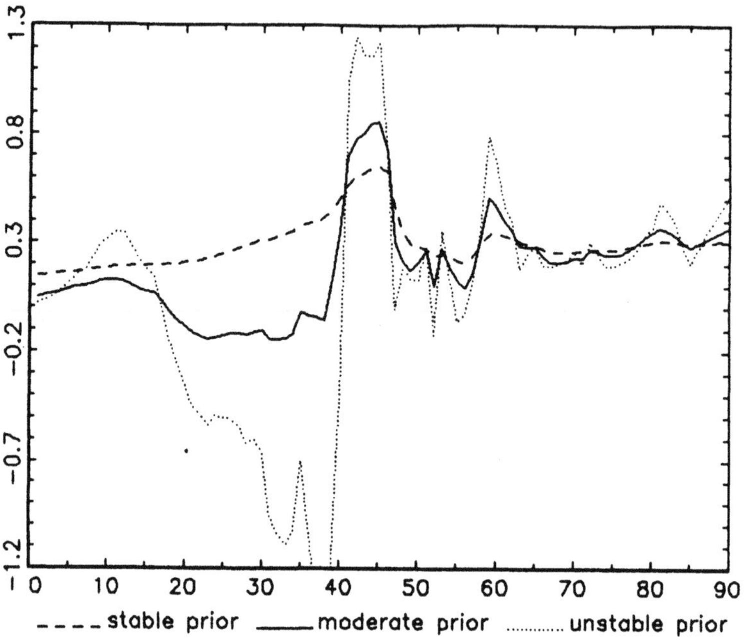

Figure 5. Estimated betas for Hypothekar- und Handelsbank Winterthur (HHW)

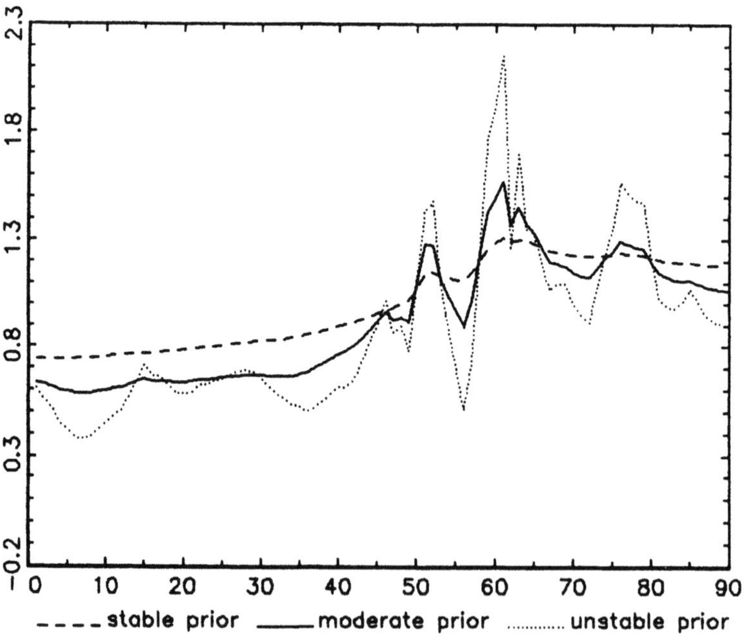

Figure 6. Estimated betas for Pirelli

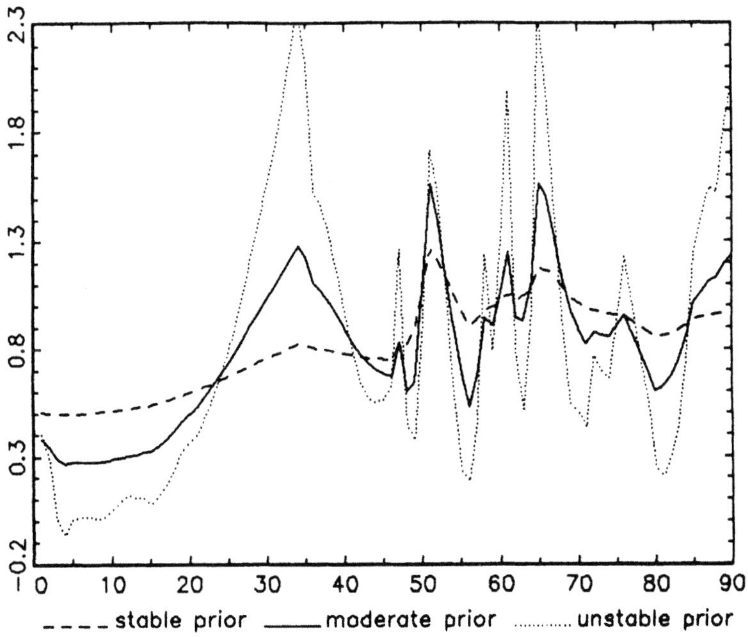

Figure 7. Estimated betas for Globus

Einige empirische Befunde zur kausalen Richtung des Geldes für die Bundesrepublik Deutschland

Hans-Eggert Reimers [1]

Institut für Statistik und Ökonometrie

Christian-Albrechts-Universität Kiel

Olshausenstr. 40

2300 Kiel 1

Die kausale Richung des Geldes wird in einem System mit realem Bruttosozialprodukt und dem impliziten Preisdeflator des Bruttosozialprodukts als Preisvariable für die Bundesrepublik Deutschland untersucht. Zunächst werden die Kointegrationseigenschaften der Systeme mit Hilfe der Johansen-Prozedur analysiert, und es wird auf Abwesenheit eines deterministischen Trends getestet. Auf der Grundlage von Kausalitätstests und Impulsantwortanalysen wird festgestellt, daß M1 kausal zum realen Bruttosozialprodukt ist. M2 ist nicht kausal zu der realen Variable, sondern zu der Preisvariable.

1 Einleitung

Die Frage der Kausalitätsrichtung zwischen der Geldmenge in einer bestimmten Abgrenzung und realen oder nominellen Variablen ist in den letzten 15 Jahren in vielen Arbeiten untersucht worden. (Einen Überblick über empirische Arbeiten geben Schlesinger & Jahnke (1987) und Bohara & Sauer (1990).) Die empirischen Befunde der Analysen sind unterschiedlich. Zum einen mag es an den ausgewählten Variablen liegen. Zum anderen machen Stock und Watson (1989) darauf aufmerksam, daß sich für die USA die Arbeiten in der Behandlung der Nichtstationarität der Variablen unterscheiden. In einigen Arbeiten werden erste Differenzen in anderen lineare deterministische Trendfilter verwendet, um einen stationären Prozeß zu erhalten. Mit diesen Transformationen wird der Nichtstationarität der Variablen Rechnung getragen. In Anschluß an die Arbeit von Nelson & Plosser (1982) gibt es Evidenz dafür, daß viele Zeitreihen einen stochastischen Trend bzw. eine Einheitswurzel enthalten. Wenn mehrere Variablen nichtstationär sind, kann es sein, daß eine Linearkombination dieser Zeitreihen keinen Trend besitzt. Die Zeitreihen sind kointegriert (Engle & Granger (1987)). Die Kointegrationsbeziehung ersetzt in einem multivariaten Modell Einheitswurzeln. Wenn Variablen, die univariat betrachtet

[1] Herrn Prof. Dr. H. Lütkepohl und Herrn W. Hauschulz danke ich für die zahlreichen Verbesserungsvorschläge zu einer früheren Version dieser Arbeit

Wirtschaftswissenschaftliche Beiträge, Band 60
Ökonometrie und Monetärer Sektor

werden, nichtstationär und multivariat analysiert, kointegriert sind, mit einem Differenzenfilter transformiert werden, ist das Modell fehlspezifiziert. Das Modell enthält Einheitswurzeln im Rauschprozeß. Aufgrund der Fehlspezifikation können die verwendeten Kausalitätstests zu falschen Schlüssen führen. Um dies zu vermeiden, sollte ein Ansatz verwendet werden, der einer möglichen Kointegrationsrestriktion Rechnung trägt. In der empirischen Analyse für ein System mit Geldmenge, Preisniveau und Bruttosozialprodukt wird der Ansatz von Johansen verwendet, mit dem Kointegrationstests durchgeführt und vektorautoregressive Modelle geschätzt werden können. Mit diesen Modellen können Kausalitätstests und dynamische Analysen durchgeführt werden, um einen Einblick in die kausale Richtung zwischen der Geldmenge und den restlichen Variablen zu bekommen.

Die Arbeit ist wie folgt aufgebaut: Im zweiten Kapitel wird ein vektorautoregressives Modell mit kointegrierten Variablen beschrieben. Weiterhin werden die Testprozeduren, die in der empirischen Analyse verwendet werden, aufgeführt. Im dritten Kapitel werden Ergebnisse bivariater Analysen zwischen den Variablen Geldmenge, Preisniveau und BSP dargestellt, während im vierten Kapitel die Ergebnisse trivariater Modelle aufgeführt werden. Abschließend werden die Ergebnisse zusammengefaßt.

2 Vektorautoregressives Modell mit kointegrierten Variablen

Gegeben sei ein vektorautoregressives Modell der Form:

$$x_t = \nu + A_1 x_{t-1} + \ldots + A_p x_{t-p} + \epsilon_t \tag{1}$$

mit $x_t = (x_{1t}, \ldots, x_{Kt})'$, ν ein $(K \times 1)$ - Vektor von Konstanten, A_i $(K \times K)$ - Koeffizientenmatrizen und ϵ_t normalverteiltes weißes Rauschen mit $E(\epsilon_t) = 0$ und $E(\epsilon_t \epsilon_t') = \Sigma_\epsilon$ für alle t. Die Kovarianzmatrix Σ_ϵ ist positiv definit. Die Rauschgrößen ϵ_t und ϵ_s sind für $s \neq t$ unkorreliert. Weiterhin wird angenommen, daß die ersten Differenzen $\Delta x_t = x_t - x_{t-1}$ stationär sind. Zur Darstellung des Prozesses (1) wird folgende Reparametrisierung gewählt

$$\Delta x_t = \nu + \Gamma_1 \Delta x_{t-1} + \ldots + \Gamma_{p-1} \Delta x_{t-p+1} - \Pi x_{t-p} + \epsilon_t \tag{2}$$

mit

$$\Gamma_i = -(I_K - A_1 - \ldots - A_i), \quad i = 1, \ldots, p-1$$

und

$$\Pi = I_K - A_1 - \cdots - A_p .$$

Die Matrix Π kann singulär sein und besitzt den Rang(Π) $= r \leq K$. Für Rg(Π) $= r$ kann Π in ein Produkt BC zerlegt werden, worin die $(K \times r)$ Ladungsmatrix B und die $(r \times K)$ Kointegrationsmatrix C den Rang r haben. Sind Linearkombinationen Cx_t stationär, obwohl die einzelnen Komponenten von x_t nichtstationär sind, spricht man von kointegrierten Zeitreihen (vgl. Engle & Granger (1987)). Da alle Komponenten mit dem Δ-Operator in (2) stationär sind, ist Πx_{t-p} und damit auch Cx_{t-p} stationär.

In der Darstellung (2) wird deutlich, wie die Wahl des Kointegrationsranges r die Stationaritätseinteilung des Modells bestimmt. Ist $r = K$, dann ist das Modell stationär in den Niveauvariablen. Mit $r = 0$ ist das Modell mit der Ordnung Eins integriert, d.h. es ist stationär in ersten Differenzen. Für $0 < r < K$ besitzt das Modell r Kointegrationsbeziehungen und $K - r$ Einheitswurzeln. Die Kointegrationsbeziehungen "ersetzen" Einheitswurzeln. Die Transformation eines Prozesses mit den ersten Differenzen Δ filtert K Einheitswurzeln aus dem Prozeß und erzeugt somit Einheitswurzeln im Rauschprozeß. Die Kointegrationsbeziehungen Cx_{t-p} werden häufig als Gleichgewichtsbeziehung interpretiert. Bei dieser Interpretation sind die Variablen nicht immer im Gleichgewicht, aber das System besitzt die Tendenz, sich nicht zu weit vom Gleichgewicht zu entfernen. Die $K - r$ Einheitswurzeln zeigen die Nichtstationarität des Prozesses an. Es kann gezeigt werden, daß der Prozeß $(K - r)$ gemeinsame Trends enthält, die die Nichtstationarität der Zeitreihen verursachen (vgl. Stock & Watson (1988)).

Aus der univariaten Analyse von nichtstationären Prozessen ist bekannt, daß ein Random-Walk-Prozeß mit Drift $[x_{1,t} = \nu + x_{1,t-1} + \epsilon_{1,t}]$ in der Niveaudarstellung einen linearen deterministischen Trend enthält. Diese Eigenschaft gibt es auch im multiplen Zusammenhang. Die gemeinsamen Trends können sich aus einer stochastischen und einer deterministischen Trendkomponente zusammensetzen. Die direkte Bestimmung der linearen Trends ist kompliziert, aber es besteht die Möglichkeit, die Absolutglieder des Systems so zu restringieren, daß im System kein linearer Trend existiert (vgl. Johansen (1989), S. 12ff). Das Absolutglied wird so gewählt, daß $\nu = B\nu_0$ gilt. Unter dieser Restriktion wird in x_{t-p} eine Konstante berücksichtigt. Das Modell (2) wird zu

$$\Delta x_t = \Gamma_1 \Delta x_{t-1} + \ldots + \Gamma_{p-1} \Delta x_{t-p+1} - BC^* x^*_{t-p} + \epsilon_t , \tag{3}$$

mit $C^* = [C, -\nu_0]$ und $x^*_{t-p} = [x'_{t-p}, 1]'$.

Unter der Annahme, daß der Rauschprozeß normalverteiltes weißes Rauschen ist, leitet Johansen (1988, 1989) eine Maximum-Likelihood-Schätzung des Systems (2) und (3) ab. Eine kurze Abhandlung der Schätzprozedur wird im Anhang aufgeführt. Der Kointegrationsrang des Systems kann mittels Hypothesentests bestimmt werden. Für die Nullhypothese $H_0 : r \leq r_0$

gegen $H_1 : r > r_0$ leitete Johansen (1988) einen Likelihoodverhältnisspurtest ab. Weiterhin überprüft er die Nullhypothese $H_0 : r \leq r_0$ gegen $H_1 : r = r_0 + 1$ mit einem Maximum-Eigenwerttest. Die asymptotischen Verteilungen dieser Teststatistiken sind nichtstandard, und kritische Werte, die von der Spezifikation eines Absolutgliedes abhängen, sind von Johansen & Juselius (1990) tabelliert worden. Weiterhin gibt Johansen (1989) einen asymptotischen χ^2–Test für Restriktionen auf die Kointegrationsmatrix an, der in der empirischen Analyse benutzt wird. Die Restriktionen sind von der Gestalt $C = R^c C_r$, wobei R^c eine bekannte $(r \times s)$ Matrix und C_r eine unbekannte $(s \times K)$ Koeffizientenmatrix ist $(r \leq s \leq K)$. Dieser Test kann benutzt werden, um die Nichtstationarität von Variablen zu überprüfen. Die Restriktion über die Absolutglieder kann ebenfalls im Johansen–Ansatz mit einem Likelihoodverhältnistest getestet werden. Die Teststatistik hat eine asymptotische χ^2–Verteilung mit $K - r$ Freiheitsgraden.

Um die kausale Richtung zwischen Variablen zu untersuchen, werden Granger–Kausalitätstests durchgeführt (vgl. Reimers & Lütkepohl (1989)). In einem bivariaten Modell ist die erste Variable zu der zweiten Granger–kausal, wenn die erste die Prognose der zweiten verbessert. Die Hypothese der Granger–Kausalität kann als Nullrestriktionen der autoregressiven Darstellung auch für $r > 0$ angegeben und mit Hilfe eines Wald–Tests überprüft werden. Die Hypothese der Nichtkausalität wird als $R^\pi \pi = 0$ formuliert, wobei $\pi = \text{vec}(A_1 + \cdots + A_p)$ und R^π eine bekannte $(p \times K^2 p)$–Matrix ist. Die Wald–Statistik hat eine asymptotische χ^2–Verteilung mit p Freiheitsgraden. Wenn in einem autoregressiven Modell mindestens eine Kointegrationsbeziehung vorliegt, dann existiert mindestens in eine Richtung Granger–Kausalität zwischen den Variablen (vgl. Granger (1986)). Im bivariaten Modell mit einer Kointegrationsbeziehung hat die Ablehnung einer kausalen Richtung die Annahme der zweiten zur Folge. Wenn keine Kointegrationsbeziehung nachgewiesen werden kann, können Kausalitätstests in den ersten Differenzen des Systems mit den bekannten Ansätzen durchgeführt werden.

Für Systeme mit mehr als zwei Variablen gibt es unterschiedliche Ansätze, Granger–kausale Strukturen zu testen (vgl. Lütkepohl (1990)). Die Kausalität zwischen zwei Variablengruppen kann in der Regel mit einer Verallgemeinerung des angesprochenen Wald–Tests geprüft werden. Wenn die kausale Richtung zwischen zwei Variablen in einem höherdimensionalen System bestimmt werden soll, kann Nichtkausalität in dem Sinne definiert werden, daß die Variable x_{1t} nichtkausal zu einer Variable x_{2t} ist, wenn die zweite nicht auf einen unerwarteten Schock in der ersten Variable reagiert. Reaktionsverläufe aufgrund von unerwarteten Schocks können in autoregressiven Modellen mit Kointegrationsbeziehungen einfach berechnet werden und stellen eine dynamische Analyse des Systems dar (vgl. Lütkepohl & Reimers (1989), Lütkepohl (1991)).

Die Reaktionsverläufe in kointegrierten Systemen können sich stark von denen in stationären Systemen unterscheiden. In stationären Systemen verschwinden die Reaktionen im Zeitablauf, während sie in kointegrierten Systemen langfristig erhalten bleiben können. Die Reaktionen sind in diesem Fall permanent, so daß sich das System in einem neuen Gleichgewicht befindet, falls keine weiteren Schocks aufgetreten sind. Der Zeitpfad der Variablen von einem Gleichgewicht zum möglichen nächsten Gleichgewicht gibt Auskunft über die kurzfristige und langfristige Interaktion zwischen den Variablen. Die Gleichgewichtsreaktion einer Variable aufgrund eines Schocks in der eigenen Gleichung kann als Maß für die Persistenz interpretiert werden. Die Analysetechnik wird in der empirischen Analyse von trivariaten Systemen angewendet.

3 Bivariate empirische Analyse von BSP, Preisniveau und Geld

Zur wirtschaftstheoretischen Erklärung der Zusammenhänge zwischen Geldmenge, Preisen und Produktion gibt es in der Makroökonomie divergierende Hauptansätze (vgl. Schlesinger & Jahnke (1987)). Auf der einen Seite stehen Gleichgewichtsansätze der Neuen-Klassischen-Makroökonomie und auf der anderen Seite Neue-Keynesianische-Ansätze. Die Neue-Klassische-Gleichgewichtstheorie unterstellt flexible Preise, die zu einer raschen Markträumung führen. Im Durchschnitt stimmt die erwartete Preisentwicklung mit der tatsächlichen Preisentwicklung überein. Abweichungen vom Wachstumspfad beruhen nur auf unerwarteten Schocks, die im Ausland oder im Inland auftreten. Mögliche Quellen inländischer Schocks können nicht antizipierte Änderungen im Geldmengenwachstum sein, die zu vorübergehenden realen Wirkungen führen. Langfristig ergibt sich eine homogene Beziehung zwischen der Geldmenge und dem Preisniveau. In den Neuen-Keynesianischen-Ansätzen wird die hohe Flexibilität der Preise angezweifelt, und aufgrund von Transaktions- und Informationskosten werden Preisrigiditäten angenommen, die zu länger anhaltenden Marktungleichgewichten führen. In den Modellen wird eine anhaltende Wirkung von der Geldmengenentwicklung auf das Sozialprodukt abgeleitet.

Diese Theorien sind ohne die Beachtung der Nichtstationarität der Variablen entwickelt worden. Erste Ansätze, die der Nichtstationarität der Variablen Rechnung tragen, gibt es in einer Weiterentwickung der klassischen Gleichgewichtsansätze (reale Konjunkturmodelle). In realen Konjunkturmodellen wird die Nichtstationarität durch einen Random-Walk-Prozeß für die technologische Entwicklung begründet (vgl. King et al. (1987)). Die Schocks des Random-Walk-Prozesses (reale Schocks) verursachen in einer stochastischen Welt die Konjunkturschwankungen des Systems, während nominelle, bzw. transitorische (z.B. geldpolitische) Schocks keine oder nur unbedeutende Wirkungen im System haben (vgl. McCallum (1989)). In dieser Welt dominieren die stochastische Trends, und transitorische Schocks haben kaum eine Bedeutung. In diesen Modellen werden Schwankungen ökonomischer Größen um einen deterministischen Trend verneint.

Zur Überprüfung der wirtschaftstheoretischen Erklärungsansätze sind in den letzten Jahren Granger–Kausalitätstest durchgeführt worden. Die empirischen Ergebnisse zur Untersuchung der kausalen Richtung des Geldes in der BRD sind widersprüchlich (vgl. Hansen (1989), Bohara & Sauer (1990)). Eine Ursache dafür könnte die geringe Beachtung möglicher Kointegrationsbeziehungen zwischen Variablen und eine Verwendung des Differenzenfilters als Stationaritätstransformation sein. Im folgenden wird der Kausalitätsanalyse eine Kointegrationsanalyse vorangestellt.

Als Variablen werden die Geldmengenaggregate M1 und M2 verwendet, die saisonbereinigt vom Institut für Weltwirtschaft Kiel von 1961.1 bis 1987.4 zur Verfügung gestellt worden sind. Die saisonbereinigten Quartalsdaten für das reale Bruttosozialprodukt (BSP) und dem Preisdeflator des Bruttosozialprodukts (PBS) sind der Datenbank des Deutschen Institutes für Wirtschaftsforschung Berlin (DIW) entnommen. Alle Variablen werden logarithmiert. Die Laglänge p des Systems ist in der praktischen Analyse nicht bekannt und muß geschätzt werden. Paulsen (1984) beweist die Konsistenz einzelner Ordnungskriterien für multivariate autoregressive Modelle mit Wurzeln auf dem Einheitskreis. In der Untersuchung werden die konsistenten Kriterien von Schwarz (SC) und Hannan & Quinn (HQ) sowie die nichtkonsistenten von Akaike (AIC) und (FPE) verwendet (vgl. Judge et.al. (1985)). Im bivariaten System wird eine maximale Ordnung von $p_{max} = 8$ vorgegeben. Die Ergebnisse sind in der Tabelle 1 aufgeführt.

In der Analyse des Systems M2 – BSP und M1 – BSP wird die Lagordnung $p = 2$ vom HQ– und SC–Kriterium geschätzt, während AIC und FPE $p = 5$ präferieren. Da die letzten beiden Kriterien die Tendenz zur Überschätzung der Lagordnung haben, wird $p = 2$ festgelegt. Der Kointegrationsrangtest von Johansen verwirft die Nullhypothese $H_0 : r = 0$ auf dem 5%–Niveau im ersten System, während diese Hypothese im zweiten System auf üblichem Signifikanzniveau nicht verworfen wird. Es scheint eine langfristig engere Beziehung zwischen M2 und dem Bruttosozialprodukt als zwischen M1 und dem BSP gegeben zu haben. Dies kann anhand von Änderungen der Zahlungs- und Geldhaltungsgewohnheiten der Bevölkerung erklärt werden.

Die Hypothese, daß die Variablen M2 und BSP keinen linearen Trend enthalten, kann auf dem 5%–Niveau verworfen werden (siehe Tabelle 1). Die Granger-Kausalitätsanalyse mit einem Kointegrationsrang von $r = 1$ ergibt für die Hypothese: $BSP \not\rightarrow M2$ einen Testwert von 25.6, so daß diese Hypothese verworfen wird. Die entgegengesetzte Hypothese $M2 \not\rightarrow BSP$ ergibt einen

Tabelle 1: Bivariate Testergebnisse

		M2		M1	
BSP	$AR - Order^{\dagger}$	$p = 2$		$p = 2$	
	Kointegrat.-rangtest (Trace)	$H_0 : r \leq 1$ 4.6	$H_0 : r = 0$ 20.7^{**}	$H_0 : r \leq 1$ 1.7	$H_0 : r = 0$ 10.2
	Determinst. Trendtest	6.4^{**}			
	BSP$\not\rightarrow$Geld	$\lambda_w = 25.6^{***}$		$\lambda_w = 0.3$	
	Geld$\not\rightarrow$BSP	$\lambda_w = 5.3^{*}$		$\lambda_w = 4.3^{**}$	
PBS	AR-Order	$p = 6$		$p = 6$	
	Kointegrat.-rangtest (Trace)	$H_0 : r \leq 1$ 1.6	$H_0 : r = 0$ 13.8	$H_0 : r \leq 1$ 1.1	$H_0 : r = 0$ 14.7
	PBS$\not\rightarrow$Geld	$\lambda_w = 2.8$		$\lambda_w = 6.5$	
	Geld$\not\rightarrow$PBS	$\lambda_w = 16.4^{***}$		$\lambda_w = 2.7$	

† maximale AR-Ordnung $p_{max} = 8$,

$*$ $(**)$ $(***)$ auf dem 10% (5%) (1%) - Niveau signifikant.

Testwert von 5.3, die auf dem 5% - Niveau nicht, jedoch auf dem 10% - Niveau verworfen wird. Im System M1 – BSP kann die Hypothese $M1 \not\rightarrow BSP$ auf dem 5% - Niveau abgelehnt werden. Aus diesen Ergebnissen ergibt sich eine gewisse Evidenz gegen die Neutralität des Geldes, die besagt, daß es keine kausale Beziehung vom Geld zum realen Bruttosozialprodukt gibt.

Werden die bivariaten Systeme M2 – PBS und M1 – PBS betrachtet, so wird in beiden Modellen die Laglänge $p = 6$ von den Kriterien AIC, FPE und HQ geschätzt. In beiden Modellen wird die Hypothese $r = 0$ auf den üblichen Signifikanzniveaus nicht verworfen. Der Granger - Kausalitätstest zeigt keine Kausalität vom Preisniveau zur Geldmenge an. Die Hypothese $M2 \not\rightarrow PBS$ wird auf dem 1% - Niveau verworfen, während $M1 \not\rightarrow PBS$ nicht abgelehnt werden kann.

Die Modelle mit der Geldmenge M2 stützen die Hypothese der Neutralität des Geldes, während die Ergebnisse mit M1 ihr widersprechen. Die bivariate Analyse zeigt kein eindeutiges Bild, wobei durch das Vernachlässigen der jeweils dritten Variable die Ergebnisse verfälscht werden könnten. Eine Analyse der trivariaten Systeme kann angemessener sein. Im weiteren wird zunächst das System BSP, PBS sowie M1 und dann BSP, PBS sowie M2 untersucht.

Tabelle 2: Kointegrationsrangtest von Johansen

Modell†	Hypothese H_0 / H_1	$r \leq 2$ / $r = 3$	$r \leq 1$ / $r \geq 2$	$r = 0$ / $r \geq 1$	$r \leq 1$ / $r = 2$	$r = 0$ / $r = 1$	determinist. Trendtest
mit M1	Testwert	4.25	21.1**	59.8***	16.8**	38.7***	4.23**
mit M2	Testwert	4.18	10.3	40.1***	6.14	29.8***	3.52

† Das Modell beinhaltet BSP und PBS sowie entweder M1 oder M2,

** (***) auf dem 5% (1%)– Niveau signifikant.

4 Trivariate Analyse von BSP, Preisniveau und Geld

Das erste dreidimensionale System beinhaltet das reale Bruttosozialprodukt (BSP), den Preisdeflator des BSP (PBS) und als Geldvariable M1. Die Variablen werden in dieser Reihenfolge analysiert. Bei einer maximalen Lagordnung von $p_{max} = 5$ schätzen die Kriterien AIC, FPE, HQ : $p = 2$ und SC : $p = 1$. Für die Analyse wird $p = 2$ ausgewählt. Die Ergebnisse der Likelihoodverhältnistests von Johansen für den Kointegrationsrang sind in der Tabelle (2) zusammengestellt. Beide Tests verwerfen die Hypothese $r \leq 1$ auf dem 5%-Signifikanzniveau, so daß in der weiteren Analyse der Kointegrationsrang auf $r = 2$ gesetzt wird. Zwischen den drei Variablen gibt es zwei stationäre Linearkombinationen. Der Test, ob die Absolutglieder restringiert werden können, ergibt einen Wert von 4.2, so daß die Nullhypothese auf dem 5%-Niveau verworfen wird. Das System enthält einen deterministischen Trend.

Für die Schätzung der Kointegrationsmatrix C' , der Ladungsmatrix B und der Π– Matrix ergeben sich folgende Werte:

$$\hat{C}' = \begin{pmatrix} 29.4 & 0.6 \\ 14.7 & -36.5 \\ -20.5 & 20.5 \end{pmatrix} \quad \hat{B} = \begin{pmatrix} .0013 & -.0029 \\ -.0029 & -.0005 \\ -.0020 & .0018 \end{pmatrix} \quad \hat{\Pi} = \begin{pmatrix} 0.038 & 0.126^* & -0.087^* \\ (.026) & (.034) & (.025) \\ -0.025 & 0.049^* & 0.065 \\ (.018) & (.013) & (.049) \\ -0.094^* & 0.077^* & 0.023 \\ (.037) & (.027) & (.103) \end{pmatrix},$$

wobei die geschätzten Standardfehler in Klammern stehen und ein Koeffizient mit * auf dem 5%-Niveau signifikant ist. Die Eigenvektoren sind entsprechend der Größe der dazugehörenden Eigenwerte geordnet. In einigen Veröffentlichungen werden diese Kointegrationsbeziehungen als langfristige ökonomische Gleichgewichtsbeziehung interpretiert. In diesem Modell wäre eine mögliche ökonomische Beziehung die Preisgleichung der Quantitätstheorie mit $PBS = f(BSP, M1)$ (vgl. Mehra (1989)). Aber bei einem Kointegrationsrang von $r = 2$ ist nicht eindeutig, welche Beziehung die relevante Gleichung ist.

Der Rang der Π–Matrix ist gleich der Anzahl der Kointegrationsbeziehungen, so daß einige Koeffizienten in der Matrix signifikant von Null verschieden sein müssen. Die Koeffizienten, die ungleich Null sind, weisen auf einen signifikanten Einfluß der Niveauvariablen hin. Da die asymptotische Verteilung der Schätzer von Π von der asymptotischen Verteilung der Schätzer für B bestimmt wird (vgl. Johansen (1989), S. 34), haben die Kointegrationsbeziehungen einen signifikanten Einfluß. Von den Π–Koeffizienten kann nicht der Einfluß einer einzelnen Kointegrationsbeziehung in einer Gleichung abgeleitet werden.

Die Hypothese der Geldmengen–Preisniveau–Homogenität impliziert einen Koeffizienten gleicher Größenordnung mit unterschiedlichem Vorzeichen für die Preisniveau- und Geldmengenvariable. Da die asymptotische Verteilung von $\hat{C}$ nicht standard ist und $\hat{C}$ ein Raumschätzer ist, kann diese Hypothese nicht einfach für jede Kointegrationsbeziehung getestet werden. Die Homogenitätshypothese wird für beide Beziehungen gleichzeitig getestet. Sie wird als eine Restriktion der Form $R^c C_r = C$ formuliert

$$R^c C_r = \begin{pmatrix} 1 & 0 & 0 \\ 0 & 1 & -1 \end{pmatrix} \begin{pmatrix} c_{11} & c_{12} \\ c_{21} & c_{22} \end{pmatrix} = \begin{pmatrix} c_{11} & c_{12} & -c_{12} \\ c_{21} & c_{22} & -c_{22} \end{pmatrix} .$$

Der ermittelte Testwert lautet 13.4, so daß die Homogenitätsrestriktion auf dem 1% - Signifikanzniveau abgelehnt wird.

Um die Impulsantwortfolgen zu analysieren, wird die autoregressive Darstellung ermittelt, wobei $x = (BSP, PBS, M1)'$ ist

$$x_t = \begin{pmatrix} 0.33 \\ (.12) \\ -0.34 \\ (.06) \\ -0.34 \\ (.13) \end{pmatrix} + \begin{pmatrix} 1.02 & -0.18 & 0.25 \\ (.09) & (.19) & (.07) \\ 0.06 & 1.00 & 0.01 \\ (.05) & (.10) & (.04) \\ 0.02 & -0.12 & 1.53 \\ (.10) & (.21) & (.08) \end{pmatrix} x_{t-1} + \begin{pmatrix} -0.06 & 0.05 & -0.16 \\ (.10) & (.20) & (.10) \\ 0.02 & 0.03 & -0.06 \\ (.05) & (.10) & (.04) \\ 0.03 & 0.21 & -0.61 \\ (.10) & (.21) & (.08) \end{pmatrix} x_{t-2} + \epsilon_t$$

$$\text{mit } v\hat{a}r_\epsilon = \begin{pmatrix} 0.81 \\ 0.21 \\ 0.95 \end{pmatrix} \cdot 10^{-4}, \qquad K\hat{orr}_\epsilon = \begin{pmatrix} 1.00 & -0.13 & 0.08 \\ -0.13 & 1.00 & 0.01 \\ 0.08 & 0.01 & 1.00 \end{pmatrix}$$

und den Eigenwerten des charakteristischen Polynoms des geschätzten autoregressiven Modells

$\lambda_1 = 1.0$, $\lambda_{2/3} = 0.91 \pm 0.09i$, $\lambda_4 = 0.68$, $\lambda_5 = 0.07$, $\lambda_6 = -0.01$. Die geschätzten Standardfehler stehen in Klammern unter den Koeffizienten.

Viele Koeffizienten in den Matrizen A_1 und A_2 sind insignifikant, und eine Interpretation einzelner Koeffizienten ist nicht üblich. Die Korrelationsmatrix zeigt eine geringe gleichzeitige Korrelation zwischen den Innovationen der Variablen an. Aufgrund dieser geringen Korrelation scheint es nicht notwendig zu sein, orthogonalisierte Impulsantwortfolgen zu berechnen.

Die Impulsantwortfolgen für das geschätzte Modell sind in der Abbildung 1 dargestellt. In den Graphiken sind die zweifachen Standardfehlerbänder mit unterbrochenen Linien eingezeichnet, um die Signifikanz der Reaktionen abzuschätzen. Die asymptotische Verteilung der Impulsantwortfolgen kann von der Verteilung der autoregressiven Parameter abgeleitet werden (vgl. Lütkepohl & Reimers (1989)).

Ein Einheitsschock in der Variable M1 scheint persistent zu sein. Die Reaktionen verschwinden nicht und sind nach 24 Perioden signifikant von Null verschieden. Aufgrund eines Einheitsschocks in der Variable M1 erhöht sich das BSP schnell. Die Reaktion hat nach ungefähr 10 Perioden ihren Höhepunkt erreicht und wird dann allmählich abgebaut. Nach etwa 12 Perioden scheint dann eine Preiserhöhung wirksam zu werden, die nach über zwanzig Perioden noch nicht zu einem neuen Gleichgewicht gekommen ist. Ein Einheitsschock in dem realen Bruttosozialprodukt hat ein Anwachsen der Geldmenge zur Folge, während ein Preisschock geringere Effekte auf die Geldmenge hat, die hier nicht signifikant erscheinen. Der Einheitsschock in dem Sozialprodukt scheint ein gewisses Beharrungsvermögen zu haben. Das Fehlerband deckt aber sowohl die Eins als auch die Null ab, so daß nicht auf eine Dominanz der permanenten Komponente geschlossen werden kann.

Hansen (1989) und Buscher et al. (1990) ermitteln für ihre geschätzten Modelle mit der Geldmenge M1 signifikante reale Einflüsse der Geldpolitik. Ein ähnliches Resultat wird von Schlesinger & Jahnke (1987) in einer Modellrechnung mit dem ökonometrischen Modell der Bundesbank für die Zentralbankgeldmenge aufgeführt. Die Autoren erhalten zunächst reale und später nominelle Reaktionen der Variablen. Scheide (1989) und Bohara & Sauer (1990) finden reale Effekte der Geldvariable M1. In den letztgenannten Studien wird eine reale Geldmenge M1 benutzt, ohne daß eine nominelle Variable im System erhalten bleibt. Bei diesen Systemen wird somit kaum die Neutralität des Geldes geprüft, da es nur reale Variablen in den Systemen gibt. Insgeamt betrachtet wird auch in anderen Studien eine gewisse Evidenz für reale Effekte der Geldpolitik in der Bundesrepublik Deutschland gefunden.

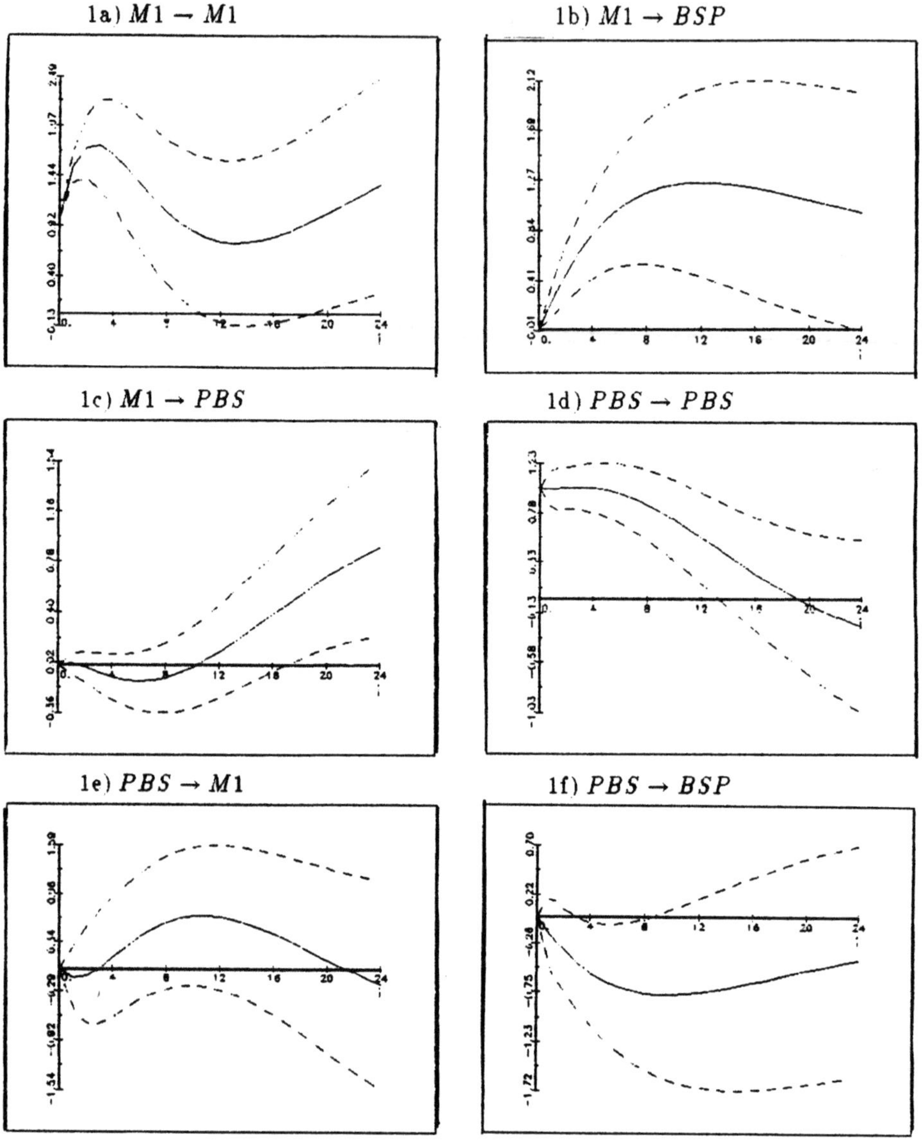

Abbildung 1: Impuls → Reaktion
durchgezogene Linie: Reaktion
durchbrochene Linie: zweifacher Standardfehler

Das zweite dreidimensionale System beinhaltet statt der Geldmenge M1 die weitere Definition M2. Bei einer maximalen Lagordnung von $p_{max} = 5$ schätzen die Kriterien HQ und SC: $p = 1$ sowie AIC und FPE $p = 5$. Da die letztgenannten Kriterien die Lagordnung überschätzen können, wird die Lagordnung auf $p = 2$ gesetzt, um eine gewisse Dynamik im Modell zuzulassen.

1g) $BSP \rightarrow BSP$

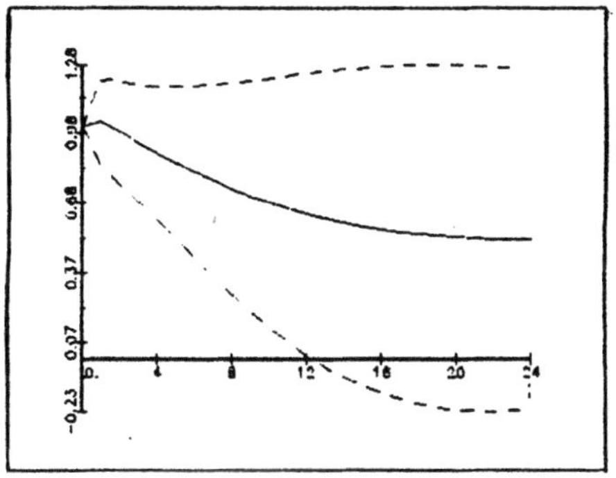

1h) $BSP \rightarrow PBS$

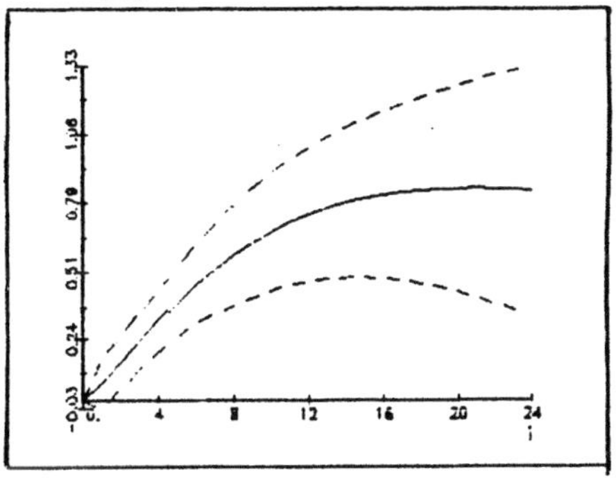

1i) $BSP \rightarrow M1$

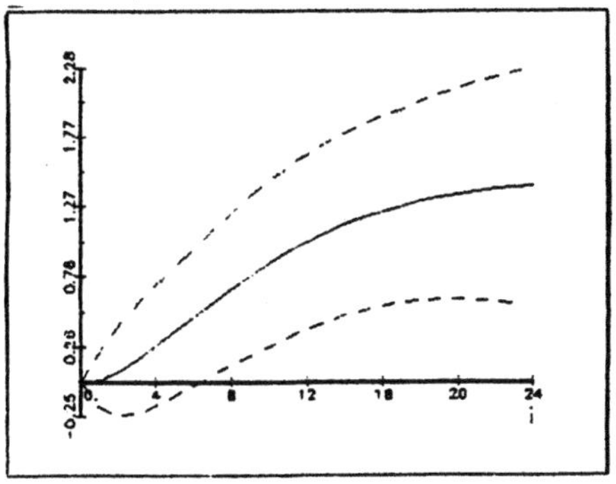

Abbildung 1: Impuls → Reaktion
Beschriftung siehe oben.

Die Ergebnisse der Likelihoodverhältnistests von Johansen für den Kointegrationsrang sind in der zweiten Zeile der Tabelle 2 zusammengestellt. In diesem Modell wird die Hypothese $r \leq 1$ nicht verworfen. Erst $r = 0$ wird von beiden Tests auf dem 1% - Signifikanzniveau verworfen. Der Test, ob die Absolutglieder restringiert werden können, ergibt einen Wert von 3.52, so daß die Restriktion nicht abgelehnt werden kann. Dieses Ergebnis scheint dem Ergebnis aus der bivariaten Analyse zu widersprechen, denn dort enthält das System einen deterministischen Trend. Da jetzt drei Variablen analysiert werden, kann der Trend durch die dritte Variable ersetzt worden sein. Die Schätzung des Systems wird mit der folgenden Reihenfolge der Variablen x = (BSP, PBS, M2)' durchgeführt. Für das Modell mit Absolutgliedrestriktion lautet die ML–Schätzung der Kointegrationsmatrix C' , der Ladungsmatrix B und der Π–Matrix, wobei die geschätzten Standardfehler in Klammern stehen und die mit $*$ gekennzeichneten Koeffizienten auf dem 5%–Niveau signifikant sind

$$\hat{C}' = \begin{pmatrix} 10.6 \\ -18.7 \\ 5.4 \end{pmatrix} \qquad \hat{B} = \begin{pmatrix} -.0021 \\ -.0030 \\ -.0042 \end{pmatrix} \qquad \hat{\Pi} = \begin{pmatrix} -0.022^{*} & 0.039^{*} & -0.012^{*} \\ (.010) & (.018) & (.005) \\ -0.032^{*} & 0.056^{*} & -0.017^{*} \\ (.005) & (.009) & (.003) \\ -0.044^{*} & 0.078^{*} & -0.023^{*} \\ (.011) & (.018) & (.006) \end{pmatrix}$$

Die Kointegrationsbeziehung könnte der Quantitätstheorie zugeordnet werden. Das Testen der Homogenitätshypothese wird mit der Restriktion $R^{c}C_{r} = C$ durchgeführt. Für die Teststatistik wird ein Wert von 22.9 ermittelt, so daß die Nullhypothese auf dem 1% - Niveau verworfen wird. Die Ablehnung dieser Hypothese impliziert die Ablehnung der Hypothese, daß die Umlaufgeschwindigkeit des Geldes V stationär ist. Die Umlaufgeschwindigkeit ist definiert als $V = BSP + PBS - M2$. Wird diese Definition als Restriktion für das Modell interpretiert, dann verschärft sie die erste Homogenitätsrestriktion. Da die Homogenitätsrestriktion abgelehnt worden ist, wird auch die weitergehende Restriktion verworfen werden. Sie wird keine stationäre Linearkombination erzeugen, so daß aus diesen Schätzungen gefolgert werden kann, daß die Umlaufgeschwindigkeit des Geldes eine Einheitswurzel enthält. Wenn die Abhängigkeit der Umlaufgeschwindigkeit vom Zinssatz beachtet wird, und ein nichtstationärer Zinssatz unterstellt wird, dann kann das Testresultat möglicherweise mit dem Fehlen einer Zinsvariable erklärt werden. In der Π–Matrix ergeben sich signifikante Einflüsse aller Niveauvariablen.

Das autoregressive Modell lautet in diesem Fall

$$x_t = \begin{pmatrix} 0.014 \\ (.007) \\ 0.021 \\ (.003) \\ 0.029 \\ (.007) \end{pmatrix} + \begin{pmatrix} 1.18 & -0.29 & 0.11 \\ (.10) & (.20) & (.08) \\ -.01 & 1.07 & 0.01 \\ (.05) & (.10) & (.04) \\ 0.32 & -0.11 & 1.28 \\ (.11) & (.23) & (.09) \end{pmatrix} x_{t-1} + \begin{pmatrix} -0.16 & 0.25 & -0.10 \\ (.10) & (.19) & (.08) \\ 0.04 & -0.13 & 0.01 \\ (.05) & (.09) & (.04) \\ -.28 & 0.03 & -0.26 \\ (.11) & (.21) & (.09) \end{pmatrix} x_{t-2} + \epsilon_t$$

$$\text{mit } \hat{var}_\epsilon = \begin{pmatrix} 0.97 \\ 0.23 \\ 1.23 \end{pmatrix} \cdot 10^{-4}, \qquad K\hat{orr}_\epsilon = \begin{pmatrix} 1.00 & -0.22 & 0.08 \\ -0.22 & 1.00 & -0.05 \\ 0.08 & -0.05 & 1.00 \end{pmatrix}$$

und den Eigenwerten $\lambda_1 = 1.0$, $\lambda_2 = 1.0$, $\lambda_3 = 0.99$, $\lambda_4 = 0.39$, $\lambda_5 = 0.15$, $\lambda_6 = -.01$.

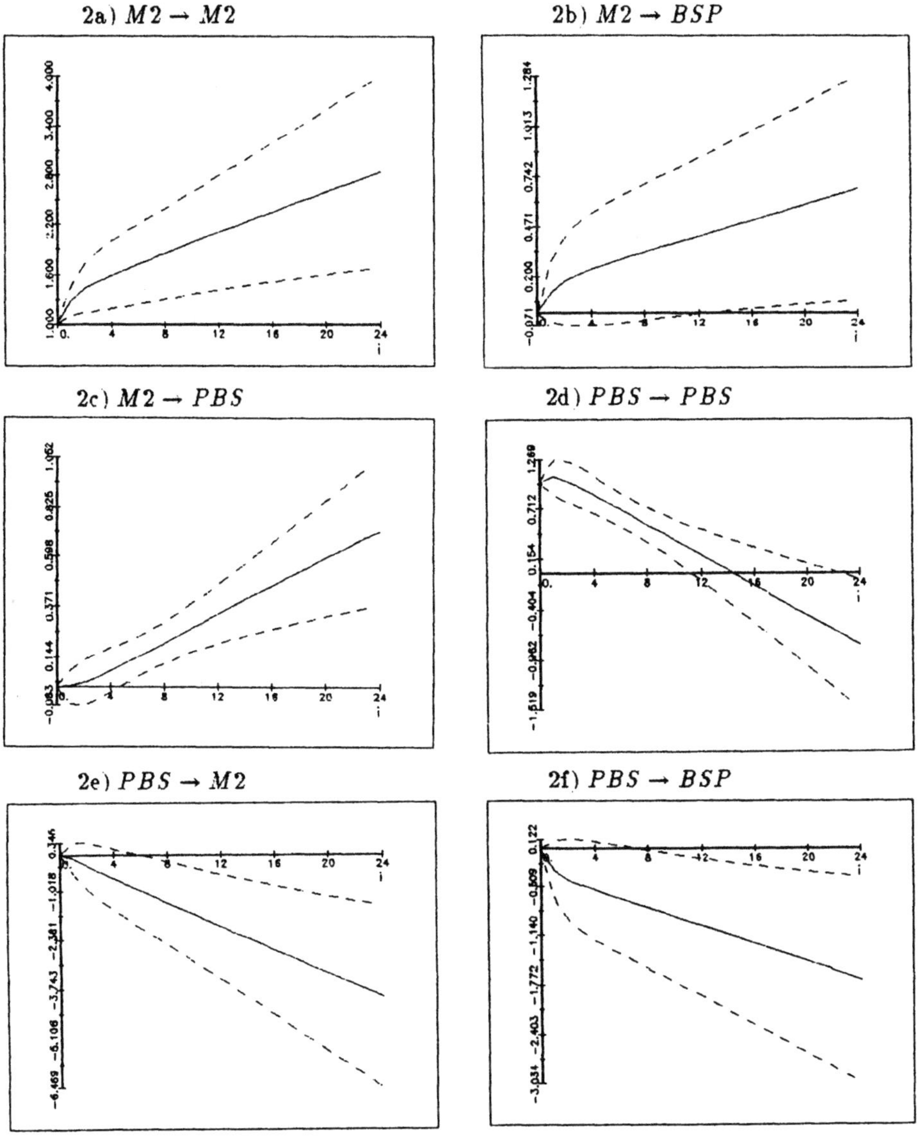

Abbildung 2: Impuls → Reaktion
durchgezogene Linie: Reaktion
durchbrochene Linie: zweifacher
Standardfehler

Bei diesem Modell ist der dritte Eigenwert annährend Eins, obwohl die Kointegrationsrestriktion gesetzt worden ist. Dies deutet eine geringe Bedeutung der Kointegrationsbeziehung an.

Die Impulsantwortfolgen des Modells sind in der Abbildung 2 dargestellt. In diesem Modell sind die Reaktionen der Geldmenge M2 aufgrund eines Schock in der eigenen Gleichung über alle Perioden größer als Eins. Es deuten sich signifikante Reaktionen des BSP an, doch

2g) $BSP \rightarrow BSP$

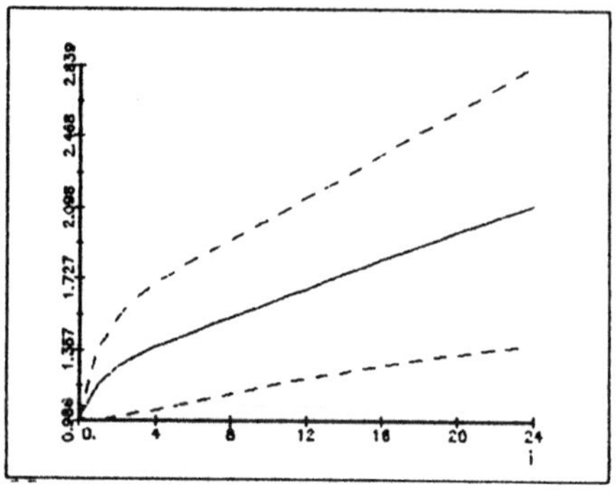

2h) $BSP \rightarrow PBS$

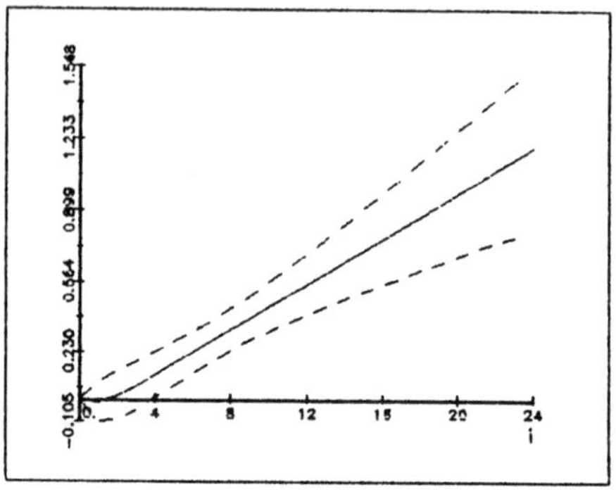

2i) $BSP \rightarrow M2$

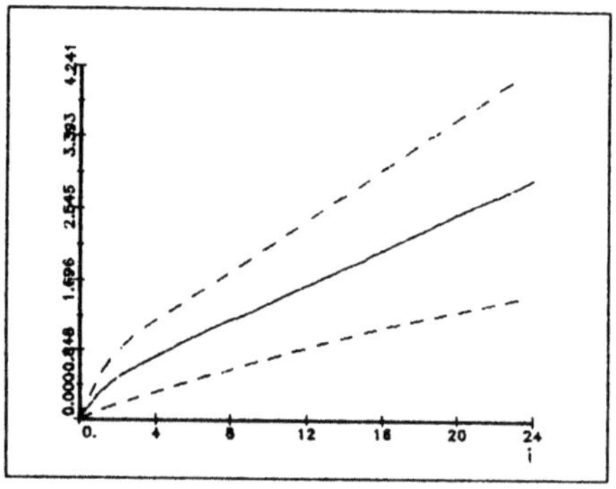

Abbildung 2: Impuls → Reaktion
Beschriftung siehe oben.

stehen nur geschätzte Standardfehler zu Verfügung, so daß das Ergebnis nicht überbewertet werden soll. Die Reaktionen der Preisvariable sind positiv, doch erreichen sie nicht die absolute Höhe der Reaktionen von M2. Diese Effekte stützen eher die Aussagen der Gleichgewichtstheoretiker. Damit im Einklang befinden sich auch die Reaktionen aufgrund eines Preisschocks, denn das BSP verringert sich und die Geldmenge M2 sinkt.

Diese Reaktionen könnten die Antiinflationspolitik der Bundesbank widerspiegeln. Bei dieser Interpretation ist zu beachten, daß sich eine restriktive Geldpolitik in höheren Zinssätzen niederschlägt. Höhere Zinssätze führen zu einer Umschichtung der Vermögensanlagen. Zunächst werden die Wirtschaftssubjekte eher kurzfristige Titel bevorzugen, um später auf längerfristige Wertpapiere umzuschichten. Dies hätte eine langsame Abnahme der Geldmenge M2 zur Folge. Ein Schock in der BSP–Gleichung erhöht die Geldmenge und das Preisniveau. Falls aufgrund der großen Fehlerbänder Aussagen möglich sind, scheint die Persistenz des Sozialprodukts in diesem Modell ausgeprägter zu sein, denn die Impulsantwortfolge bleibt lange auf einem hohen

Niveau und ist signifikant von Null verschieden.

In diesem Modell findet sich mehr Evidenz für die Neutralität des Geldes. Aber die Bedeutungslosigkeit von nominellen Effekten in nichtstationären Gleichgewichtsmodellen kann nicht gestützt werden, da im zweiten Modell starke Reaktionen aufgrund von Preisniveauänderungen zu verzeichnen sind.

5 Zusammenfassung

In dieser Arbeit wird die Schätzung eines Systems mit kointegrierten Variablen dargestellt, das sowohl einen stochastischen Trend als auch einen deterministischen Trend enthalten kann. Es wird ein Likelihoodverhältnistests auf einen linearen Trend aufgeführt und eine Impulsantwortanalyse dargestellt, die einen tieferen Einblick in die Dynamik eines Modells ermöglicht. Mit der Impulsantwortfolge können Aussagen sowohl über die Richtung als auch über die Signifikanz der Zusammenhänge gemacht werden.

In der bivariaten Analyse wird die Nichtstationarität der Variablen durch Testergebnisse belegt. Es gibt eine Kointegrationsbeziehung zwischen der Geldmenge M2 und dem BSP, aber keine zwischen M1 und BSP. Aufgrund der Granger–Kausalitätstests wird Kausalität von M1 zum BSP gefunden, aber kein kausaler Einfluß von M2 zum BSP. Evidenz für Preiseffekte kann nicht gefunden werden.

In der empirischen Analyse der trivariaten Modelle wird in den Systemen mindestens eine Kointegrationsbeziehung gefunden. Die Dynamik der Systeme unterscheidet sich, wenn die Geldmengenvariablen im trivariaten System ausgetauscht werden. In dem Modell mit M1 gibt es Evidenz für die keynesianischen Hypothese der Geldpolitik. Wird M1 durch M2 ersetzt, reduzieren sich die realen Effekte des Geldmengenschocks und die nominellen Effekte dominieren. In beiden trivariaten Modellen hat das BSP einen signifikant positiven Einfluß auf die jeweilige Geldmenge. Werden diese Befunde mit den empirischen Ergebnissen anderer Studien verglichen, dann ist die Neutralität des Geldes für die Geldmenge M1 in der Bundesrepublik Deutschland schwer zu rechtfertigen.

Anhang

Eine Schätzung von Systemen mit kointegrierten Variablen ist mittels der Maximum–Likelihood–Methode von Johansen (1988, 1989) abgeleitet worden, die hier kurz beschrieben wird. Ausgangspunkt seiner Schätzung ist die Darstellung (2). Es wird angenommen, daß T Zeitreihenbeobachtungen vorliegen und p Vorstichprobenwerte konstant sind. Das System (2) lautet kompakt

$$\Delta X = \Gamma Z - \Pi X_{-p} + \epsilon, \tag{4}$$

mit $\Gamma = [\nu, \Gamma_1, \ldots, \Gamma_{p-1}]$. Die Beobachtungsvektoren sind zu Matrizen zusammengefaßt. Ferner gilt $\Delta X = [\Delta x_1, \ldots, \Delta x_T]$, $z_t = [1, \Delta x_{t-1}, \ldots, \Delta x_{t-p+1}]'$, $Z = [z_1, \ldots, z_T]$ sowie $\epsilon = [\epsilon_1, \ldots, \epsilon_T]$. X_{-p} ist die Matrix der Niveaubeobachtungen um p Zeitpunkte verzögert. Der ML-Schätzer von Γ lautet für ein gegebenes Π

$$\hat{\Gamma}(\Pi) = (\Delta X + \Pi X_{-p}) Z'(ZZ')^{-1}. \tag{5}$$

Mit diesem Ergebnis wird der ML-Schätzer von B für ein gegebenes C bestimmt, indem (5) in (4) eingesetzt wird, so daß sich

$$-\hat{B}(C) = \Delta X M X'_{-p} C' [C X_{-p} M X'_{-p} C']^{-1} \tag{6}$$

ergibt, wobei $M = I - Z'(ZZ')^{-1}Z$ eine idempotente Matrix ist. Die ML-Schätzung von C erfordert Restriktionen, da das Produkt $\Pi = BC$ nicht eindeutig ist. Johansen (1988) schlägt folgende Prozedur vor: Sei

$$R_0 = \Delta X M, \quad R_p = X_{-p} M$$
$$S_{ij} = \tfrac{1}{T} R_i R_j', \quad i, j = 0, p,$$

und wird L so gewählt, daß $L S_{pp} L' = I$ ist, dann sind die Eigenwerte von $L S_{p0} S_{00}^{-1} S_{0p} L'$:

$$\lambda_1 \geq \ldots \geq \lambda_K. \tag{7}$$

Die dazugehörenden Eigenvektoren $V = (v_1, \ldots, v_K)$ werden so normalisiert, daß $V'V = I$ gilt. Die Eigenwerte sind die quadrierten kanonischen Korrelationen von R_p in bezug auf R_0. Nun ist der ML-Schätzer für C

$$\hat{C} = (v_1, \ldots, v_r)' L. \tag{8}$$

Die Kovarianzmatrix der Residuen kann wie folgt konsistent geschätzt werden

$$\hat{\Sigma}_\epsilon = S_{00} - \hat{B}\hat{B}'. \tag{9}$$

Literaturverzeichnis

A.K. Bohara & C. Sauer (1990): "A VARMA Analysis of German Money and Income Data: Fixed versus Flexible Exchange Rates", Weltwirtschaftliches Archiv, 126, S. 456-473.

H.S. Buscher, P. Kuhbier & J. Wolters (1990): "Vergleich ausgewählter Modelle", in: Die konjunkturelle Entwicklung in der Bundesrepublik, J. Wolters, P. Kuhbier & H.S. Buscher (Hrgs.), S. 207-225, Campus Verlag, Frankfurt am Main.

R.F. Engle & C.W.J. Granger (1987): "Co - Integration and Error - Correction: Representation, Estimation and Testing", Econometrica, 55, S. 251-276.

C.W.J. Granger (1986): "Developments in the Study of Cointegrated Economic Variables", Oxford Bulletin of Economics and Statistics, 48, S. 213-228.

G. Hansen (1989): "Testing for Money Neutrality", European Journal of Political Economy, 5, S. 89-112.

S. Johansen (1988): "Statistical Analysis of Cointegration Vectors", Journal of Economic Dynamics and Control, 12, S. 231-254.

S. Johansen (1989): "Estimation and Hypothesis Testing of Cointegration Vector Autoregressive Models", Preprint Institute of Mathematical Statistics, University of Copenhagen.

S. Johansen & K. Juselius (1990): "Maximum Likelihood Estimation and Inference on Cointegration - with Applications to the Demand for Money", Oxford Bulletin of Economics and Statistics, 52, S. 169-210.

G.G. Judge, W.E. Griffiths, R.C. Hill, H. Lütkepohl & T.-C. Lee (1985) , The Theory and Practice of Econometrics, Second edition, New York: John Wiley.

R. King, C. Plosser, J. Stock & M. Watson (1987): "Stochastic Trends and Economic Fluctuations", NBER Working Paper Series No. 2229, Cambrigde MA.

H. Lütkepohl (1990): "Testing for Causation Between Two Variables in Higher Dimensional VAR Models," Diskussionspapier vorgetragen auf dem 6. Ökonometrie–Weltkongress in Barcelona.

H. Lütkepohl (1991): Introduction to Multiple Time Series Analysis, Springer Verlag.

H. Lütkepohl & H.-E. Reimers (1989): "Impulse Response Analysis of Co-Integrated Systems", Arbeiten aus dem Institut für Statistik und Ökonometrie der Universität Kiel, Nr. 46.

B.T. McCallum (1989): "Real Business Cycle Models", in: Modern Business Cycle Theory, R.J. Barro (ed.), Blackwell, Oxford.

A.P. Mehra (1989): "Cointegration and a Test of the Quantity Theory of Money", Working paper 89-2, Federal Reserve Bank of Richmond.

C.R. Nelson & C.J. Plosser (1982): "Trends and Random Walks in Macroeconomic Time Series: Some Evidence and Implications", Journal of Monetary Economics, 10, S. 139-162.

J. Paulsen (1984): "Order Determination of Multivariate Autoregressive Time Series with Unit Roots", Journal of Time Series Analysis, 5, S. 115-127.

H.-E. Reimers & H. Lütkepohl (1989): "The Term Structure of Interest Rates in the U.S. and West Germany: Causality Analysis in Cointegrated Systems", Arbeiten aus dem Institut für Statistik und Ökonometrie der Universität Kiel, Nr. 50.

J. Scheide (1989): "On Real and Monetary Explanations of Business Cycles in West Germany", Schweizerische Zeitschrift für Volkswirtschaft und Statistik 125, S. 584-595.

H. Schlesinger & W. Jahnke (1987): "Geldmenge, Preise und Sozialprodukt: Interdependenzzusammenhänge im Lichte ökonometrischer Forschungsergebnisse für die Bundesrepublik Deutschland", Jahrbücher für Nationalökonomie und Statistik, 203, S. 576-590.

J.H. Stock & M.W. Watson (1988): "Testing for Common Trends", Journal of the American Statistical Association, 83, S. 1097-1107.

J.H. Stock & M.W. Watson (1989): "Interpeting the Evidence on Money–Income Causality", Journal of Econometrics, 40, S. 161-181.

FUNDAMENTALE BESTIMMUNGSGRÜNDE DES DOLLARKURSES

Dr. Rolf Schneider
Dresdner Bank AG
Volkswirtschaftliche Abteilung
Prognosezentrum

Jürgen-Ponto-Platz 1
6000 Frankfurt am Main 11

Die Entwicklung des Dollarkurses bereitet seit Jahren fortwährend Überraschungen. Kaum eine andere ökonomische Größe ist so häufig derart grundlegend falsch vorhergesagt worden. Es ist deshalb nicht verwunderlich, daß wissenschaftliche Prognostiker - wie der Sachverständigenrat und die Wirtschaftsforschungsinstitute - sich in Vorausschätzungen des Dollarkurses zurückhalten und den Wechselkurs lediglich als exogene Setzung in ihre Prognose einfügen.

Befriedigen kann dies selbstverständlich nicht; zu bedeutsam sind die gesamtwirtschaftlichen Wirkungen, die von veränderten Wechselkursen ausgehen. Häufig werden gesamtwirtschaftliche Prognosen nicht wegen einer Fehleinschätzung der grundlegenden ökonomischen Zusammenhänge, sondern wegen unrichtiger Setzungen zu wichtigen Rahmendaten wie dem Wechselkurs widerlegt. Dies zeigt, wie wichtig es ist, die grundlegende Tendenz des Dollar richtig einzuschätzen.

Im folgenden sollen drei Fragen schwerpunktmäßig behandelt werden:

1. Kann man den Dollar mit fundamentalen Faktoren erklären?
2. Wenn ja, welches sind die wichtigsten Determinanten für den Dollar?
3. Wie wird sich der Kurs des Dollar in nächster Zeit voraussichtlich entwickeln? Hierbei sollen die Ergebnisse unterschiedlicher Szenarien vorgestellt werden.

Betrachtet man die grundlegende Tendenz des Dollar in den letzten Jahren, so fällt unmittelbar auf, daß seine Grundtendenz von Anfang 1988 bis Mitte 1989 aufwärtsgerichtet, vom Sommer 1989 bis zuletzt dann aber recht stetig abwärtsgerichtet war.

Was waren die Gründe für diese unterschiedlichen Entwicklungsrichtungen? Warum gab es gerade zur Jahresmitte 1989 einen Wendepunkt? Bis auf welches Kursniveau wird der Dollar weiter fallen oder hatte der Kurs des Dollar im Dezember vergangenen Jahres bereits seinen Tiefpunkt?

Vielen Ökonomen wird eine Antwort auf derart präzise Fragen zum Dollar sicherlich nicht leicht fallen. Fundamentale ökonomische Erklärungsversuche für Wechselkurse sind bei den Finanzmarktanalysten und Fondmanagern der Banken seltener als man

Wirtschaftswissenschaftliche Beiträge, Band 60
Ökonometrie und Monetärer Sektor

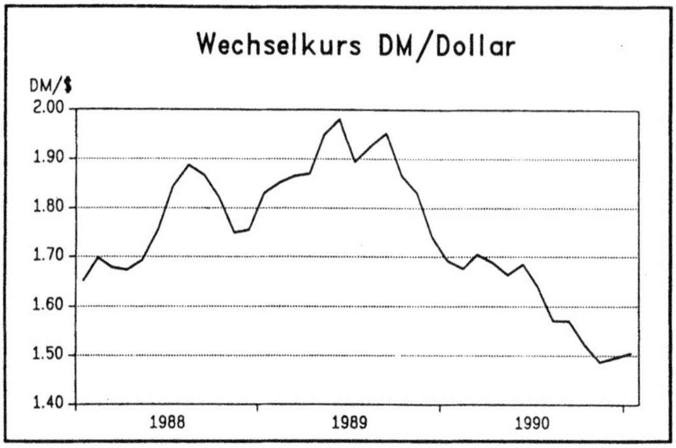

glaubt. Die Charttechnik - eine der Zeitreihenanalyse nahestehende Methode, die dem Analysierenden viel individuelle Freiheit beläßt - ist die am meisten verwandte Analysemethode. Mit dieser Methode ist das Erkennen von grundlegenden Tendenzänderungen aber erst im nachhinein, mit deutlichem zeitlichen Abstand möglich.

Warum aber haben sich dann die fundamentalen ökonomischen Erklärungsansätze bei den Wechselkursen bisher nicht durchgesetzt? Beruht dies auf einem Mangel an ökonomischen Theorien bezüglich der Erklärung von Wechselkursen? Das ist wohl nicht der Fall.

Die ökonomische Theorie bietet bekanntlich eine Reihe von Erklärungsansätzen an. Insbesondere Ende der siebziger Jahre und Anfang der achtziger Jahre, als im Anschluß an die Freigabe der Wechselkurse drastische Veränderungen in den Währungsparitäten eintraten, weitete sich die Zahl der theoretischen Erklärungsmodelle rasch aus. Insbesondere mit einem Namen wie Dornbusch sind diese neuen Ansätze verbunden. Obgleich im Detail vielfach verzweigt, beruhen sie im wesentlichen auf zwei Bausteinen - der Kaufkraftparitäten- und der Zinsparitätentheorie. Die meisten neueren Wechselkurstheorien lassen sich aus einer Kombination von Varianten dieser beiden Theorieansätze herleiten.

Anders als früher, als der Wechselkurs als relativer Preis von Gütern angesehen wurde, wird er in den modernen Ansätzen nun überwiegend als relativer Preis für verzinsliche Finanzaktiva des Inlands und des Auslands interpretiert. Die Entwicklung der Wechselkurse wird damit mit den "Fundamentals" auf den monetären Märkten erklärt. Diese Finanzmarktmodelle des Wechselkurses teilen sich dabei in zwei Gruppen auf - den monetären Ansatz und den Portfolio-Balance-Ansatz.

Der Neuorientierung der Wechselkurstheorie folgte rasch der Versuch, den empirischen Gehalt der Ansätze zu überprüfen. Die Ergebnisse der ökonometrischen Studien waren jedoch ernüchternd. Insbesondere der einfache monetäre Ansatz erwies sich empirisch als völlig unzureichend. Bei diesem Ansatz wird die Theorie der Kaufkraftparitäten dadurch ergänzt, daß die Geldmenge unmittelbar die Preise bestimmt. Aber auch das differenzierte Dornbusch-Modell trug wenig zur Erklärung des Dollarkurses bei. Bei diesem Modell sind die Preise kurzfristig inflexibel - Veränderungen des Geldangebots können also kurzfristig auch realwirtschaftliche Wirkungen haben.

So bildete sich schließlich die These heraus, daß der Wechselkurs des Dollar am ehesten durch einen reinen Zufallsprozeß beschrieben werden kann. Die Erwartungen der Marktteilnehmer - so die These - werden laufend durch neue Informationen, die zufällig in die Märkte eingehen, korrigiert. Die Entwicklung des Wechselkurses kann dann als ein "weißes Rauschen" interpretiert werden. Dieses Urteil hat in der wissenschaftlichen Diskussion verbreitet Anklang gefunden; es stellt bis heute den Versuch in Frage, den Dollarkurs mit fundamentalen Faktoren zu erklären.

Dieser Auffassung sollte man sich jedoch nicht anschließen. Der Hauptmangel vieler ökonomischer Theorien besteht darin, daß sie monokausal sind. Sie bauen nur auf einem einzigen für den Devisenmarkt wichtigen Faktor auf. Mit solchem monokausalen Ansätzen kann man jedoch die Entwicklung des Dollarkurses während der achtziger Jahre nicht befriedigend erklären. Bewährt hat sich dagegen ein breiter Ansatz. Hierbei wird der Dollarkurs aus dem Zusammenwirken all der Faktoren abgeleitet, die man als Bestimmungsgründe der Anlageentscheidung eines Vermögensbesitzers verstehen kann.

In der ökonometrischen Analyse lassen sich mehrere Determinanten herausfiltern, die einen hohen Anteil der mittelfristigen Schwankungen des Dollarkurses im Zeitraum 1981 bis 1990 erklären. Diese fundamentalen Determinanten sind der Realzins in den USA, der Realzins in der Bundesrepublik (geringer Erklärungsbeitrag), das Wirtschaftswachstum in den USA, der Außenhandelssaldo der USA und der Finanzierungssaldo des Staates in den USA.

Bestimmungsgründe des Wechselkurses
DM/Dollar

- ❐ Realzins USA
- ❐ Realzins Bundesrepublik
- ❐ Zuwachs des Sozialprodukts USA
- ❐ Handelsbilanzdefizit USA
- ❐ Staatsdefizit USA

Man mag einwenden, das seien die bekannten Erklärungsmuster, die in der Vergangenheit ja immer wieder versagt hätten. Tatsächlich war dem jedoch nicht so. Oftmals haben sich die einzelnen Erklärungsfaktoren gegenseitig nur überlagert. Eine einzelne Bestimmungsgröße - wie beispielsweise das Handelsbilanzdefizit der USA - blieb zeitweise scheinbar ohne Einfluß, weil das Wirtschaftswachstum kräftig und die Realzinsen hoch waren.

Interessant ist, daß bei den Bestimmungsgründen des Dollarkurses gegenüber der D-Mark ganz eindeutig die Fundamentaldaten der USA und nur in geringem Maß die ökonomischen Daten der Bundesrepublik von Bedeutung sind. Besonders deutlich wird dies bei den Realzinsen. Während die Realzinsen der USA in allen getesteten Funktionen hochsignifikant waren, besaßen die deutschen Realzinsen zwar meistens das richtige Vorzeichen. Ihr Koeffizient war aber häufig sehr niedrig und nicht signifikant. Aus diesem empirischen Ergebnis folgt, daß im Falle gleichzeitiger und gleichstarker Zinssteigerungen in den USA und der Bundesrepublik der Dollarkurs voraussichtlich steigen wird. Auch bei einer unveränderten Zinsdifferenz zwischen beiden Ländern und einer Konstanz bei den übrigen Determinanten sind also spürbare Dollarkursänderungen möglich.

Wie läßt sich dieses empirisches Ergebnis jedoch erklären? Möglich ist, daß trotz der Internationalisierung der Kapitalströme der Dollarraum auch heute noch der von den internationalen Anlegern präferierte Kapitalmarkt ist. Wird in den Vereinigten Staaten eine "angemessene" Verzinsung am Kapitalmarkt geboten, orientieren sich die Kapitalströme auf diesen mit einem "Vertrauensvorschuß" belegten Finanzmarkt hin.

Die Kosten einer wechselkursorientierten Politik in der Bundesrepublik sind unter diesen Voraussetzungen ausgesprochen hoch. Es bedarf erheblicher Zinsvariationen von seiten der Bundesbank, um selbst bei nur kleineren Kurskorrekturen der amerikanischen Geldpolitik den Wechselkurs der D-Mark stabil zu halten.

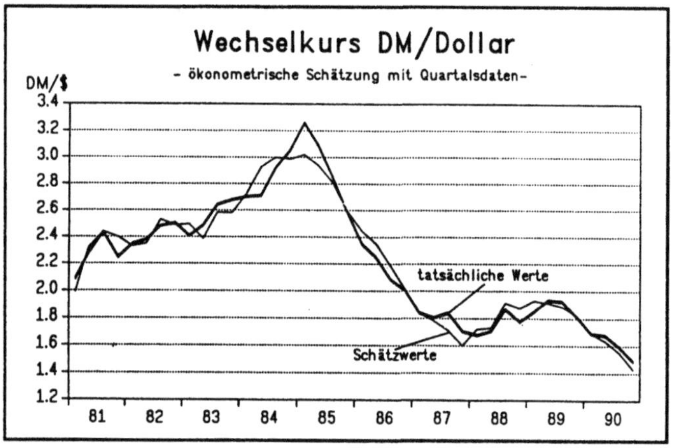

Viel Zeit war nötig, um die Wirkungsverzögerungen der einzelnen Bestimmungsgründe auszutesten. Die richtigen Wirkungsverzögerungen zu kennen, ist eine Grundvoraussetzung für gute Prognosen. Die Graphik zeigt, daß der geschätzte Verlauf mit dem tatsächlichen Verlauf in allen wichtigen Phasen gut übereinstimmt. In der ökonometrischen Schätzung wurde der Wechselkurs DM/Dollar a priori um Veränderungen der Kaufkraftparitäten bereinigt (vgl. hierzu die Erläuterungen bei: R. Schneider, Die Entwicklung des Dollar - ein Zufallsprozeß, Wirtschaftsdienst 1989/VI). In der Graphik sind die Schätzwerte des realen Wechselkurses der Anschaulichkeit wegen wieder in nominale Kurse transformiert.

Anhand des Verlaufs des Dollar in den achtziger Jahren lassen sich auch die entscheidenden Gründe für die erheblichen Kursschwankungen gut veranschaulichen. Anfang der achtziger Jahre war es der Anstieg der langfristigen Zinsen von 8 % auf 13 %, die dem Dollar Auftrieb verliehen. Bei rückläufiger Preissteigerungsrate stieg der Realzins kräftig an.

Der Höhenflug des Dollar bis Anfang 1985 läßt sich dann durch eine Reihe von Faktoren erklären: Trotz sinkender Nominalzinsen blieb die Realverzinsung ausgesprochen hoch. Gleichzeitig bot das hohe Wirtschaftswachstum in den USA - bei einem mäßigen Konjunkturaufschwung in Europa - gute Renditechancen im Dollarraum. Der Dollar erreichte trotz eines steigenden Leistungsbilanzdefizits Anfang 1985 ein Rekordniveau. Bekanntlich ist mit jedem Leistungsbilanzdefizit ein Kapitalzustrom verbunden. Wird eine Kreditaufnahme im Ausland dazu genutzt, hohe Erträge im Inland zu erwirtschaften und günstige Wachstumsperspektiven zu bieten, so ist es für internationale Investoren interessant, ihr Kapital in dieses Land zu transferieren. Geht das Leistungsbilanzdefizit eines Landes also mit einem Konjunkturvorsprung einher, so ist eine Aufwertung der Währung durchaus wahrscheinlich. Dies war 1983 und 1984 in den USA der Fall.

Im Zuge der Konjunkturabschwächung in den USA Mitte der achtziger Jahre trug das gestiegene Staatsdefizit und das hohe Handelsbilanzdefizit dann aber entscheidend zum steilen Abwärtstrend des Dollar bei, der bis Ende 1987 anhielt. Im Jahr 1988 führte eine an den Finanzmärkten nicht erwartete Besserung beim Handelsbilanzdefizit und der erneute Konjunkturaufschwung zur Erholung des Dollar.

Seit Mitte 1989 sprachen dann sämtliche wichtige Determinanten für einen schwachen Dollar:

- die niedrigen Realzinsen
- die sich abschwächende Konjunktur
- die erneut steigende Staatsverschuldung
- das hartnäckig hohe Außenhandelsdefizit

An dieser Stelle soll nun etwas genauer auf die ökonometrischen Ergebnisse eingegangen werden. Die Bedeutung der fundamentalen Bestimmungsfaktoren zeigt sich in der Verhaltensgleichung in den Schätzkoeffizienten und ihrer Signifikanz.

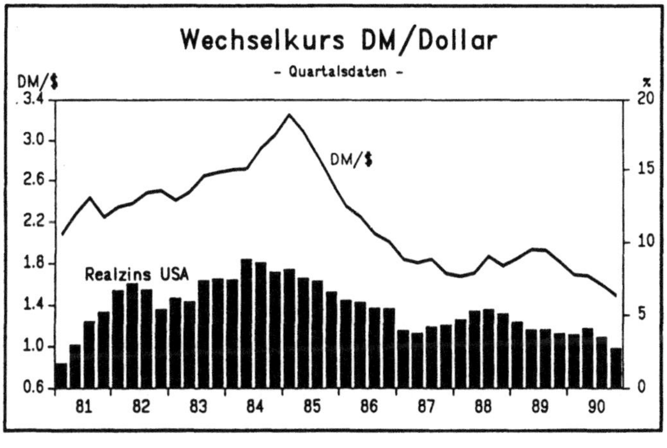

Die Schätzergebnisse lassen erkennen, daß die Realzinsen in den Vereinigten Staaten einen sehr bedeutsamen Einfluß auf den Wechselkurs des Dollar gegenüber der D-Mark besitzen. Hierbei erwies sich jedoch als Vorteil, die Nominalzinsen und die Preissteigerungsrate getrennt in die Verhaltensgleichung einzufügen und beide Bestimmungsgrößen mit einer geeigneten Lagverteilung zu glätten. Zwar ist auch die Differenz zwischen Nominalzins und aktueller Preissteigerungsrate signifikant, doch läßt sich die Schätzanpassung mit der getrennten Einfügung von Inflationsrate und Zinsen spürbar verbessern.

Diese empirische Feststellung läßt einen Rückschluß auf die Erwartungsbildung zu. Vermutlich betrachten die Marktteilnehmer nicht direkt die Differenz von Zins- und Inflationsrate, sondern bilden sich getrennte Erwartungen über die Entwicklung der Preise und der Zinsen. Die guten Schätzergebnisse, die eine Glättung der Preisstei-

Schätzgleichung und Schätzwerte

$$e\_dm\$r = a_0 + a_1 \times us\_r\_fw10 + a_2 \times pch(us\_p\_cpr) + a_3 \times pchv(us\_y\_bspr) + a_4 \times us\_wbsaln + a_5 \times pch(ggfnet)$$

	LAG	Koeffizienten-werte	t-Werte	Lagverteilung
a_0		99,96	(3,19)	
a_1		8,07	(3,43)	Almon-Lagverteilung
	t	1,02	(1,12)	Polynomgrad 2. Ordnung
	t-1	1,49	(2,79)	
	t-2	1,71	(3,42)	
	t-3	1,67	(2,97)	
	t-4	1,37	(2,59)	
	t-5	0,81	(2,35)	
a_2		- 6,07	(6,41)	Almon-Lagverteilung
	t	- 2,43	(6,41)	Polynomgrad 1. Ordnung
	t-1	- 1,82	(6,41)	
	t-2	- 1,21	(6,41)	
	t-3	- 0,61	(6,41)	
a_3	t-1	3,21	(5,15)	
a_4	$\sum_{t-7}^{t}$	0,38	(3,82)	Gleichverteilung
a_5	t	0,12	(3,01)	

Bestimmungsmaß: $R^2 = 0,943$ pch: Veränderung ggü. Vorjahr in %
Standardfehler: SE = 6,024 pchv: Veränderung ggü. Vorvorjahreswert in %
Durbin-Watson-Statistik: DW = 1,161

e_dm$r: realer Wechselkurs DM/Dollar
us_y_bspr: Bruttosozialprodukt zu Marktpreisen, real (USA)
us_wbsaln: Warenbilanzsaldo, nominal (USA)
us_p_cpr: Preisindex privater Verbrauch (USA)
us_r_fw10: Umlaufrendite festverzinslicher Wertpapiere, Restlaufzeit 10 Jahre (USA)
ggfnet: Saldo des US-Budget

gerungsrate und der Nominalzinsen erbringen, weisen darauf hin, daß sich die Marktteilnehmer nicht nur an aktuellen Schwankungen orientieren, sondern eher eine mittelfristige Vorstellung über den Preis- und Zinstrend entwickeln. So dürfte beispielsweise ein überraschender Rückgang der Preissteigerungsrate durch Rohstoffpreissenkungen nicht zur Erwartung dauerhaft niedriger Inflationsraten führen. Nach dem Ölpreisverfall 1985 war dies der Fall.

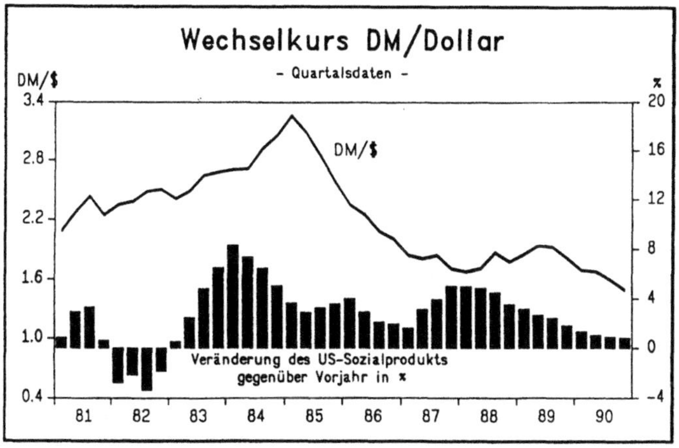

Wie erwartet, gehen von einem hohen Wirtschaftswachstum in den Vereinigten Staaten positive Effekte auf die Bewertung des Dollar aus; ein Einfluß des Wirtschaftswachstums in der Bundesrepublik auf den Wechselkurs ist demgegenüber ökonometrisch nicht festzustellen.

Allerdings zeigte sich beim Vergleich verschiedener Schätzansätze, daß kurze Konjunkturschwankungen in den USA für den Dollarkurs wenig bedeutsam sind. Dies überrascht, da die amerikanischen Quartalszahlen des Sozialprodukts an den Finanzmärkten immer viel Beachtung erhalten. Den größten Einfluß auf den Dollarkurs besitzt ein über zwei Jahre kumuliertes Wirtschaftswachstum. Daraus ist zu schließen, daß es wohl einer längeren Phase eines kräftigen Wachstums bedarf, ehe die internationalen Investoren die Leistungskraft eines Landes als nachhaltig gestärkt ansehen. Dies war 1989 gut zu beobachten. Obgleich sich die Konjunktur bereits Ende 1988 abzuschwächen begann, kam die Wende bei der Dollarentwicklung erst Mitte 1989.

Der Außenhandelssaldo der Vereinigten Staaten besitzt ebenfalls einen signifikanten Einfluß. Eine Besserungstendenz im Außenhandelsdefizit der USA gibt dem Dollar Rückhalt an den Finanzmärkten. Dieser Zusammenhang, der zu einem guten Teil die Erholung des Dollar im Jahr 1988 erklären dürfte, läßt sich durchaus portfoliotheoretisch interpretieren. Ein steigendes Defizit erhöht die geförderte Risikoprämie für Anlagen im Dollarraum; ein sinkendes Defizit läßt das Vertrauen in die Wettbewerbsfähigkeit der amerikanischen Wirtschaft steigen. Die Höhe der Risikoprämie hängt zwar von einer Reihe von Faktoren ab. Da neue Informationen rasch in die Erwartungsbildung einbezogen werden, dürfte aber oft schon ein Richtungswechsel in der Entwicklung einer Größe als eine Veränderung der "Fundamentals" betrachtet werden.

Die Bedeutung des Staatsdefizits in den USA läßt sich ähnlich portfoliotheoretisch interpretieren wie die des Außenhandelsdefizits. Zweifelsohne gab es beim Entstehen beider Defizite einen inneren Zusammenhang. Eine steigende Staatsnachfrage führte zu einem Importsog der amerikanischen Wirtschaft. So gesehen besteht bei der Einbeziehung beider Größen in die Verhaltensgleichung die Gefahr der Multikollinearität.

Im Unterschied zur ersten Hälfte der achtziger Jahre entwickelten sich beide Größen - das Außenhandelsdefizit und das Staatsdefizit - in den letzten Jahren allerdings häufig deutlich unterschiedlich. Für den sinkenden Dollar im 2. Halbjahr 1990 war der steile Anstieg der Staatsverschuldung mitentscheidend, das Handelsbilanzdefizit stagnierte dagegen weitgehend.

An dieser Stelle sei noch einmal zusammengefaßt: Mit dem Konjunkturgefälle, den Außenhandelssalden, dem Budgetdefizit und den Realzinsen lassen sich annähernd 95 % der mittelfristigen Schwankungen des Dollar gegenüber der D-Mark erklären. Um die zukünftige Entwicklung des Dollar richtig vorherzuschätzen, ist es deshalb entscheidend, die grundlegenden Tendenzen dieser Wechselkursdeterminanten zu erkennen. Welche Entwicklung diese Faktoren in den nächsten Quartalen nehmen, ist gegenwärtig für die Vereinigten Staaten besonders schwierig abzuschätzen.

Die amerikanische Konjunktur steht am Scheideweg, die Krise bei den Sparkassen und die hohe Verschuldung vieler Unternehmen lassen es im Gebälk des Finanzsystems knacken. Die Unsicherheit in bezug auf die ökonomischen Auswirkungen des Krieges am Golf ist groß. Es wird voraussichtlich zwar zu einer kurzen spürbaren Rezession in den USA kommen, aber eine langanhaltende gesamtwirtschaftliche Krise dürfte sich nicht einstellen. Unter der Annahme, daß der Krieg im Nahen Osten nicht sehr lange dauert und der Ölpreis sich 1991 im Bereich um 25 $/Faß einpendelt, sei folgende Entwicklung der Wechselkursdeterminanten unterstellt:

1. Die konjunkturelle Entwicklung wird in der Bundesrepublik erheblich besser sein als in den Vereinigten Staaten, auch wenn sie im Laufe dieses Jahres an Dynamik verliert.

2. Angesichts des noch zu beobachtenden Preisauftriebs in den USA wird die amerikanische Notenbank ihre Geldpolitik in den nächsten Monaten voraussichtlich nur vorsichtig weiter lockern. Die langfristigen Zinsen dürften leicht unter 8 % fallen. Im Jahresverlauf wird sich der Verbraucherpreisanstieg in den USA voraussichtlich klar abschwächen. Dennoch bleibt der Realzins im internationalen Vergleich niedrig.

3. Das amerikanische Handelsbilanzdefizit stieg zuletzt wieder an, vor allem weil sich die amerikanische Ölrechnung sprunghaft erhöhte. Auch in den nächsten Monaten dürfte sich das Defizit in dieser Größenordnung halten. Allerdings dürfte die amerikanische Ausfuhr abwertungsbedingt tendenziell wieder stärker steigen. Im Verlauf dieses Jahres wird sich das Importvolumen in den USA abschwächen. Der Fehlbetrag im amerikanischen Außenhandel wird dann wieder spürbar abnehmen.

4. Trotz der "Minderausgaben" und "Mehreinnahmen", auf die sich Kongreß und Präsident im Oktober schließlich einigten, wird das amerikanische Budgetdefizit im laufenden Fiskaljahr (ab 1. Oktober) voraussichtlich um über 30 Mrd. $ auf mehr als 250 Mrd. $ steigen. Die finanziellen Auswirkungen des Golfkrieges, die noch kaum abschätzbar sind, sind hierbei noch nicht einbezogen.

Alle diese fundamentalen Bestimmungsfaktoren sprechen für einen vorerst weiter zur Schwäche neigenden Dollar. Lediglich Sondereinflüsse, insbesondere seine Eigenschaft als "Krisenwährung", geben ihm gegenwärtig eine Stütze. Deshalb ist einige Zeit nach einem Ende des Golfkrieges ein Rückgang des Dollarkurses zu erwarten. Im weiteren Verlauf des Jahres könnte allerdings eine Besserung bei den fundamen-

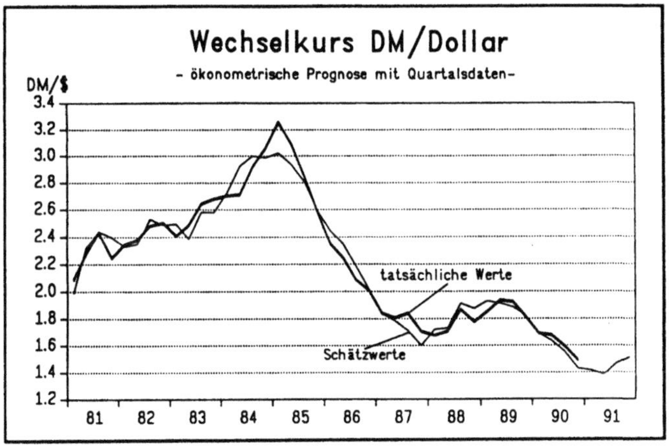

talen Bestimmungsfaktoren zu einer leichten Erholung der amerikanischen Währung führen. Auf Jahressicht dürfte der Dollar zwischen 1,50 und 1,60 DM kosten.

Neben dieser Status-quo-Prognose wurde aber ein Alternativszenario gerechnet, das auch zeigen soll, wie sensibel der Dollar auf Veränderungen fundamentaler Faktoren reagiert. In der Tabelle sind die Vorgaben für die exogenen Faktoren sowohl für die Status-quo-Prognose als auch für das Alternativszenario enthalten. Die Status-quo-Prognose geht für 1991 von folgenden Einschätzungen bezüglich der Wechselkursdeterminanten aus:

- Anstieg des Sozialprodukts USA: 1/2 % im Jahresdurchschnitt und 1 % im Verlauf des Jahres.
- Verbraucherpreisanstieg USA: 5 1/4 % im Jahresdurchschnitt und 4 % im Verlauf des Jahres.
- Langfristige Zinsen in den USA: 8 %.
- Finanzierungsdefizit des Staates USA: um 35 Mrd. US-Dollar höher als 1990.
- Das Außenhandelsdefizit der USA: monatlich jeweils um etwa 1 Mrd. $ niedriger als 1990.

Das Alternativszenario stellt eine skeptischere Variante dar, die eintreten könnte, sollte der Öpreis deutlich steigen. Die Setzungen hierbei sind:

- Das Sozialprodukt der USA stagniert im Jahresverlauf 1991 völlig.
- Der Verbraucherpreisanstieg beträgt im Jahresverlauf 1991 5 % - also 1 Prozentpunkt mehr als im Status-quo.
- Das Finanzierungsdefizit des Staates ist im Vergleich zu den Status-quo-Annahmen nochmals um 30 Mrd. DM höher.
- Langfristige Zinsen und Außenhandelsdefizit bleiben gegenüber den Status-quo-Annahmen unverändert. (Zwar wirkt die höhere Preissteigerungsrate zinssteigernd, doch wird dies durch den zinsdämpfenden Effekt der noch schwächeren Konjunktur kompensiert. Die schwächere Konjunktur senkt das Außenhandelsdefizit; dieser Effekt wird jedoch durch die teueren Ölimporte ausgeglichen).

Im Alternativszenario kommt es im Gegensatz zur Status-quo-Prognose zu keiner nennenswerten Erholung des Dollar im Verlauf des Jahres 1990. Die fundamentalen Faktoren sprechen in diesem Fall für einen Kurs des Dollar, der zwischen 1,35 DM und 1,40 DM schwankt. Zwischen dem Alternativszenario und der Status-quo-Prognose ergibt sich am Jahresende 1991 immerhin ein Kursabstand von 14 Pfennin-

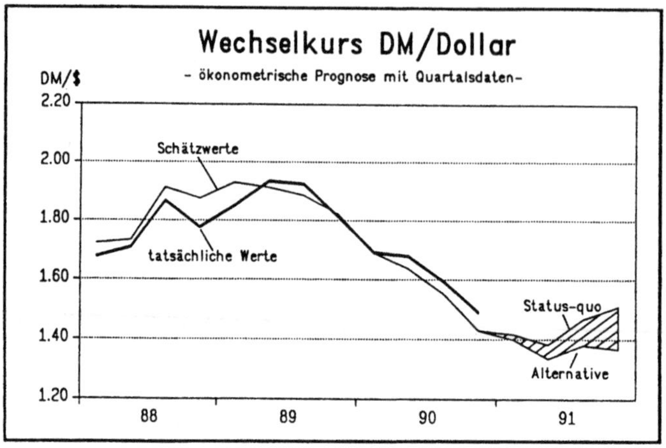

gen. Angesichts der eher geringen Variation der Fundamentaldaten im Alternativszenario überrascht diese deutliche Kursänderung des Dollar. Das Simulationsergebnis deutet daraufhin, daß bereits leichte Veränderungen der Fundamentaldaten nachhaltige Reaktionen am Devisenmarkt bewirken. Die Analyse der fundamentalen Faktoren ist also elementar für jede Einschätzung zur zukünftigen Entwicklung des Dollarkurses.

Zinsprognose mit einem Ökonometrischen Modell des monetären Sektors der Bundesrepublik Deutschland

Ute Wirth, SGZ BANK Karlsruhe

1. Einleitung

Eine gut fundierte Zinsprognose ist für jede Bank von besonderer Wichtigkeit, denn an den Zinserwartungen müssen sich geschäftspolitische Entscheidungen orientieren, die das wirtschaftliche Ergebnis in hohem Maße beeinflussen. Da qualitative Methoden, d.h. das Auflisten von Einflußgrößen und ihrer mutmaßlichen Bewertung, dafür nicht ausreichen, ist es wichtig, sich verschiedener quantitativer Methoden zu bedienen. Vollständig ersetzen freilich kann die auf mathematischen und statistischen Modellen basierende Prognose die qualitative Beurteilung nicht, insbesondere in Situationen, in denen außergewöhnliche Einflüsse wie zum Beispiel kriegerische Auseinandersetzungen oder auch die Auswirkungen der deutschen Einheit auf das wirtschaftliche Geschehen zu berücksichtigen sind. Qualitative und quantitative Methoden müssen daher gemeinsam zu einer gut fundierten Zinsprognose beitragen.

Die Methode, die hier vorgestellt werden soll, ist die Prognose mittels eines ökonometrischen Gesamtmodells des monetären Sektors der Bundesrepublik Deutschland. Damit ist vorläufig noch die 'alte' Bundesrepublik vor der Vereinigung gemeint, denn für das gesamte Bundesgebiet existieren die monetären Statistiken erst seit kurzem, so daß die Anpassung des Modells an das erweiterte Währungsgebiet der Deutschen Mark noch erfolgen muß.

Der Vorteil, den ein solches Modell gegenüber einer ökonometrischen Einzelgleichung zur Prognose bietet, liegt zum ersten darin, daß Interdependenzen zwischen den einzelnen Einflüssen abgebildet werden können, zum zweiten wird durch die Endogenisierung eines Teils der Determinanten des Zinsniveaus die zur Prognose notwendige Szenarienbildung auf eine geringere Anzahl von Variablen beschränkt und somit vereinfacht. Drittens, gewissermaßen als 'Nebeneffekt' können die im Modell verwendete Bestandsgrößen auf der Aktiv- und auf der Passivseite der konsolidierten Bankbilanz prognostiziert werden, was für die geschäftspolitischen Entscheidungen einer Bank ebenfalls von hohem Interesse ist.

Wirtschaftswissenschaftliche Beiträge, Band 60
Ökonometrie und Monetärer Sektor

2. Allgemeine Charakteristika des Modells

Es handelt sich um ein Quartalsmodell mit vierteljährlichen Daten aus den Bereichen monetäre Märkte, Geldpolitik, volkswirtschaftliche Gesamtrechnung und Ausland. Das Ausland besteht im Modell nur aus dem Dollarraum, der einfach seiner Größe wegen den bedeutendsten Einfluß auf die inländischen Märkte ausübt. Die monetären Märkte sind die Märkte für festverzinsliche Wertpapiere, für Bankeinlagen und Bankkredite sowie der Geldmarkt.

Das Modell ist ein hochaggregiertes Modell mit den Sektoren Banken, private Nichtbanken, Staat und Ausland. Der Sektor Banken umfaßt hier auch die Bundesbank.

Der Stützbereich für die Schätzungen umfaßt die Jahre 1980 bis 1990. Längere Datenreihen liegen zwar vor, jedoch entstünde dann das Problem von Strukturinstabilitäten in den Gleichungen, zum Beispiel aufgrund der Tatsache, daß die Bundesbank ihre Politik geändert hat und das Europäische Währungssystem eingeführt wurde. Da das Modell der Prognose und nicht der historischen Betrachtung dienen soll, wurde der Stützbereich auf die letzten zehn Jahre beschränkt.

Für die hier vorliegende Untersuchung wurde ein Stützbereich vom 1. Quartal 1980 bis zum 2. Quartal 1990 gewählt, um Verzerrungen, die sich aufgrund der Währungsumstellung in der damaligen DDR ergeben könnten auszuschalten.

Die endogenen Größen wurden in Quartalswachstumsraten und Quartalsdifferenzen transformiert und in Einzelgleichungen mit der Methode der kleinsten Quadrate geschätzt

Eine Neuschätzung aller Gleichungen wird in jedem Quartal durchgeführt, um für die Prognose jeweils aktuelle Werte zur Verfügung zu haben. Besondere Bedeutung kommt der Neuschätzung in diesem Jahr zu, wenn die 'Sprünge', die sich durch die Währungsumstellung in der ehemaligen DDR im Juli 1990 ergeben haben im Modell berücksichtigt werden müssen.

3. Exogene Bereiche

Die exogenen Bereiche des Modells sind die Preise, die Konjunktur, die Geldpolitik der Bundesbank, der Staat und das Ausland. Im einzelnen:

1. Konjunktur

   BSP : Bruttosozialprodukt

Da es wie gesagt nicht angestrebt wurde ein vollständiges Konjunkturmodell zu bauen, muß die Konjunktur exogen bleiben. Hier kommt sie in Gestalt des Bruttosozialprodukts vor, im Modell wird es in Wachstumsraten transformiert eingesetzt.

2. Preise

INFL : jährliche Wachstumsrate des Preisindex für Lebenshaltung

INFE : jährliche Wachstumsrate des Indes der Erzeugerpreise

3. Geldpolitik der Bundesbank

DS : Diskontsatz

LO : Lombardsatz

REKO : festgesetzte Rediskontkontingente

MRS : Mindestreservesatz

Das bevorzugte Instrument der Bundesbank, die Wertpapierpensionsgeschäfte, fehlen in dieser Aufzählung. Dies liegt daran, daß die Wertpapierpensionsgeschäfte erst in der Mitte der achtziger Jahre die Bedeutung erlangt haben, die ihnen gegenwärtig bei der Geldmengensteuerung der Deutschen Bundesbank zukommt. Ökonometrisch hat dies zur Folge, daß ihr Koeffizient in den Gleichungen, in denen das Instrument relevant wäre, nicht signifikant von Null verschieden ist. Eine alternative Modellgleichung für die Geldmarktzinsen bezieht den Wertpapierpensionssatz mit ein, jedoch kann sie nur in einem Stützbereich ab 1984 geschätzt werden.

4. Ausländische Zinsen

USBOY : US-Treasury-Bond-Yield (10 Jahre)

ZED : Zinssatz für Dreimonatsgeld auf dem Eurodollarmarkt

5. Sparzinsen

ZSPG : Zinssatz für Spareinlagen mit gesetzlicher Kündigungsfrist

ZSPJ : Zinssatz für Spareinlagen mit 1-jähriger Kündigungsfrist

ZSPL : Zinssatz für Spareinlagen mit 4-jähriger Kündigungsfrist

Die Sparzinsen werden für die Prognosen in den meisten Fällen als konstant angenommen Betrachtet man die Zeitreihen, so stellt man fest, daß sich diese Größen nur sehr schwerfällig ändern.

6. Staat

WOA : Umlauf öffentlicher Anleihen

Die wirtschaftliche Aktivität des Staates besteht im Modell in der Emission festverzinslicher Wertpapiere, über diese Variable kann die Zinswirkung der Staatsverschuldung abgebildet werden. Wegen der Exogenität der Konjunktur im Modell können fiskalische Impulse der staatlichen Aktivität nicht dargestellt werden.

3. Endogene Bereiche

Die folgende soll verdeutlichen wie den endogenen Bereiche im Modell zusammenhängen und wie sie von den exogenen Bereiche beeinflußt werden.

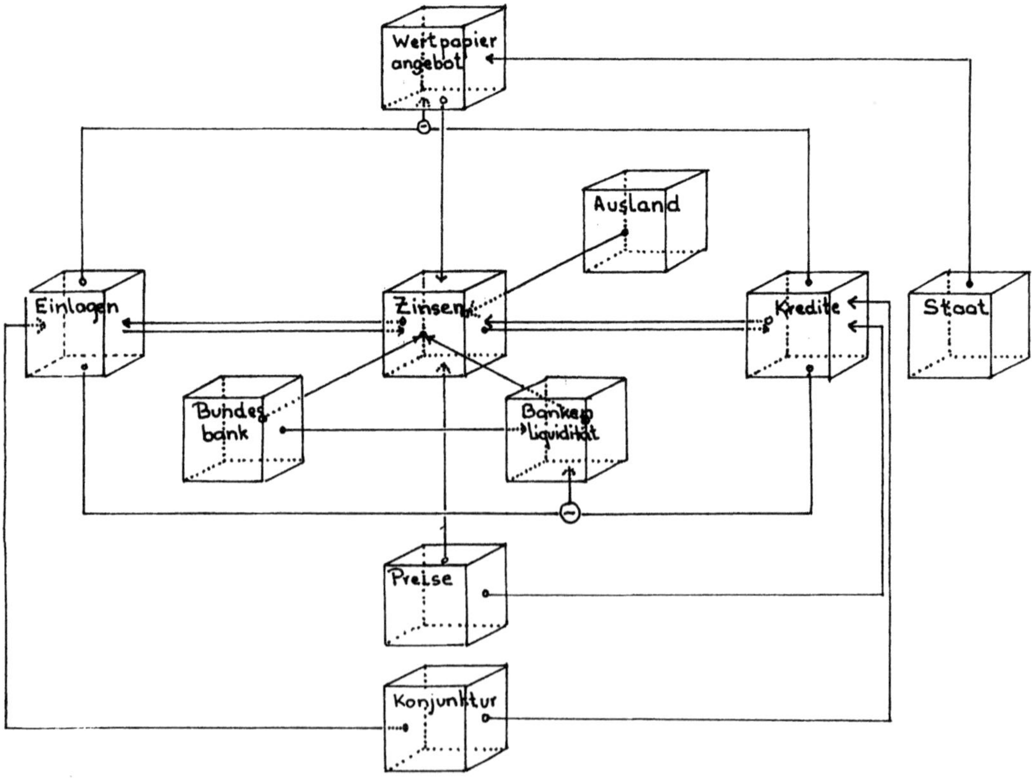

Der Zielbereich, die Zinsen, befindet sich in der Mitte der Graphik. Der Übersichtlichkeit halber wurden die Sparzinsen, obwohl exogen, in diesen Bereich integriert. Endogene Zinsvariable sind die Umlaufrendite festverzinslicher Wertpapiere, der Dreimonats-Geldmarktsatz sowie zwei Bankzinssätze, der Satz für Kontokorrentkredite und der Satz für kurzfristige Termineinlagen. In Wechselwirkung mit den Zinsen stehen die Bankeinlagen- und die Bankkreditmärkte. Die Einlagenmärkte untergliedern sich nach den Märkten für Sicht-, Termin- und Spargelder, wiederum der Übersichtlichkeit halber ist hier der Bargeldumlauf (ohne Kassenbestände der Kreditinstitute) enthalten. Die einzelnen Einlagenaggregate sind abhängig vom Einkommen der Nichtbanken, das hier vom Bruttosozialprodukt repräsentiert wird, sowie dem Eigenzins für die entsprechende Einlage und meist einem Alternativzins.

Die Kredite gliedern sich nach Fristigkeit in kurzfristige Kredite und mittel- und langfristige Kredite, sie sind abhängig von der wirtschaftlichen Aktivität, ebenfalls repräsentiert durch das Sozialprodukt[1] und den Kreditkosten, hier ist das der Realzins.

Die Bundesbank beeinflußt die Zinsen direkt über die Festsetzung der Leitzinssätze und indirekt über die Bankenliquidität mit ihren mengenpolitischen Instrumenten Mindestreserve und Rediskontkontingente.

Die Bankenliquidität besteht im Modell aus den unausgenutzten Refinanzierungslinien bei der Bundesbank. Sie bestimmt den Grad der Anspannung am Geldmarkt und damit, mit negativem Vorzeichen, den Geldmarktzins. Insbesondere wegen des Bedeutungsverlustes der Diskontpolitik und des gleichzeitigen vermehrten Einsatzes von Wertpapierpensionsgeschäften zur Geldmengensteuerung, wird sich dieser Bereich bei künftigen Neuschätzungen des Modells sehr rasch verändern. Da die aktuellen Bedingungen die für die Prognose relevanten sind, wird in einer neueren Version des Modells schon mit dem veränderten Bundesbankinstrumentarium gerechnet und der Stützbereich für die Schätzungen wo erforderlich verkürzt.

Letzter zu behandelnder endogener Bereich ist das Angebot an festverzinslichen Wertpapieren, das bestimmt wird durch den Finanzierungsbedarf der Emittenten, der Banken und dem Staat, sowie ebenfalls durch die für diese Finanzierungsform anfallenden Kosten, d.h. Zinsen.

---

1 Es wäre zwar ökonomisch sinnvoller und lieferte statistisch bessere Ergebnisse, statt dem Sozialprodukt als allgemeine, wirtschaftliche Aktivität ausdrückende Variable, das Volkseinkommen, oder die privaten Investitionen in die Gleichungen einzusetzen, jedoch hätte man dann letztendlich zuviele Variable im Modell, die anders als ökonometrisch prognostiziert und als Szenarien eingesetzt werden müßten. Damit schwände der Vorteil, den die verbesserte statistische Anpassung brächte wieder. Auf die Verwendung von Proxy-Variablen für 'wirtschaftliches Aktivitätsniveau' kann daher nicht verzichtet werden.

3. Prognosequalität des Modells

Zur Überprüfung der Prognoseleistung wurde eine schrittweise Regression und Prognose durchgeführt. Diese simulierte dynamische ex-ante Prognose wird folgendermaßen durchgeführt:

Man schätzt von Beginn des Stützbereichs des Modells bis zu einem Zeitpunkt T-N-1 die Gleichungen und prognostiziert die darauf folgenden 4 Quartale T-N+3 bis T-N+1. Im nächsten Schritt schätzt man bis T-N und prognostiziert von T-N+1 bis T-N+4. Die letzte, die N-te Prognose ist die von T-3 bis zum Datenende T. So erhält man N Prognose für jeweils den ersten, zweiten, dritten und vierten Prognoseschritt. Mit diesem N mal 4 Realisationen können nun verschiedene Prüfmaße berechnet werden, von die folgenden verwendet wurden[2]:

1. Mean Error und Mean Absolute Error

$$M\,E = 1/N\,\Sigma\,(P_t - ZR_t)$$

$$M\,A\,E = 1/N\,\Sigma\,(\,|\,P_t - ZR_t\,|\,)$$

An sich haben diese Größen wenig Aussagekraft, sie deuten aber, wenn der mittlere Fehler annähernd die selbe absolute Größe hat wie der absolute Fehler auf eine systematische Unter- oder Überschätzung der prognostizierten Größe hin.

2. Mean Absolute Percent Error und Root Mean Square Percent Error

$$M\,A\,P\,E = 1/N\,\Sigma\,\,|\,(P_t - ZR_t)\,/\,ZR_t\,|$$

$$R\,M\,S\,P\,E = \sqrt{1/N\,\Sigma\,[(P_t - ZR_t)\,/\,ZR_t]^2}$$

3. 'Richtige Prognoserichtung'

Kriterium:

$$(P_{t+1} - ZR_t) * (ZR_{t+1} - ZR_t) > 0 \qquad \text{1. Schritt}$$

$$(P_{t+i} - P_{t+i-1}) \times (ZR_{t+i} - ZR_{t+i-1}) > 0 \qquad \text{i. Schritt}$$

---

2 N: Anzahl der Prognosen
P_t: Prognosewert
ZR_t: Zeitreihenwert

$VZ = 100 * (N^+ / N)$

N^+ : Anzahl der Fälle im i-ten Prognoseschritt, in denen das Kriterium erfüllt wurde

N : Gesamtanzahl der Prognosen

Für die Messung der Qualität einer Zinsprognose und für ihre Nutzbarkeit für geschäftspolitische Entscheidungen einer Bank von hoher Bedeutung ist die Aussage über die Tendenz der Zinsentwicklung. Das Kriterium VZ vergleicht die prognostizierte Änderung in einem Quartal mit der tatsächlich eingetretenen: Sind sowohl die prognostizierte als auch die tatsächliche Änderung positiv (oder beide negativ), so ist das Produkt größer als Null. Die Anzahl der Fälle, in denen das Kriterium erfüllt wurde wird nun addiert und ins Verhältnis gesetzt zur Gesamtanzahl der Prognosen. Die Zahl VZ ist also eine prozentuale Angabe darüber, in wieviel Prozent aller Fälle die Richtung der Zinsentwicklung richtig vorhergesagt wurde.

4. Theil'scher Ungleichheitskoeffizient[3] [4]

$$U = \frac{\sqrt{\Sigma (p_{mod} - zr)^2}}{\sqrt{\Sigma (p_{alt} - zr)^2}}$$

Im Zähler steht die Summe der Quadrate der vom Modell prognostizierten Veränderungsrate abzüglich der tatsächlich eingetretenen Veränderungsrate, im Nenner steht der gleiche Ausdruck für ein alternatives Modell. Im einfachsten Fall einer alternativen Prognose ist P_t einfach gleich ZR_{t-1}, die prognostizierte Veränderungsrate also gleich Null. Je kleiner U ist, um so besser für das Modell, es bedeutet nämlich nichts anderes, als daß die Abweichungen der Alternativprognose vom realisierten Wert

---

[3] Theil, H.: Applied Economic Forecasting, Amsterdam, North Holland, 1966

[4] $p = (P_{t+1} - ZR_t) / ZR_t$ 1. Schritt
$p = (P_{t+i} - P_{t+i-1}) / P_{t+i-1}$ i. Schritt $i \geq 2$

p_{mod} : Modellprognose
p_{alt} : Alternativprognose

$zr_t = (ZR_{t+1} - ZR_t) / ZR_t$

größer als die Abweichungen der Modellprognose. Ein Wert größer als 1 besagt hingegen, daß das alternative Verfahren gegenüber der Modellprognose im Vorteil ist.

Für diesen Test wurden drei Alternativmodelle ausgewählt: neben der naiven Prognose ($P_t = ZR_{t-1}$) ein AR(2) Modell und ein AR(2) Modell bei dem als zusätzliche exogene Variable die Inflationsrate mit aufgenommen wurde.

Alternativmodelle:

1. naive Prognose

   $P_{t+i} = ZR_t$ i. Schritt, $i \geq 1$

2. AR(2)-Modell

   $P_{t+1} = \alpha_0 + \alpha_1 \cdot ZR_t + \alpha_2 \cdot ZR_{t-1}$ 1. Schritt

   $P_{t+2} = \alpha_0 + \alpha_1 \cdot P_{t+1} + \alpha_2 \cdot ZR_t$ 2. Schritt

   $P_{t+i} = \alpha_0 + \alpha_1 \cdot P_{t+i-1} + \alpha_2 \cdot P_{t+i-2}$ i. Schritt, $i \geq 3$

3. AR(2)-Modell mit exogener Inflationsrate

   $P_{t+1} = \alpha_0 + \alpha_1 \cdot ZR_t + \alpha_2 \cdot ZR_{t-1} + INFL_t$ 1. Schritt

   $P_{t+2} = \alpha_0 + \alpha_1 \cdot P_{t+1} + \alpha_2 \cdot ZR_t + INFL_t$ 2. Schritt

   $P_{t+i} = \alpha_0 + \alpha_1 \cdot P_{t+i-1} + \alpha_2 \cdot P_{t+i-2} + INFL_t$ i. Schritt, $i \geq 3$

Zur praktischen Anwendung des beschriebenen Verfahrens muß folgendes angemerkt werden: Bei dem kleinen hier verwendeten Stützbereich von nur 42 Quartalen ist es natürlich schwierig, eine ausreichende Anzahl von Prognosen zu gewinnen. Entscheidet man sich für vergleichsweise viele Realisationen, also etwa 20, dann muß man die erste Schätzung mit einem sehr kleinen Stützbereich von nur 22 Quartalen durchführen, dadurch werden die Schätzungen unsicher. Im entgegengesetzten Fall, also wenn man sich für einen großen anfänglichen Stützbereich und wenige Prognoserealisationen entscheidet, dann ist der Einfluß der einzelnen Realisation auf die anschließende Durchschnittsberechnung hoch, eine eventueller 'Ausreißer' oder auch ein zufälliger 'Volltreffer' würden das betrachtete Verfahren stärker diskriminieren oder in Vorteil setzen als es ihm eigentlich zukäme. Die nachfolgenden Ergebnisse wurden mit 10 Realisationen und einem anfänglichen Stützbereich von 32 Quartalen (8 Jahre) erzielt:

Tabelle 1: Umlaufrendite festverzinslicher Wertpapiere (REAO)

Umfang: 10 Realisationen von je 4 Prognoseschritten
1. Prognose von 1987/2 bis 1988/1 ,
10. Prognose von 1989/3 bis 1990/2

Fehlerstatistik REAO	1. Schritt	2. Schritt	3. Schritt	4. Schritt
M E	0.0037	-0.0164	-0.0210	-0.0132
M A E	0.2500	0.2762	0.3194	0.4310
M A P E	4.0686	4.3553	4.8587	6.2519
R M S P E	4.9157	5.9863	6.4621	7.1119
THEIL U				
- naive	0.9435	0.7241	0.4573	0.5412
- AR(2)	0.9146	0.7728	0.4818	0.5715
- AR(2) INFL	1.0197	0.8412	0.4552	0.5470
VZ	70%	80%	80%	90%

Für die Umlaufrendite öffentlicher Anleihen stellt man keine nennenswerte Unter- oder Überschätzung fest. Der Vergleich zu den Alternativprognosen zeigt folgendes: Für den ersten Prognoseschritt sind die autoregressiven Verfahren und die Modellprognose noch fast gleichwertig, d.h. die Prüfgrößen unterscheiden sich nicht stark und der Theil'sche Ungleichheitskoeffizient nimmt Werte von über 0.9 an. Das ändert sich bei den folgenden Prognoseschritten: hier ist die Modellprognose den alternativen Verfahren überlegen. Das Vorzeichen der Veränderung wird in über siebzig Prozent aller Fälle richtig prognostiziert. Die entsprechenden Werte für die autoregressiven Verfahren liegen bei 50 bis 70%. Auch beim Vergleich der graphischen Darstellungen wird dies deutlich. (Graphiken 3.1 und 3.2)

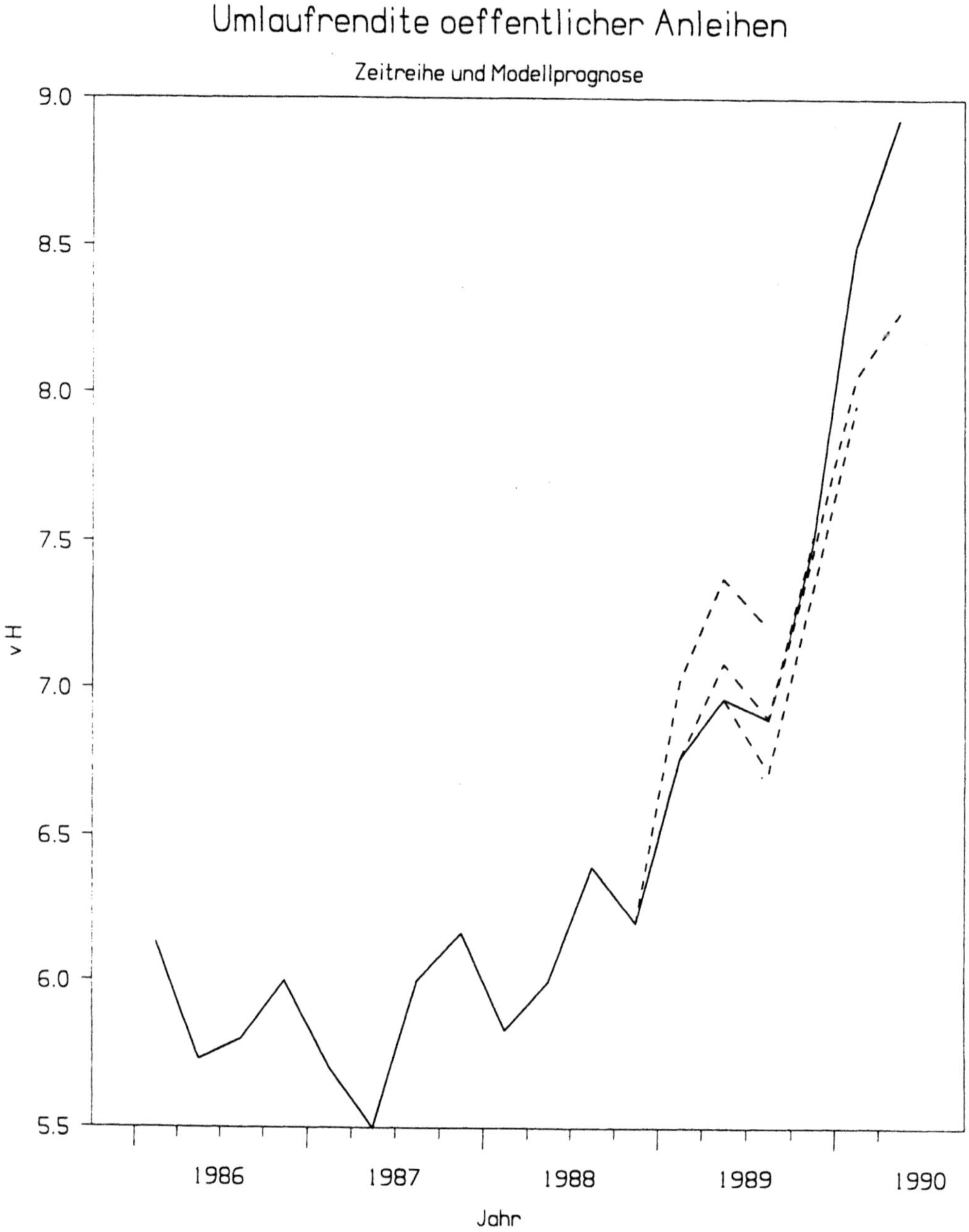
Umlaufrendite oeffentlicher Anleihen
Zeitreihe und Modellprognose
9.0
8.5
8.0
7.5
7.0
6.5
6.0
5.5
vH
1986
1987
1988
1989
1990
Jahr

Graphik 3.1

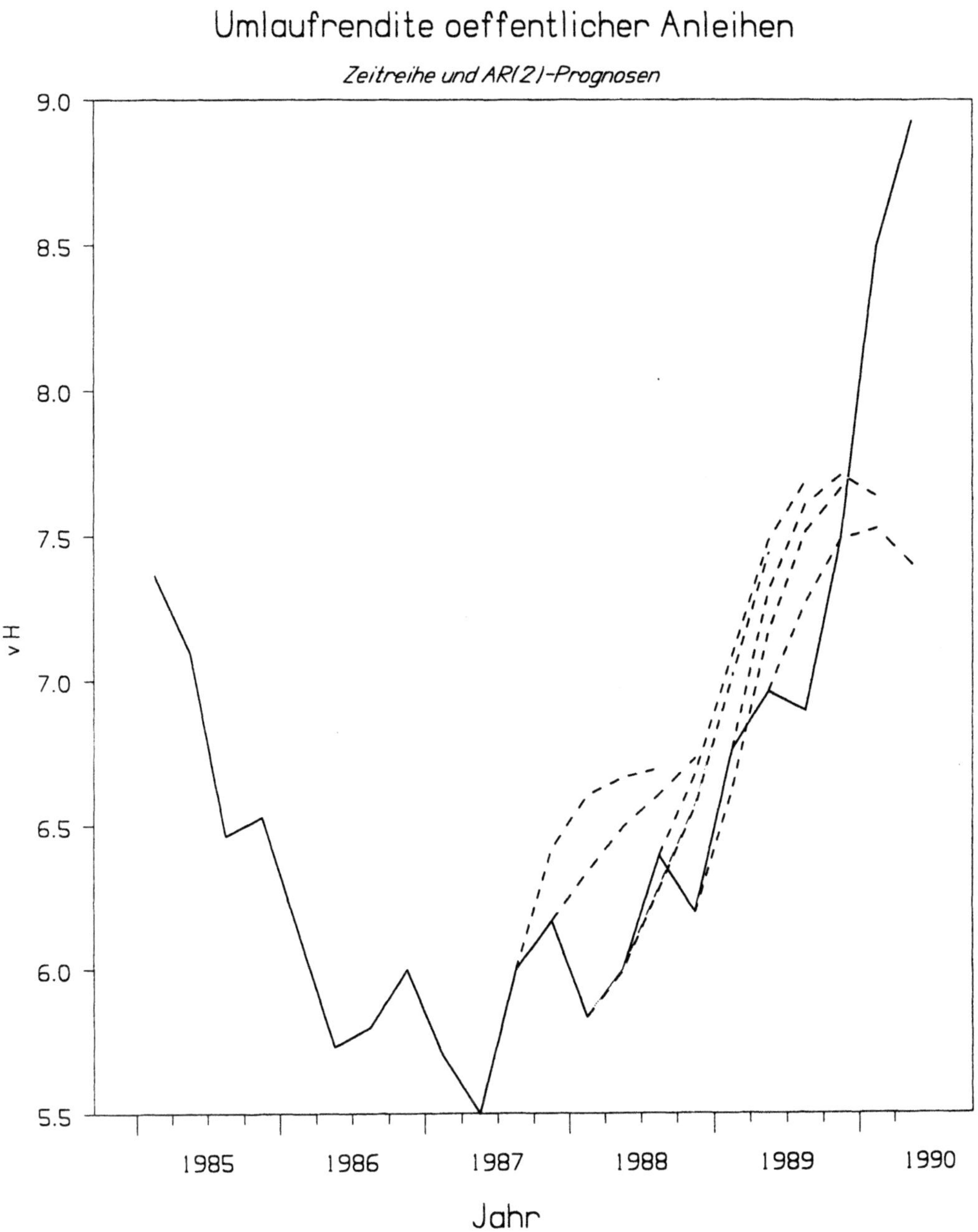
Umlaufrendite oeffentlicher Anleihen
Zeitreihe und AR(2)-Prognosen
9.0
8.5
8.0
7.5
7.0
6.5
6.0
5.5
vH
1985
1986
1987
1988
1989
1990
Jahr

Graphik 3.2

Insbesondere der Anstieg der Zinsen in der ersten Hälfte des vergangenen Jahres wurde vom Modell zwar auch nicht im tatsächliche eingetretenen Ausmaß nachvollzogen, aber doch wesentlich besser als von den einfachen Modellen, die sogar einen leichten Zinsrückgang prognostiziert hätten. Daß auch der vom Modell prognostizierte Zinsanstieg in diesem Zeitraum hinter dem tatsächlichen zurückbleibt, hat den Grund, daß der Zinsanstieg auf einen Umstand zurückzuführen war, der vom Modell noch nicht abgedeckt wird: nämlich daß ausländische Anleger in hohem Umfange deutsche Wertpapiere verkauft haben, und die Kurse der Papiere infolgedessen gefallen waren.

Beim Test des Dreimonats-Geldmarktsatzes ergibt sich im wesentlichen das gleiche Bild mit der Ausnahme, daß hier schon beim ersten Prognoseschritt das ökonometrische Modell den Zeitreihenprognosen überlegen ist.

Tabelle 2: 3-Monats-Geldmarktsatz (Z3MO)

Umfang: 10 Realisationen von je 4 Prognoseschritten

1. Prognose von 1987/2 bis 1988/1 ,

10. Prognose von 1989/3 bis 1990/2

Fehlerstatistik Z3MO	1. Schritt	2. Schritt	3. Schritt	4. Schritt
M E	-0.0796	-0.2217	-0.3701	-0.5057
M A E	0.3175	0.3543	0.4358	0.5658
M A P E	6.9456	7.7034	7.9092	10.0205
R M S P E	9.1142	10.1786	10.0428	11.7533
<u>THEIL U</u>				
- naive	0.6056	0.5401	0.5963	0.5823
- AR(2)	0.6170	0.5922	0.6242	0.6108
- AR(2) INFL	0.7168	0.6926	0.6588	0.6720
VZ	80%	80%	90%	100%

Zudem läßt sich erkennen, daß das Modell, betrachtet man die Werte für den Mittleren und den Mittleren Absoluten Fehler, im untersuchten Zeitraum die tatsächliche Entwicklung unterschätzt hat. Jedoch der Blick auf die zugehörige Graphik zeigt, daß in diesem Zeitraum war ein sehr hoher Anstieg der Geldmarktzinsen zu verzeichnen war. Die hohen Werte für die Richtigkeit der Vorzeichenvorhersage sollten daher auch nicht so interpretiert werden, daß das Modell jedem Falle in der Lage ist, die Zinsentwicklung auf dem Geldmarkt über 4 Quartale hinweg vorherzusagen, bei einer höheren Anzahl von Realisationen werden die VZ-Werte wohl ebenfalls um die 80% liegen.

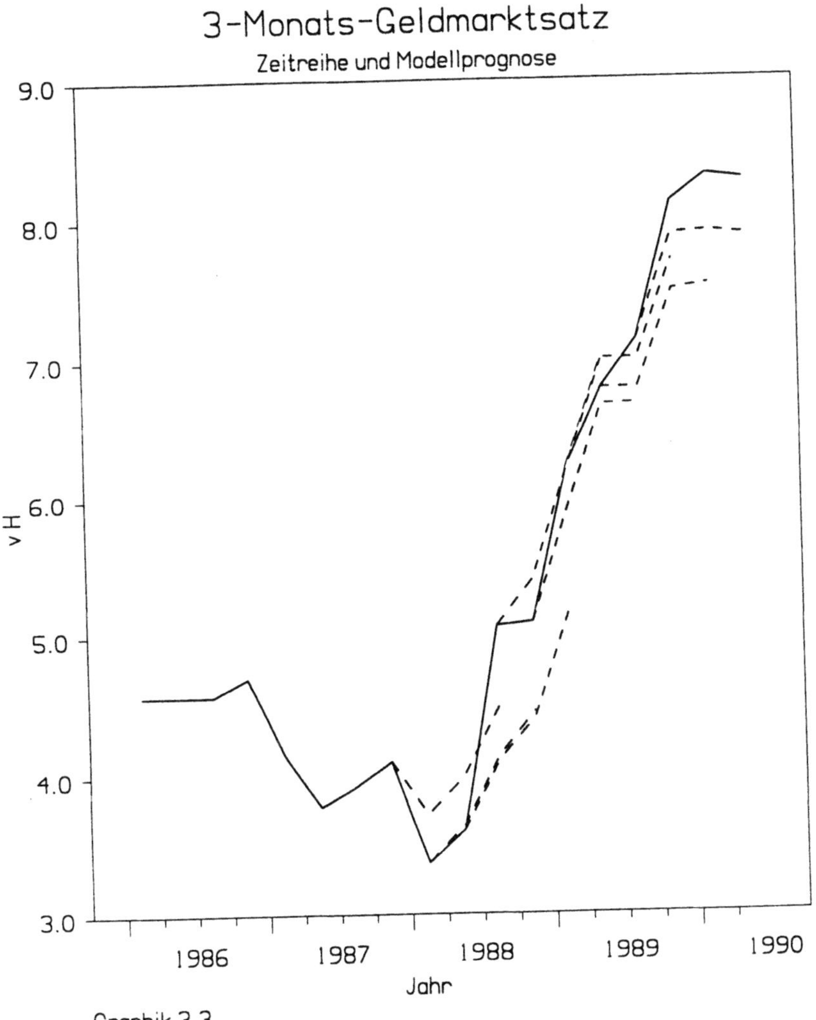

Graphik 3.3

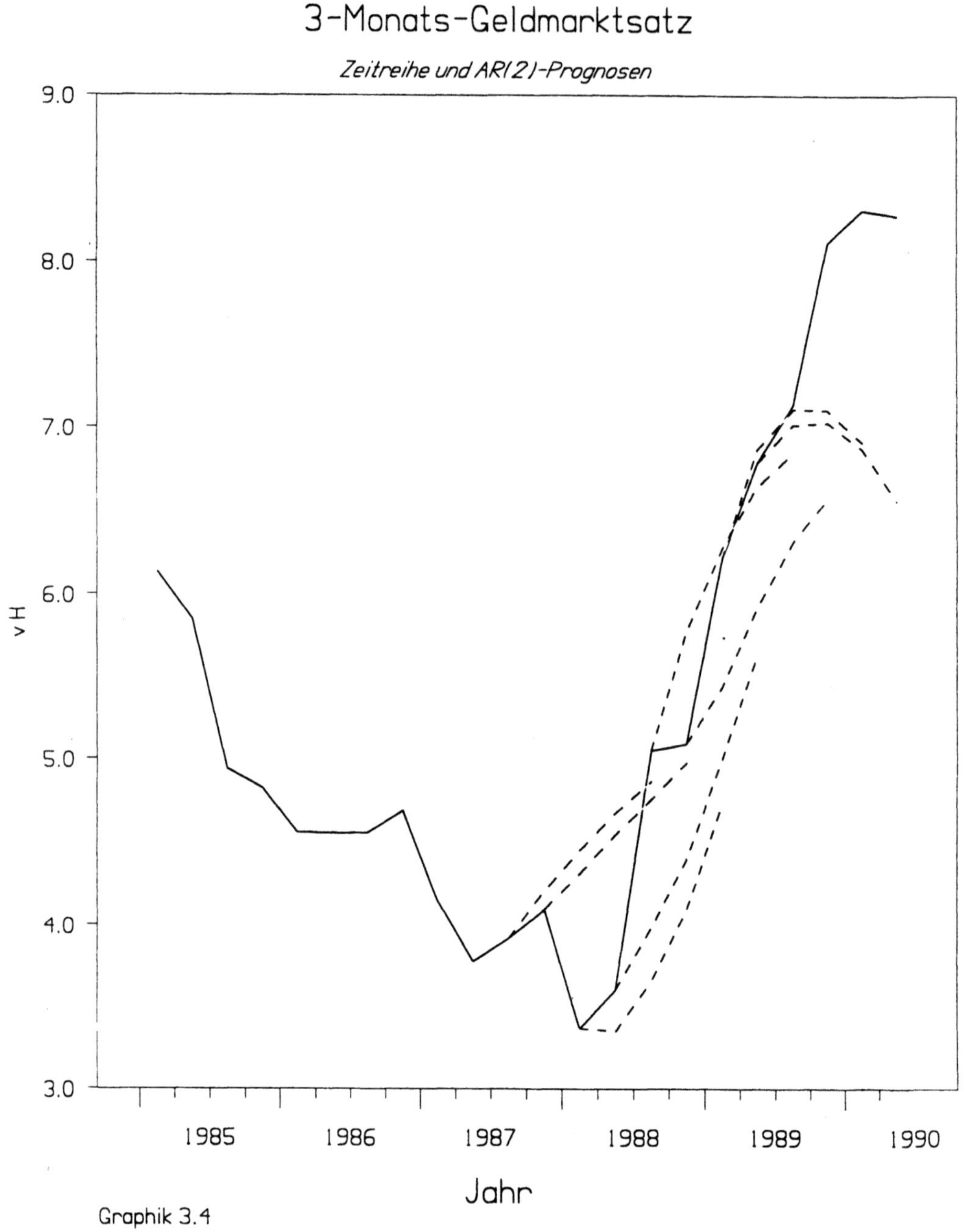
3-Monats-Geldmarktsatz
Zeitreihe und AR(2)-Prognosen
9.0
8.0
7.0
6.0
5.0
4.0
3.0
vH
1985
1986
1987
1988
1989
1990
Jahr

Graphik 3.4

Allgemein ist zu den Vergleichen zu sagen, daß ein Vergleich zwischen simulierten ex-ante-Prognosen eines ökonometrischen Modells, bei denen die exogenen Variablen im Voraus bekannt sind, und einem rein autoregressiven Modell natürlich etwas unfair ist, das ökonometrischen Modell ist hier wohl im Vorteil, insbesondere bei einer Prognose über mehrere Quartale. Wie gut es tatsächlich in der Lage ist, die Zinsentwicklung zu prognostizieren, und auch Wendepunkte vorherzusagen, das hängt im wesentlichen davon ab, wie zutreffend die eingesetzten Szenarien sind. Es ist also jede Modellprognose eine bedingte Prognose im Gegensatz zu einer unbedingten Prognose mit einem rein autoregressiven Verfahren. Diese Einschränkung, nur bedingte Prognosen erstellen zu können, muß kein Nachteil sein, vielmehr wird die Möglichkeit eröffnet, auch in einem bestimmten Maße exogene Schocks in der Prognose zu verarbeiten. Ein Beispiel dafür könnte eine nicht endogen zu erfassende Steigerung der Inflationsrate, etwa durch Steuererhöhungen oder eine unvorhergesehene Erhöhung der Rohstoffpreise sein.

4. Weiterentwicklungsmöglichkeiten

Neben der schon erwähnten Umstellung des Modells auf das aktuelle Bundesbankinstrumentarium sind vor allem zwei Erweiterungen unmittelbar geplant. Zum einen soll die Erklärung und Prognose der Umlaufrendite abgelöst werden durch drei verschiedene Renditesätze für verschieden Restlaufzeiten auf der Basis der monatlich von der Deutschen Bundesbank veröffentlichten Renditestruktur.[5] Zweitens soll der Bereich der Preise endogenisiert werden. Die Darstellung exogener Preisschocks kann dann mittels des sognannten Add-factoring, bei dem zu dem prognostizierten Wert der Variablen α ein exogener Faktor $\Delta\alpha$ hinzuaddiert wird. Der so zustandegekommene Wert geht dann als erklärende Variable in andere Gleichungen ein.

Ebenfalls unmittelbar bevor steht die Anpassung des Modells an die Veränderung der Geldmengen- und Kreditstatistik hinsichtlich der Erweiterung des Währungsgebietes der DM, denn die Deutsche Bundesbank weist keine nach Ost- und Westdeutschland getrennten Daten mehr aus. Eine solche Trennung wäre auch zunehmend schwierig bis unmöglich. Schwierigkeiten bei der Anpassung werden insbesondere in den Fällen auftauchen, in denen die Geldmenge oder das Kreditvolumen als erklärende Variablen in Gleichungen auftreten.

---

5 Statistische Beihefte zu den Monatsberichten der Deutschen Bundesbank, Reihe 2 (Wertpapierstatistik), Tabelle 8d

Schließlich soll ein zusätzliches Modul 'Kapitalimport und -export, Wechselkurse' in das Modell eingefügt werden, mit dem die Aktivität des Auslandes auf den deutschen Märkten sowie die Wechselkurse, zunächst der DM/$-Kurs, erklärt werden können.

Literatur

Bockelmann, H.: Die Zinsbildung am Geldmarkt, in: Kredit und Kapital, 1978, S. 517-553

Deutsche Bundesbank: Ökonometrisches Modell der Deutschen Bundesbank, Frankfurt 1988

Dickertmann, D., Siedenberg, A.: Instrumentarium der Geldpolitik, Düsseldorf 1979

Dudler, H.J.: Geldpolitik und ihre theoretischen Grundlagen, Frankfurt 1984

Ehrlicher, W., Simmert, D.(Hrsg): Wandlungen des geldpolitischen Instrumentariums der Deutschen Bundesbank, Berlin 1988

Francke, H.H., Friedrich, D.: Zinswirkungen der Staatsverschuldung, Berlin 1984

Gahlen, B., Sailer, M.: Macroeconomic Modelling of the West German Economy, Berlin 1985

Granger, C.W.J., Newbold, P.: Forecasting Economic Time Series, New York 1987

Hansen, G., Westphal, U.: SYSIFO, Frankfurt 1983

Heri, E.: Die Geldnachfrage. Theorie und empirische Ergebnisse für die Schweiz. Berlin, Heidelberg 1986

Hirsch, W.: Liquiditätstheorie, makroökonomische Portfoliotheorie und Neo-Quantitätstheorie als konkurrierende Erklärungshypothesen des Geldwirkungsprozesses in der Bundesrepublik Deutschland, Frankfurt 1980

Jander, S.: Der Einfluß der Geldpolitik auf die Kapitalmarktentwicklung, Berlin 1986

Kerstiens, N.: Eine empirische Untersuchung der makroökonomischen Zinsbildung an den deutschen Finanzmärkten, Karlsruhe 1987

Kirchgässner, G., Wolters, J.: US-European Interest Rate Linkage, A Time Series Analysis for West Germany, Switzerland aud the United States, in: Review of Economics and Statistics 1987, S. 675-684

König, H., Gaab, W., Wolters, J.: Probleme der Modellierung der Zinsstruktur in makroökonomischen Modellen, in: Kredit und Kapital 1980, S. 178-214

Langer, H.G., Martiensen, J., Quinke, H. .: Simulationsexperimente mit ökonometrischen Makromodellen, Gesellschaft für Mathematik und Datenverarbeitung, 1983

Martiensen, J.: Ein ökonometrisches Vierteljahresmodell für den Geld- und Kreditsektor der Bundesrepublik Deutschland, Meisenheim 1976

Offermanns, A.: Übertragungswege der Geldpolitik, Karlsruhe 1987

Pindyck, R.S., Rubinfeld, D.L.: Econometric Models and Economic Forecasting, Singapur 1981

Pohl, R., Zwiener, R.: Revision des monetären Sektors des ökonometrischen Konjunkturmodells der Wirtschaftsforschungsinstitute, in: DIW-Vierteljahreshefte zur Wirtschaftsforschung, 1989, S. 5-23

Rehm, H.(Hrsg): Methoden und Instrumente der Zins- und Wechselkursprognose, Berichte und Analysen des Verbandes öffentlicher Banken Bd. 9, 1988

Rettig, C.: Determinanten des Zinsniveaus und der Zinsstruktur: Eine international vergleichende Analyse, Hamburg 1980

Rösler-Schubäus, I.: Gesamtwirtschaftliche Bestimmungsgründe der Zinsentwicklung

Schneider, R.: Ein monetäres liquiditätstheoretisch orientiertes Vierteljahresmodell für die Bundesrepublik Deutschland, Frankfurt a.M. 1983

Theil, H.: Applied Economic Forecasting, Amsterdam, North Holland, 1966

Trespenberg, U.: Finanzielle Märkte und Geldpolitik, Eine theoretische und empirische Analyse für die Bundesrepublik Deutschland

v. Below, E.: Ein monetäres ökonometrisches Modell für die Bundesrepublik Deutschland, Berlin 1982

Weber, K.: Wirtschaftsprognostik, München 1990

Datenquellen

Deutsche Bundesbank: Monatsberichte, lfd. Jahrgänge

Deutsche Bundesbank: Statistische Beihefte zu den Monatsberichten, Reihe 2 (Wertpapierstatistik)

Statistisches Bundesamt: Volkswirtschaftliche Gesamtrechnung, Fachserie 18, Reihe 3

Autorenverzeichnis

Lic. pol. Thomas Bucheli
Institut für Statistik
und Ökonometrie
Universität Basel
Petersgraben 51
CH-4051 Basel

Prof. Dr. Hermann Garbers
Institut für Empirische
Wirtschaftsforschung
Universität Zürich
Kleinstraße 15
CH-8008 Zürich

Dr. Ulrich Haase
Institut für Wirtschaftspolitik
und Wirtschaftsforschung
Universität Karlsruhe
Hertzstr. 16, Bau 33
7500 Karlsruhe 21

Dr. Martin Klein
Institut für Internationale
Wirtschaftspolitik
Universität Bonn
Lennestr. 37
5300 Bonn 1

Dr. Wolfgang Kohn
Lessenicherstr. 31
5300 Bonn 1 (Duisdorf)

Prof. Dr. Nikolaus K.A. Läufer
Universität Konstanz
Fakultät für Wirtschaftswissenschaften
und Statisik
Postfach 5560
7759 Konstanz 1

Andreas Merkel
Daimler-Benz AG
Forschung und Technik
Eberhard-Finckh-Str. 11
7900 Ulm/Donau

Prof. Dr. Wolfgang Polasek
Institut für Statistik und
Ökonometrie
Universität Basel
Petersgraben 51
CH-4051 Basel

Dipl.-Volkswirt Hans-Eggert Reimers
Institut für Statistik und
Ökonometrie
Universität Kiel
Olshausenstr. 40
2300 Kiel 1

Dr. Rolf Schneider
Leiter Prognosezentrum
Volkswirtschaftliche Abteilung
Dresdner Bank AG
Postfach 110661
6000 Frankfurt/Main 11

Dipl.-Volkswirtin Ute Wirth
SGZ BANK
Südwestdeutsche Genossenschafts-
Zentralbank AG
Karl-Friedrich-Str. 23
7500 Karlsruhe 1

Ph.D. Alan Pitts
Forschungsstelle für
empirische Wirtschaftsforschung
Hochschule St. Gallen
Varnbülstr. 144
CH-9000 St. Gallen

Wirtschaftswissenschaftliche Beiträge

Band 28: Ingo Heinz und Renate Klaaßen-Mielke
Krankheitskosten durch Luftverschmutzung
1990. 147 Seiten. Brosch. DM 55,-
ISBN 3-7908-0471-1

Band 29: Brigitte Kalkofen
Gleichgewichtsauswahl in strategischen Spielen
1990. 214 Seiten. Brosch. DM 65,-
ISBN 3-7908-0473-8

Band 30: Klaus G. Grunert
Kognitive Strukturen in der Konsumforschung
1990. 290 Seiten. Brosch. DM 75,-
ISBN 3-7908-0480-0

Band 31: Stefan Felder
Eine neo-österreichische Theorie des Vermögens
1990. 118 Seiten. Brosch. DM 49,-
ISBN 3-7908-0484-3

Band 32: Götz Uebe (Hrsg.)
Zwei Festreden Joseph Langs
1990. 116 Seiten. Brosch. DM 55,-
ISBN 3-7908-0487-8

Band 33: Uwe Cantner
Technischer Fortschritt, neue Güter und internationaler Handel
1990. 289 Seiten. Brosch. DM 75,-
ISBN 3-7908-0488-6

Band 34: Wolfgang Rosenthal
Der erweiterte Maskengenerator eines Software-Entwicklungs-Systems
1990. 275 Seiten. Brosch. DM 75,-
ISBN 3-7908-0492-4

Band 35: Ursula Nessmayr
Die Kapitalsituation im Handwerk
1990. 177 Seiten. Brosch. DM 59,-
ISBN 3-7908-0495-9

Band 36: Henning Wüster
Die sektorale Allokation von Arbeitskräften bei strukturellem Wandel
1990. 148 Seiten. Brosch. DM 55,-
ISBN 3-7908-0497-5

Band 37: Rudolf Hammerschmid
Entwicklung technisch-wirtschaftlich optimierter regionaler Entsorgungsalternativen
1990. 239 Seiten. Brosch. DM 68,-
ISBN 3-7908-0499-1

Band 38: Peter Mitter / Andreas Wörgötter (Hrsg.)
Austro-Keynesianismus
1990. 102 Seiten. Brosch. DM 55,-
ISBN 3-7908-0514-9

Band 39: Alfred Katterl/ Kurt Kratena
Reale Input-Output Tabelle und ökologischer Kreislauf
1990. 114 Seiten. Brosch. DM 55,-
ISBN 3-7908-0515-7

Band 40: Anette Gehrig
Strategischer Handel und seine Implikationen für Zollunion
1990. 174 Seiten. Brosch. DM 65,-
ISBN 3-7908-0519-X

Band 41: Gholamreza Nakhaeizadeh/ Karl-Heinz Vollmer (Hrsg.)
Anwendungsaspekte von Prognoseverfahren
1990. 169 Seiten. Brosch. DM 59,-
ISBN 3-7908-0519-X

Band 42: Claudia Fantapié Altobelli
Die Diffusion neuer Kommunikationstechniken in der Bundesrepublik Deutschland
1991. 319 Seiten. Brosch. DM 79,-
ISBN 3-7908-0525-4

Band 43: Josef Richter
Aktualisierung und Prognose technischer Koeffizienten in gesamtwirtschaftlichen Input-Output Modellen
1991. 376 Seiten. Brosch. DM 89,-
ISBN 3-7908-0529-7

Band 44: Elmar Spranger
Expertensystem für Bilanzpolitik
1991. 228 Seiten. Brosch. DM 69,-
ISBN 3-7908-0532-7

Band 45: Frank Schneider
Corporate-Identity-orientierte Unternehmenspolitik
1991. 295 Seiten. Brosch. DM 79,-
ISBN 3-7908-0533-5

Band 46: Beat Gygi
Internationale Organisationen aus der Sicht der Neuen Politischen Ökonomie
1991. 258 Seiten. Brosch. DM 75,-
ISBN 3-7908-0537-8

Band 47: Ludwig Hennicke
Wissensbasierte Erweiterung der Netzplantechnik
1991. 194 Seiten. Brosch. DM 55,-
ISBN 3-7908-0544-0

Band 48: Torsten Knappe
DV-Konzepte operativer Früherkennungssysteme
1991. 176 Seiten. Brosch. DM 55,-
ISBN 3-7908-0545-9

Band 49: Peter Welzel
Strategische Handelspolitik
1991. 207 Seiten. Brosch. DM 69,-
ISBN 3-7908-0546-7

Band 50: Hartmut Wiethoff
Risk Management auf spekulativen Märkten
1991. 202 Seiten. Brosch. DM 69,-
ISBN 3-7908-0549-1

Band 51: Rainer Riedl
Strategische Planung von Informationssystemen
1991. 227 Seiten. Brosch. DM 75,-
ISBN 3-7908-0548-3

Band 52: Klaus Sandmann
Arbitrage und die Bewertung von Zinssatzoptionen
1991. 172 Seiten. Brosch. DM 65,-
ISBN 3-7908-0551-3

Band 53: Peter Engelke
Integration von Forschung und Entwicklung in die unternehmerische Planung und Steuerung
1991. 351 Seiten. Brosch. DM 98,-
ISBN 3-7908-0556-4

Band 54: Frank Blumberg
Wissensbasierte Systeme in Produktionsplanung und -steuerung
1991. 268 Seiten. Brosch. DM 79,-
ISBN 3-7908-0557-2

Band 55: Pay Uwe Paulsen
Sichtweisen der Wechselkursbestimmung
1991. 264 Seiten. Brosch. DM 75,-
ISBN 3-7908-0561-0

Band 56: Barbara Sporn
Universitätskultur
1991. 213 Seiten. Brosch. ca. DM 75,-
ISBN 3-7908-0563-7

Wirtschaftswissenschaftliche Beiträge

Band 57: Arnis Vilks
Neoklassik, Gleichgewicht und Realität
1991. 112 Seiten. Brosch. DM 59,-
ISBN 3-7908-0569-6

Band 58: Mathias Erlei
Unvollkommene Märkte in der keynesianischen Theorie
1991. 267 Seiten. Brosch. DM 79,-
ISBN 3-7908-0571-8

Band 59: Doris Ostrusska
Systemdynamik nichtlinearer Marktreaktionsmodelle
1992. 178 Seiten. Brosch. DM 68,-
ISBN 3-7908-0582-3

GPSR Compliance

The European Union's (EU) General Product Safety Regulation (GPSR) is a set of rules that requires consumer products to be safe and our obligations to ensure this.

If you have any concerns about our products, you can contact us on ProductSafety@springernature.com

In case Publisher is established outside the EU, the EU authorized representative is:

Springer Nature Customer Service Center GmbH
Europaplatz 3
69115 Heidelberg, Germany

Batch number: 10815974

Printed by Printforce, the Netherlands